U0569279

文联版
http://www.clapnet.cn

纪念中国人民抗日战争暨世界反法西斯战争胜利70周年重点出版物

中国·四川抗战文化研究丛书

◎ 陈思广 著

四川抗战小说史(1931—1949)

The History of Sichuan Counter-Japanese War Fiction
(1931-1949)

中国文联出版社
http://www.clapnet.cn

图书在版编目（CIP）数据

四川抗战小说史：1931～1949/陈思广著. —北京：中国文联出版社，2015. 8

（中国·四川抗战文化研究丛书）

ISBN 978-7-5190-0239-8

Ⅰ.①四… Ⅱ.①陈… Ⅲ.①革命斗争小说—小说史—四川省 Ⅳ.①I207.409

中国版本图书馆CIP数据核字(2015)第202014号

四川抗战小说史（1931—1949）

作　　者：陈思广

出 版 人：朱　庆

终 审 人：奚耀华　　　复 审 人：蒋　泥

责任编辑：蒋爱民　褚雅越　　　责任校对：师自运

封面设计：小宝书装　　　责任印制：陈　晨

出版发行：中国文联出版社

地　　址：北京市朝阳区农展馆南里 10 号，100125

电　　话：010-65389682（咨询）65067803（发行）65389150（邮购）

传　　真：010-65933115（总编室），010-65033859（发行部）

网　　址：http://www.clapnet.cn

E - mail：clap@clapnet.cn　　　chuyy@ clapnet.cn

印　　刷：中煤涿州制图印刷厂北京分厂

装　　订：中煤涿州制图印刷厂北京分厂

法律顾问：北京市天驰洪范律师事务所徐波律师

本书如有破损、缺页、装订错误，请与本社联系调换

开　　本：710×1000　　　1/16

字　　数：266千字　　　印 张：16.75

版　　次：2015 年 8 月第 1 版　　　印 次：2015 年 8 月第 1 次印刷

书　　号：ISBN 978-7-5190-0239-8

定　　价：49.00元

中共四川省委宣传部、四川省社会科学院重大课题

中国·四川抗战文化研究丛书

编委会

总　序

李后强

文化是民族的灵魂和血脉，在危难时期往往能释放出巨大的能量。

今年是抗日战争胜利70周年。这场战争起于1931年9月，止于1945年9月。旷日持久的战争给中国人民带来了巨大的灾难。冰冷的刺刀、震耳的炮声、凌厉的炸弹，殷红的鲜血、残断的尸体、焦黑的废墟，深深地铭刻在中国人民的记忆中。中华民族到了生死存亡的关头，神州大地到处燃烧起反侵略的烈焰，抗日民族统一战线的旗帜升起来了。抗日战争是中国近代抗击外敌入侵第一次取得完全胜利的民族解放斗争。四川作为抗战大后方，为抗战胜利付出了巨大牺牲，做出了重大贡献：当时四川总人口4000万，近350万川军中伤亡64万人。抗战初期川军出川时，各界普遍认为这是当时中国“最糟糕的军队”。然而，就是这支“最糟糕的军队”，从1937年的“淞沪会战”开始，几乎无役不与，无仗不惨烈。到抗战后期，曾经“最糟糕的部队”得到的评价是“川军能战”“无川不成军”的赞誉。抗日战争留下了光耀千秋的抗战文化。

1945年，中共中央机关报《新华日报》曾发表《感谢四川人民》的社论，称赞四川是“历史上最大规模的民族战争之大后方的主要基地”，称赞四川人民“对于正面战场，是尽了最大最重要的责任”。此外，由于国土的大批沦陷和国民政府迁都，大批工厂、学校、文化单位西迁入川，四川成为抗战时期中国的政治文化中心。在漫长的抗战岁月中，在中国共产党领导下，伴随着民族统一战线的形成和民族解放战争的推进，形成了波澜壮阔而又独具特色的四川抗战文化。抗战时期，四川成为世界反法西斯战争的指挥中心之一，成为大后方的政治、经济、军事、文化中心，成为世界反法西斯统一战线与中国抗日民族统一战线的交汇点，为二战的胜利和民族解放战争的胜利做出历史性的贡献。尘封了大半个世纪的抗战文化，是四川宝贵的精神文化财富。

四川抗战文化不仅具有四川特色，还具有全国影响和世界意义，是中国现代史研究内容的重要方面。从中国现代文化发展史来看，四川抗战文化是中国现代文化发展中最为辉煌的阶段，具有里程碑的意义。四川是大后方核心之地，也是抗战文化的主战场。可以说，把四川抗战文化搞清楚了，大后方的抗战文化就基本搞清楚了，对于我国抗战文化的研究无疑具有重大的意义。

中国现代文化的发展经历了漫长的历史过程，但比较而言，抗战时期更为辉煌。西南是抗战的大后方，陪都在重庆。四川的地位举足轻重，抗战文化的重点在四川。战争会毁灭文化，这在国际上不乏范例。可中国的抗日战争不仅没有使我们的民族文化毁灭，还促进了中国现代文化的发展。四川的抗战文化在战火硝烟中谱写出历史新篇章，这正是中国文化强大生命力的表现。

抗日战争的胜利是中华民族文武两条战线的胜利。文化战线的抗战文化，启发了民众的觉悟，激励了将士的斗志，揭露了日寇的暴行，抨击了汉奸的无耻。如果没有抗战文化的鞠躬尽瘁，抗日战争要取得胜利是难以想象的。左翼文化的作用还不止此。周恩来说：鲁迅是导师，郭沫若是主将。鲁迅逝世后，郭沫若便是带领着大家一道前进的向导。郭沫若为旗帜的文化队伍以新民主主义思想浸润人们的心田，拓宽了新民主主义的文化阵地，削弱了其他文化形态的影响，为中国共产党赢得了人心，构筑了更加坚实的通往新中国的大道。

抗战文化是中国的，也是世界的。它是世界反法西斯文化的重要组成部分。而世界文化也因为有了中国的抗战文化才更加灿烂。抗战文化为战胜日本侵略者立下了卓越的功勋，也为世界反法西斯战争做出了自己的独特贡献。

抗战文化是丰富多彩的文化。统一战线的建立为抗战文化的繁荣营造了相对自由的天地。新民主主义文化、三民主义文化、民族主义文化、自由主义文化、中国传统文化都有自己被认同的空间。但至大至刚的浩然正气和历代民族英雄典范是没有文化或只有少量文化的民众参加抗战的精神力量。要知道，他们的精神力量正是抗战最广大的原动力。纵观中国数千年文化史，很少有哪个时期的文化如抗战时期那样壮观。横看西方文化，也少有能出其右者。战争是一把双刃剑。侵略战争是摧毁被侵略者文化的罪魁，反侵略战争亦能促进文化的发展。中国不是能被入侵者从地球上抹去的国家，也绝不可能，因为她有广袤的反侵略的土地。抗战文化独有的价值正在这里。

研究四川抗战文化，对于当前的文化建设有着重大作用和现实意义。第一，抗战文化是爱国主义文化，爱国主义是中华民族的光荣传统，是推动中国社会前进的巨大力量，是各族人民共同的精神支柱，是社会主义精神文明建设主旋律的重要组成部分。抗战文化研究是爱国主义教育的重要组成部分，是提高全民族整体素质的基础性工程，是引导人们特别是广大青少年树立正确理想、信念、人生观、价值观，促进中华民族振兴的一项重要工作。第二，抗战文化是追求理想、追求进步的文化，是社会主义先进文化的重要组成部分，对于清除文化垃圾，净化人文环境，将起到积极作用。第三，抗战文化是统一战线的文化，是全民族的文化，推进抗战文化研究对于海峡两岸关系的和谐、增强中华文化的凝聚力和向心力，将起到积极的推动作用。第四，抗战文化是四川的重要文化史实，其宝贵的精神文化价值至今能发挥重要作用。它具有显著的地方特色、全国意义和世界影响，对于把四川建设成文化强省具有不可替代的作用。

20 世纪 80 年代，在中共四川省委宣传部的领导和支持下，四川省社会科学院会同西南师范学院、重庆师范学院等单位率先在全国吹响向抗战文学、文艺进军的集结号。各种形式的研究成果也陆续问世。国内国际都有了一定的影响。在纪念世界反法西斯胜利70周年的背景下，我们将这些研究进一步拓展，向中国抗战文化迈进。

由于种种原因，我们过去的抗战文化研究总体来看对历史的描述并不那么全面，有的评价也较粗疏，范围也嫌狭窄。抗日战争已经结束七十年了，似乎很遥远了，可日方依然有人在那里做这样那样、隐形或非隐形的否定。如果能有先哲孟子说的“同情之心人皆有之”的话，就应该真诚地对那场给中国造成数千万人伤亡的侵略战争说不，更应该像祈祷“上帝饶恕我们”的德国总理勃兰特那样谢罪。作为抗战文化的研究者，除了对否定者感到愤懑之外，更多的还是责任。那就是理智地客观地书写历史的真相，不能让历史被某些人作为小姑娘随意打扮，误导后人。

多卷本“中国·四川抗战文化研究丛书”即将付梓出版，这部书凝聚了四川省社会科学院及四川省内多家院校学者们的数年心血。参加撰写工作的都是在这方面多年深耕、研究有成者。尊重历史，是研究历史的基本原则，是历史唯物主义的态度，也是中国文化的传统。司马迁撰写《史记》，注重的就是调查、实录与秉笔直书。相信他们能写出有个性、有创见、有水平、有影响的学术著作。

“中国·四川抗战文化研究”将是四川省社会科学院长期支持的重点项目，我们将持续推进，分批出版学术著作，希望各界批评指正。

2015年3月26日于百花潭

（作者系四川省社会科学院党委书记、教授）

Preface

By Li Houqiang

Culture is the soul and blood vessel of a nation, which could release huge power in peril.

This year marks the 70th anniversary of victory of the Counter-Japanese War which lasted from September 1931 to September 1945. The protracted war caused terrible disaster for the Chinese people. The cold sword, thunders of cannons and bombs, blood, broken bodies and charred ruins have left an ever-lasting imprint on the memory of the Chinese people. When the Chinese nation was at the moment of life-and-death, the flame of anti-aggression was lighted across the land of China. The anti-Japanese national united front was formed. The Counter-Japanese War is the first successful national liberation struggle since modern times in resistance against foreign aggression. As the Rear Area, Sichuan made considerable sacrifice and contribution to the victory of the Counter-Japanese War. Sichuan had a total population of 40 million, nearly 3.5 million of whom were soldiers, 640000 of whom died or injured during the war. In the early period of the war when the Sichuan troops went out of Sichuan, they were widely believed to be the "worst troops" in China. However, it was these very "worst troops" that fought in almost all the battles since the breakout of the Battle of Shanghai in 1937. In the later period of the war, the "worst troops" was claimed as troops good at fighting. The eight-year long war produced the splendid Counter-Japanese War cultures.

In 1945, *Xinhua Daily*, the mouthpiece of the Central Committee of the Communist Party of China carried an editorial, *Expressing Gratitude to Sichuan People*, which said that Sichuan was "a major base of the Rear Area of the largest national struggle in history", and that Sichuan people "played the most important role in frontline battlefield". Sichuan became the political and cultural center during the Counter-Japanese War due to the loss of vast territory and the move of the capital of National Government and a large number of factories, schools and cultural departments moved westwards to Sichuan. During the long resistance war, the Counter-Japanese War cultures featuring Sichuan characteristics was nurtured in Sichuan, under the leadership of the Communist Party of China, with the formation of the national united front and the development of the national liberation war. During the war, Sichuan made great contributions to the victory of the Second World War and national liberation war, as one of the command centers of the world's anti-fascist war, the political, economic, military and cultural center of the Rear Area and the crossing of the world's anti-fascist war united front with China's Counter-Japanese united front. The Counter-Japanese War cultures which have been buried for over half a century are the valuable cultural treasure of Sichuan.

The Counter-Japanese War cultures of Sichuan feature Sichuan characteristics and national and international significance. It is a major content of the research on China's modern history. From the perspective of the development of China's modern culture, the Counter-Japanese War cultures of Sichuan represent the most splendid stage in the development of China's modern culture, which marked a milestone. Sichuan was the center of the Rear Area during the eight-year resistance war and the main battlefield of the Counter-Japanese War cultures. The understanding of the Counter-Japanese War cultures of Sichuan means the understanding of the Counter-Japanese War cultures of the Rear Area, which is of vital significance to the research on China's Counter-Japanese War cultures.

The development of China's modern culture experienced a long history, but the Counter-Japanese War period is the most splendid one. Southwestern China was the Rear Area of the Counter-Japanese War and chungking was the second capital, which showed the important position of Sichuan. The focus of the Counter-Japanese War cultures was in Sichuan. War destroys culture, as embodied by the numerous examples in the world. However, instead of destroying our national culture, China's Counter-Japanese War promoted the development of China's modern culture. The Counter-Japanese War cultures of Sichuan developed further during the war, which proved the vitality of Chinese culture.

The victory of the Counter-Japanese War was the victory of the cultural and military fronts of the Chinese nation. The cultural front Counter-Japanese War cultures aroused the awareness of the masses, boosted the morale of the generals and soldiers, revealed the atrocities of the Japanese troops and criticized bitterly the shameless traitors. It would be unimaginable to win the Counter-Japanese War if there were no contribution from the Counter-Japanese War cultures. The left wing culture's effect was more than that. As Zhou Enlai said, Lu Xun was the mentor and Guo Moruo was the general. After the death of Lu Xun, Guo Moruo was the guide to lead us along the way. The new democracy by Guo Moruo infiltrated people's hearts, broadened the cultural field of the new democracy, weakened the impact of other cultural forms, won the support from the people for the Chinese Communist Party and built a more solid road leading to the New China.

The Counter-Japanese War cultures belong to China as well as the world. It is an important part of the world's anti-fascist culture and the world's culture become more splendid for its existence. The Counter-Japanese War cultures contributed greatly to the defeat of the Japanese invaders and made special contribution to the world's anti-fascist war.

The Counter-Japanese War cultures contain a variety of cultures. The formation of the united front created a free land for the booming of the Counter-Japanese War cultures, where the New Democracy culture, Three People's Principles culture, nationalism culture, liberalism culture and traditional Chinese culture all found their places. The awe-inspiring righteousness and the heroic deeds of previous heroes served as the spiritual strength of the public who joined the Counter-Japanese War. This spiritual strength was the primary driving force for the Counter-Japanese War. Throughout the thousands-years history of Chinese culture or the Western culture, there was no single culture in any period that was as splendid as that during the Counter-Japanese War. War is a double-edged sword as it is the culprit for the destroying of the culture of the victim of the aggression, and also promotes the development of culture. China is not a country that can be wiped off the earth by invaders for it had a vast land of anti-aggression, which was exactly the unique value of the Counter-Japanese War cultures.

The research on the Counter-Japanese War cultures of Sichuan is of great significance to the building of modern culture. First, the Counter-Japanese War cultures is a patriotism one, and patriotism is the glorious tradition of the Chinese nation, the huge driving force for the development of China's society, the shared spiritual pillar of the people of all nationalities and an important part of socialist cultural and ethical progress. The research on the Counter-Japanese War cultures is an important part of the education in patriotism, a basic project to improve the overall quality of the entire nation and an important undertaking to guide people, particularly the teenagers in pursuing ideal, forming faith and outlook on life and the rejuvenation of the Chinese nation. Second, the Counter-Japanese War cultures feature the pursuing of ideals and progress and represent an important part of an advanced socialist culture. It will play an active role in removing cultural rubbish and purifying cultural environment. Third, the Counter-Japanese War cultures is a united front culture and culture of the whole nation, and the research on Counter-Japanese War cultures will promote the harmony of cross-strait relations and enhance the cohesive force of the culture of the Chinese nation. Fourth, the Counter-Japanese War culture is an important cultural historical fact of Sichuan with a valuable spiritual and cultural value which has extended its influence over today. It has a prominent local color, a nationwide significance and an influence around the world. It has an irreplaceable role in building Sichuan into a cultural province.

In the 1980s, under the leadership of and support from the Publicity Department of Sichuan Provincial Committee of the Communist Party of China, the Sichuan Academy of Social Sciences, along with Southwest China Normal University, Chungking Normal University and other organizations initiated the research on literature and art of the Counter-Japanese War throughout China. Fruits come outin succession which have had exerted certain influence both at home and abroad. To echo the 70th anniversary of the victory of the world's anti-fascist war, we are extending our research further, advancing towards Chinese Counter-Japanese cultures.

For various reasons, our previous research on anti-aggression cultures failed to deliver a comprehensive description of the history in general and some comments contain inattentive contents and narrow research scopes. Although the Counter-Japanese War ended 70 years ago, some Japanese are still trying to deny it in different ways. They should have admitted the aggressive war which caused casualties of millions of Chinese, and should have apologized like Germany Chancellor Brandt who said "God Forgive us", if they really had natural sympathies that all men have as Mencius said. As researchers of the Counter-Japanese War cultures, in addition to feeling outraged by those who are trying to deny the crime, they should also reveal the historical truth in a rational and objective way in order to prevent history from being twisted by someone who intends to mislead later generations by dressing up history like a little girl.

Multivolume "Counter-Japanese War Cultures Research Series, Sichuan, China" are to be published soon. This series are the fruit of the painstaking efforts by scholars from the Sichuan Academy of Social Sciences and universities and colleges in Sichuan who have authored many related writings. Respect for history is the fundamental principle in studying history, an attitude of historical materialism and a tradition of Chinese culture. Sima Qian paid a lot of attention to collecting facts and true recording of facts when writing the Record of the Grand Historian. I believe the authors of this series can come up with creative, high-level influential academic writings.

"Counter-Japanese War Cultures Research Series, Sichuan, China" is a key project which has won support by the Sichuan Academy of Social Sciences in a long term. Related academic writings will be published in batches and are open to criticism.

May 26, 2015
In Baihuatan

(The author is the professor in the Sichuan Academy of Social Sciences.)

目　录

CONTENTS

绪 论

2015 年是中国人民抗日战争胜利 70 周年。在 70 年前这场伟大的民族解放战争中，四川军民做出了巨大的贡献。据统计，八年抗战期间，四川总计征丁三百余万名，占全国壮丁总数的 20%，成为抗日战场上国民党军队的主要来源，以至当时前线有所谓“无川不成军”之说。抗战八年，四川共派出成建制部队约 40 万人奔赴前线，其中 29 万多人为此付出了生命的代价。在财力物力上，四川也曾一度承担了全国 50% 的抗战支出，[①] 可谓功盖中华。四川小说家在这场浴火重生的抗日战争中，自觉地肩负起历史赋予他们的神圣职责，特别是重庆被确定为陪都后，作为大后方的四川一跃成为全国的政治、军事、经济、文化中心，成为全国各族人民所共同期望的挽救民族危亡的复兴之地，大批作家汇聚四川开创抗战建国的新未来，仅 1942 年上半年到国民党中央宣传部文化运动委员会招待所办理登记补助和在渝工作的文艺工作者就达 200 多人，[②] 老舍（1899—1966）、巴金（1904—2005）、茅盾（1896—1981）、张恨水（1897—1967）、沙汀（1904—1992）、艾芜（1904—1992）、吴组缃（1908—1994）、阳翰笙（1902—1993）、姚雪垠（1910—1999）、碧野（1916—2008）、陈铨（1903—1969）、靳以（1909—1959）、路翎（1923—1994）等一批小说家，以他们超凡的才华与精湛的小说艺术写下了抗日战争中文艺战线上最恢宏的历史篇章。

中国现代小说兴起于新文化运动，无论是陈衡哲（1893—1976）的《一日》，还是鲁迅（1881—1936）的《狂人日记》都显示出现代小说的新质素与萌芽。“科学”与“民主”的思想冲击，“人的文学”观的确立，

① 张彦主编：《四川抗战史》，四川人民出版社 2014 年版，第 5、188 页。

② 周勇主编：《西南抗战史》，重庆出版社 2013 年版，第 394 页。

特别是鲁迅之后的一系列小说所开创的启蒙范式，将现代的意味推到极致，标志着中国现代小说开启了新的纪元。之后，以文学研究会和创造社为代表的新文学社团，将“为人生的艺术”与“本着内心”的艺术主张发扬光大，“问题小说”“私小说”成为风行一时的创作思潮。由于中国的现实境况，也由于“为人生”本身具有更广阔的现实基础和写作视阈，“为人生”的审美诉求遂成为时代的主潮。与此同时，唯美主义、象征主义、意识流小说等现代主义创作思潮在夹缝中悄然生长，革命加恋爱的左翼文学也在与现实的搏击中成为时代的弄潮儿。中国现代小说在多元交融的格局中发展、壮大，成为抗战前期最有实绩的文学体裁。

抗日战争的爆发改变了这一格局的走向。面对日本帝国主义的侵略，中国现代小说的审美诉求迅速向文学的政治化转向。这一历史的必然正如《光明》社同人所说：“一旦清算血债的大抗战爆发，我们也不否认文艺的功用，也不要求每人都抛弃笔杆。不过那时笔下所写的应成为前线的冲锋号，应成为后方的动员令！”而文艺上“要求的技巧，是钢的锻炼，是铁的熔冶”。[①] 也如同《抗战文艺》的《发刊词》所宣称的那样：“在震天动地的抗战的炮火声中，必须有着和万万千千的武装健儿一齐举起了大步的广大的文艺的队伍；笔的行列应该配布于枪的行列，浩浩荡荡地奔赴前敌而去！满中国吹起进军的号声，满中国沸腾战斗的血流，以血肉为长城，拼头颅作爆弹，在我们钢铁的国防线上，要并列着坚强的文艺的堡垒。”[②] 这种要求文艺应成为“前线的冲锋号”“后方的动员令”，以及要求“笔的行列应该配布于枪的行列，浩浩荡荡地奔赴前敌而去！满中国吹起进军的号声，满中国沸腾战斗的血流，以血肉为长城，拼头颅作爆弹，在我们钢铁的国防线上，要并列着坚强的文艺的堡垒”的呐喊，不仅是《光明》《抗战文艺》同人们的心声，也是全中国爱国志士的心声。于是，文学服务于现实，服务于抗战这一政治目的成为时代的需求，也成为爱国作家们自然遵循的审美法则。虽然此后还有不同的审美诉求在蜿蜒生长，但丝毫无妨现实主义审美诉求成为创作的主潮。因为“抗战的烽火，迫使着作家在这一新的形势底下，接近了现实：突近了崭新的战斗生活，望见了比过

① 本社同人：《我们的宣言（二）》，《光明》1937 年第 4 期。

② 《抗战文艺》1938 年 5 月 4 日创刊号。

去一切更为广阔的、真切的远景。作家不再拘束于自己的狭小的天地，不再从窗子里窥望蓝天和白云，而是从他们的书房，亭子间，沙龙，咖啡店中解放出来，走向了战斗的原野，走向了人民所在的场所，而是从他们生活习惯的都市，走向了农村城镇；而是从租界走向了内地……使文学活动真正的放到了战斗的生活原野中去”①。相应的，小说的选材、主题、人物、手法等都在抗战的宗旨下发生了重要的转化。当然，这一审美诉求在很大程度上放大了文学的审美功利性，但它符合特定时代的文学诉求，是中国现代文学发展的历史必然。对此，朱声就说：“中国抗战文学乃历史必然法则在某阶段之反映，乃中国历来反帝国主义反封建残余之新文学运动发展中更高、更伟大之阶段。继承过去之战斗任务，批判接受过去之战果，如：‘五四’之文学革命启蒙运动，‘五卅’以后之革命文学运动，‘九一八’以后之‘民族革命战争的大众文学’现实主义运动等发展所得之战斗内容；大众化运动与现实主义运动之成绩；西洋文化之影响与民间文艺之发掘成绩；若干典型创造之成绩等等。”② 在这一创作大潮下，其他形式的审美诉求如现代主义、浪漫主义等或退隅一角或自然消匿，直到战争结束后才渐有起色。

四川抗战小说当然也不例外。遵循现实主义审美品格的四川抗战小说与全国抗战文学一样应和着时代的脉动，以服务于抗战作为文学的最高标准（有时甚至是唯一标准），讴歌英雄，书写战歌，传递中华民族不屈的伟力，为民族的复兴与新生而呐喊。许多作家甚至放弃原有的创作个性努力践行抗战文学的新目标即是如此。但不久读者就发现，这种激情式的写作所带来的公式化、概念化的毛病也是显在的，虽然有人以时代的急促、客观的需要为由，认为只要“差不多”就不必苛求，甚至主张为“差不多”高呼万岁，③ 但人们还是清醒地看到，战争的残酷性与长期性远超乎人们的想象，中日两国的军力差距也大大超乎中国作家的想象，仅凭一时的激情与呼喊并不能带来战局的转变，而那些大量掩埋于事的抗战小说又因文学性的丧失很快褪去了原有的光泽。于是，冷静代替了急躁，客观代

① 罗荪：《抗战文艺运动鸟瞰》，《文学月报》1940 年创刊号。

② 朱声：《中国抗战文学论》，《斯文》（半月刊）1941 年第 14 期。

③ 郭沫若：《对于文化人的希望》，《救亡日报》1938 年 2 月 19 日。

替了主观，将抗战文学本质上看作是文艺而不是宣传，[①] 倡导文学审美性的诉求，呼吁抗战文学回归文学——即以“写人”为终极目标的声音又回响文坛。茅盾就指出：“现在众所诟病的‘差不多’，批评家所指出的‘不够深入’与未能创造典型人物，我以为大半是为了这本末倒置的缘故。”[②]于是，写人，写战争中的人，就成为作家们追求文学本性的自在诉求。“只有多读‘人’，多研究和分析‘人’，才能表现和反映生活在现实社会里面的‘人’。”[③]同时，关于什么是抗战文学的内涵也扩大了许多，即不再将抗战文学仅视为表现战争、战场、战役的文学，而是将表现当下与中国抗战现实生活有关的都视为“抗战文学”。[④]这或许有些扩大，但毕竟开拓了抗战文学的创作视阈，为抗战文学的进一步发展打开广阔的艺术空间。正是典型理论的重申，文学审美性的回归以及题材视阈的拓展，使得四川抗战小说的审美性得以迅速提升，涌现了众多优秀的作品，甚至出现了经典作品与典型人物，如《在其香居茶馆里》与邢幺吵吵等，为抗战后期及抗战结束后经典长篇小说如《寒夜》《四世同堂》以及典型人物如汪文宣、曾树生、祁瑞宣等的涌现，奠定了坚实的基础。

遵循现实主义审美品格使四川抗战小说在表现大后方积弊丛生的昏暗现实时，呈现了更为独特的艺术视角与更为尖锐的矛盾冲突，也使得四川抗战小说达到了前所未有的文学高度。1938 年 4 月，张天翼（1906—1985）发表了著名的讽刺小说《华威先生》，引爆了国统区与关于“讽刺与暴露”的论争，虽然论争有分歧，但在现实主义的创作原则面前，大家还是认同了讽刺与暴露的现实意义。沙汀就认为：“我们的抗战，在其本质上无疑的是一个民族自身的改造运动，它的最终目的是在创立一个适合人民居住的国家，若是本身不求进步，那不仅将失掉战争的最根本的意义，便单就把敌人从我们的国土上赶出去一事来说，也是不可能的，出乎情理以外的幻想。”“既然如此，那么将一切我所看见的新的和旧的痼疾，一切阻碍抗战、阻碍改革的不良现象指明出来，以期唤醒大家的注意，来一个清洁运动，在整个抗战文艺运动中，乃是一桩必要的事了。隐瞒和粉饰固然也是一种办法，可以让热情家顺顺当当高兴一通，但在结果上，却

①③④ 罗荪：《漫谈抗战文学》，《学习生活》1942 年第 1 期。

② 详见茅盾《八月的感想——抗战文艺一年的回顾》，《文艺阵地》1938 年第 9 期。

会引来更坏的收场。”① 所以，沙汀以一个清道夫的姿态出现在四川抗战文坛中，以《在其香居茶馆》《淘金记》《困兽记》《还乡记》等小说为代表，向世人揭示了地处西南一隅偏僻乡村小镇上的基层官员与各类村民们，由于根深蒂固的文化浸淫和思想的麻木与愚昧，千方百计地抵制、阻挠民族解放战争赋予每个公民的责任与义务，并以之为荣、以之为职、以之为生的丑恶现实。他们以家庭、血缘、裙带关系为轴心，以权力为纽带，层层欺诈，个个挤压，甚至不惜扑向身处更底层的孤独者，这就使得那些身处最底层的无助者只能承受命运的摆布，无助且无奈，凄苦而惶然。巴金同样如此，其《寒夜》通过对抗战期间小公务员曾树生与汪文宣命运的书写，把罪恶的战争打破了普通家庭的平衡状态，使他们最本质、最基本的物质需求和精神需求都直接暴露在了一种特殊的极端环境下，并且放大，挤压，终至无力把握，只得漂流、只得承受的悲剧命运暴露在人们面前，将自己对战争吞噬人生、毁灭理想、摧残青春与生命的愤怒体验入木三分地展现在世人面前。这无疑是四川抗战小说现实主义审美品格高扬的集中体现，是四川抗战小说现实主义创作走向深化的重要标志，也是四川抗战小说为世界奉献的珍贵遗产。

四川抗战小说在现实主义审美品格的滋养下，成长、壮大，成为中国抗战文学中一道永不磨灭的风景线。

本书旨在总结勾勒 1931 年 9 月 18 日至 1949 年 9 月 30 日间四川作家所创作的抗战小说以及发表在大陆的四川抗战小说的发展史貌。对于前者，笔者将凡是四川出生的作家在这一时间段创作的抗战小说都列入本书讨论范围，无关乎彼时的空间，地理；而后者即“四川抗战小说”则关乎一定的空间、时间、地理。具体而言就是：一、凡作家在抗战期间在四川创作的与抗战内容有关的小说，或一些作家虽未在抗战期间创作，但该作家曾在抗战时期迁居四川，抗战胜利后离川创作的抗战小说，因受到曾居四川时的潜移默化的影响，我们仍将其列入“四川抗战小说”；二、一些作家（如东北作家）在全面抗战后才迁行四川，那么该作家踏入四川的土地后创作出版的抗战小说自然纳入“四川抗战小说”范围，而其在流亡期间未进四川前所创作的抗战小说原则上不列入本书讨论的范围；三、一些

① 沙汀：《这三年来我的创作活动》，《抗战文艺》1941 年 1 期。

作家虽未到四川，但其创作的抗战小说在抗战期间由四川的出版社出版（含选本），我们仍将其视为参与了四川抗战小说的文化工程建设，列入本书的讨论范围，但讨论的时间始于其在四川出版之日后而非最初刊行之时。至于因整体论述某个作家的需要，将其抗战小说的时间略有所拓展则属于特例。因此，四川抗战小说虽在地理空间上有一定的稳定性，但也在一定的时间上具有相应的流动性。至于什么是“抗战小说”？笔者认为：凡是人物的命运受到了抗战的影响的小说都视为抗战小说，即：以内容作为衡量的标准，而不是以时间作为宽泛的概念，也就是说，不认为凡是抗战期间创作的小说都是抗战小说，只有表现了与抗战相关的内容才视为抗战小说。

为论述的方便起见，本书将四川抗战小说按不同的历史阶段分为五个时期，即：1931 年 9 月 18 日至 1937 年 7 月 7 日“卢沟桥事变”爆发前为局部抗战时期；1937 年 7 月 8 日至 1940 年 9 月 6 日陪都确立为全面抗战初期；1940 年 9 月 6 日至 1943 年 12 月 1 日《开罗宣言》发表为全面抗战中期；1943 年 12 月 2 日至 1945 年 8 月 15 日日本宣布投降为全面抗战后期；1945 年 8 月 16 日至 1949 年 9 月 30 日为抗战胜利后期。需要特别说明的是，本书的分期主要是为了论述的方便，除上限与下限的时间明确外，中间的时间大体遵行，间或略有交叉，而不是一定拘泥于某一年某一天。这既与文学史实相接，也与论述相连。

第一章　局部抗战时期的四川抗战小说

1931 年 9 月 18 日夜，日本借口沈阳北大营柳条湖一段“南满”铁路路轨被炸，向驻扎在北大营的东北军发起攻击并占领北大营，史称“九一八事变”。随后，东三省沦陷。“九一八事变”拉开了中国抗日战争的序幕，虽然这些反抗多集中在东北三省，呈现局部性，但它无疑标志着中国抗战的开始。1932 年 1 月 28 日，日本海军陆战队为配合关东军侵略东北，又在上海导演了一场大规模的军事冲突，十九路军奋起反击，至 3 月 3 日停战，史称“一·二八事变”。它掀起了局部抗战的第二次高潮。之后虽中日之战的格局基本保持现状，但抗日的激情却没有衰退，维护祖国统一的意愿也没有停止。故人们将 1931 年“九一八事变”到 1937 年“七七卢沟桥事变”这六年间，称为局部抗战时期。与时代同脉的中国作家们也掀开了以笔为枪反映中国军民抗击日本侵略者的入侵，记录中华民族饱受深重灾难的新的一页。四川作家也积极行动起来，以“国家兴亡，匹夫有责”的爱国主义激情，创作了一批真实反映战争给中华民族带来的深重灾难以及状写中华儿女御敌抗侮、宁折不屈的优秀小说。它们不仅是中国抗战文学中不可或缺的一部分，更是整个四川抗战小说不可缺少的一部分，对全面抗战之后的四川抗战小说产生了深远的影响。

第一节　局部抗战期的四川抗战短篇小说

自“九一八”始的局部抗战，就战斗而言只涉及东北和“一·二八”抗战，因此，反映局部抗战的四川小说也多以此为内容。较早表现这一内容的是留学日本的四川作家沈起予（1903—1970），他于 1932 年 5 月发表于《微音月刊》的《火线外》，是目前已知四川作家中较早反映局部抗战的短篇小说。《火线外》写关东军侵略东北的消息传回日本，遭到了许多日本民众的反对，他们举行集会，坚决反对出兵中国。1933 年 1 月，他又发表短篇小说《火线内》，写日本工兵无人愿当敢死队员，尔后在队长的命令下，江下和作江被迫拿着点燃了的爆破筒向目标跑去，被炸得粉碎。由于作家曾于 1920—1927 年留学日本，对日本民众对战争的理解自然更近一层，在选材上也就新颖别致。《火线内》写战场上日本军人不愿卖命，《火线外》写战场外日本民众反对战争，内外呼应，表明日本侵略中国的悲剧与不义，可谓别开生面。

以描写四川乡镇著称的沙汀也将目光转向抗战。1932 年出版的短篇小说集《法律外的航线》中收录的《撤退》《汉奸》《我"做广告的"表兄的信》等，就是他早期创作中反映国民党抗战的重要作品。《撤退》讲述一个渴望打仗的国民党部队的班长以及十几个士兵在遭遇日本人时因违反了上级的撤退命令而被枪毙的故事。班长刘大海目睹民众被杀的惨状，不想再做只听长官命令的顺民，喊出了自己的声音："我们只晓得老百姓！"① 这种对个体生命之外的社会责任的主动承担正是人性在严酷的战争环境中的觉醒。小说《汉奸》延续着这一思考，更加深刻地讲述了逐渐觉醒的普通士兵被唤起良知以及他们对自己命运的思考。一群坐着火车从前线撤退下来的士兵，在站台上遇到了一群逃难的百姓。此时，士兵们意识到自己只是一颗颗被随意安放的棋子，因为士兵的天职是战斗，在此刻保护老百姓是他们应该承担的第一要务，可现在他们离敌人却越来越远，于是士兵们陷入了烦躁、绝望的情绪中。小说中的"汉奸"则是一个为了维持全家生存被特许上车卖东西的女子。遭遇这样一个特殊身份的女子，士兵们最终明白了造成她不幸和痛苦的是那个让他们从前线撤退的政府。"他们只觉得有一只诓骗的手，永远想把他们拖向冤污和犯罪的泥潭里去。他们为设想怎样挣出这泥潭而深为苦恼。"② 小说结尾虽未写明士兵们之后的命运，却暗示出他们对现实处境的自觉以及对"汉奸"女子的同情。《我"做广告的"表兄的信》写民众对日本鬼子很愤怒，但当局依然采取保护措施，如在民众抗日集会上抓了两个日本人，一个是领事，另一个是艇

---

① 沙汀：《沙汀文集》（第一卷），上海文艺出版社 1986 年版，第 78 页。

② 同上，第 97 页。

员，却被当局保护并释放了。之后，作家陆续又创作了《有才叔》《上等兵》等小说，前者写“一·二八”战役时有才叔和老伴躲敌人的炮火回来后，却被查房的小队长诬为“通匪”被拉去示众殴打，老人悲愤自杀；后者写一心想在“一·二八”战役中打日本的上等兵却后退了二十里，不是打日本而是充当杀中国军队俘虏的逃兵或违反军令的士兵之类的行刑队员，看到连长对士兵及自己的凶暴，他趁夜杀了连长跑了出来，逃到一个老太婆家，被人们认为是逃兵打了一顿，但上等兵坚持说自己是爱国的抗日的士兵，人们才意识到是一场误会，将他释放。这些作品反映了写底层士兵及民众的抗日决心与国民党政府的妥协、退让间的冲突与矛盾，以及由此带来的下层与中上层的分裂与矛盾、痛苦与牺牲，虽略显低沉但催人警醒。

当时，刚刚被缅甸英殖民政府遣送回国不久的艾芜同样被时代所感，写下了歌颂东北人民抗日斗争和表现民众反抗帝国主义侵略的作品《咆哮的许家屯》（1933）。这是艾芜创作的第一篇抗日题材的小说，也是最早表现“九一八事变”的成功之作。小说以一个被日军占领后的东北小村许家屯为背景，在对战时生活多方位的描写中展现小村的凋敝、沉寂和日军的种种罪行，热情地颂扬了以蔡屠户为首的饱受日军迫害的普通百姓的奋起反抗与斗争，并在作品中发出了内心纯粹的抗敌呐喊：“许家屯在黑暗中咆哮着。各处涌着被压迫者忿怒的吼声。”与艾芜20世纪30年代初期创作的异域题材和川西乡镇题材的小说相比，这篇小说的选材可以说极具开创性。此后，艾芜又发表了《不作汉奸的李二狗》[①]《孤儿》[②]等作品，前者写淞沪战争时一个汉奸叫袁福生，他不仅帮鬼子烧中国老百姓的房，还趁机制造混乱，更可耻的是，他还想拉拢人力车夫李二狗与他一起做汉奸，遭到李二狗的当头呵斥；后者写李三子宁肯挨打也不愿以叫化子的身份做汉奸，呼应了“除奸”的时代诉求。1936年左翼阵营开始“两个口号”之争，艾芜发表《关于国防文学》一文指出：“无论哪一阶级的作家，都愿意在文字这方面，鼓励国人以共赴国难的。”[③]这无疑表达了作家意图立足现实，鼓励全民抗敌的心声。

---

① 艾芜：《不作汉奸的李二狗》，《光明》1936年第3期。

② 艾芜：《孤儿》，《光明》1936年第11期。

③ 艾芜：《关于国防文学》，《文学界》1936年第3期。

左翼文学家、戏剧家阳翰笙在1933年9月创作发表了同样反映“一·二八淞沪抗战”的短篇小说《死线上》。[①] 为躲避日军的炮火，金根与母亲及侄儿一起藏在自己挖的地窖里，在房屋被炸后，地窖也被鬼子炸塌，母亲受伤。看到母亲遭受创伤，金根非常痛恨自己没有去参加义勇军，没有参加反日会。由于失去了地窖的掩护，母亲与侄儿都被炸死，受伤的金根获得中国军队救护。《死线上》意在表示，懦弱地幻想着躲藏在敌人的炮火下就能生存的人，实际上是生活在死线上，只有像军人那样与敌人战斗才是真的勇士，才是生之线。

这一时期，四川作家王余杞（1905—1989）持续着旺盛的创作力，不过其创作风格已由20世纪20年代关注青年爱情、情感经历带有启蒙色彩和浓重浪漫色彩的小说风格转变为30年代的关注社会革命现实，凸显现实主义精神的创作道路上。30年代初，创作观念的这一转变也成为王余杞创作生涯中最为丰富和最具特色的阶段。创作于“九一八事变”之后的小说《欢呼声中的低泣》以日本国内底层民众的视角，描写日本侵华战争给日本人民带来的深重灾难和心灵创伤。这篇小说的描写动机直接来源于作家的生活体验，并非凭空想象之作。王余杞自北平交大毕业后，曾到日本几个城市去实习旅游。他在《在天津的七年》中写道：“在日本接触的日本人和在中国接触的日本人不一样，前者是以平等待人，后者却把我们当做劣等人，这不由不引起我的憎恨。”[②] 类似题材、叙事视角的小说还有《一个日本朋友》。这些小说叙事摆脱了对战争所带来的苦难的渲染，以平实的笔触展现出作者的人道主义关怀，对战争造成的人性的异化和扭曲进行了深刻反思。相对于宏大、重大题材的书写，王余杞更注重将视点聚焦在大时代中个体生命历程的描写上。小说《兄弟》以日本操纵成立华北自治政府为背景，表现守旧家庭与反叛逆子之间的对立冲突，展现青年学生突破家庭束缚、涌入革命浪潮的人生轨迹。富家少爷金仓由于参加“一二·九”学生运动受到政府无理干涉。当金仓回到家中，从老太太到哥哥都企图劝阻他，但金仓严词拒绝了哥哥的要求，导致兄弟失和。几天之后，金仓离开了这个与他已经疏离的大家庭，加入了革命队伍。可以说，金仓的

---

① 《东方杂志》1933年9月1日第30卷第17号。

② 王余杞：《在天津的七年》，《天津文学史料》1987年第3期。

形象具有北平“一二·九”运动爱国青年的典型意义。

巴金短篇小说集《发的故事》中收录的短篇小说《窗下》，描写杀机四伏的岁月中，孤寂无聊的书生；在中国土地上威风凛凛的日本商人；在日本东家面前低头哈腰的中国老爸；多情而无力的少女；纯洁的身染沉疴的义士。小说叙述笔法散淡、轻逸，却蘸着沉痛的人生。

第二节　局部抗战期的四川抗战中长篇小说

作为时代生活重要载体的中国现代长篇小说，在20世纪30年代初的纷飞战火中承载着反映时代的历史重任。虽然由于时局的影响，局部抗战时期的四川抗战长篇小说数量并不多，但在这不多的作品中依然显示着现代作家强烈的爱国情怀和历史担当意识。

1928年应郭沫若邀请，周恩来批准，阳翰笙到创造社做组织工作，兼办《流沙》周刊、《日出》旬刊。在此期间，开始创作反映“一·二八”淞沪抗战的中篇小说《义勇军》。1933年3月《义勇军》与李辉英（1911—1991）的《万宝山》、张天翼的《齿轮》一起，列为“抗战创作丛书”由上海湖风书局出版。《义勇军》“是一篇小说形式的报告文学”，[①]小说通过对“一·二八”战争期间，上海工人义勇军开赴前线，与中国军队一起抗日救亡的几个英勇场面的描写，“反映了民族危亡时期迸发出来的人民意志，民族的心声”。[②]工人们眼看自己的亲人、邻居、百姓被日本人杀害，忍无可忍地自发地组织起义勇军，从开始为部队服务到拿枪上战场，奔向了抗日杀敌的最前线，虽然最后被迫接受部队的命令放下武器，但它依然“可以看作是我国工人阶级斗争史诗英雄乐章的一个节拍音符”。[③]作者在《义勇军》中延续着短篇小说中所擅长刻画的觉醒的反抗者形象来贯穿整个故事情节发展。小说中义勇军队长老杜、队员福生、小金、老三等就是觉醒的战斗者形象。

局部抗战时期的四川抗战长篇小说创作中最值得一提是王余杞。他于

① 阳翰笙：《〈义勇军〉小序》，《两个女性》，花山出版社1986年版，第110页。

② 同上，第112页。

③ 同上，第113页。

1936年7月20日由上海联合出版社出版的长篇小说《急湍》，更是直接将时代的背景转化为前景，对1936鲁迅、茅盾、巴金、张天翼等发起的《中国文艺者宣言》作了最迅速、最有力的响应。实际上，书稿完成于1933年9月，当年在天津《现代社会》2卷1期上连载了三章后因故中断，后来几经周折，才于1936年署名隅棨付梓印行。《急湍》是国内最早反映“九一八事变”后东北敌后抗日活动的作品之一，积极呼应了全国人民对于东北情形的关注度，受到爱国读者的普遍欢迎。

小说《急湍》，原名为“狂澜”，意指帝国主义的经济侵略、军事侵略的进一步加深，导致中国农业凋敝、农民破产、工人失业、领土失守、民族危亡，激起了被压迫者的革命怒潮，促使“无数的手挽结起来，这便是伟大的力量！这伟大的力量仍然吐出了它的光芒，狂澜般地漫天而至”。[①]“狂澜急湍”，可以看作是民族精神和爱国主义的大迸发。

小说设定的时间由“九一八”到“一·二八”再到东北义勇军起义。“九一八事变”后，当时身在沈阳的教师黄云将这一紧迫的局势告诉了北平的同学、中共学生运动领导顾洪。在顾洪的有序组织和秘密安排下，北平的抗日情绪高涨。小说在这一主线的叙述中贯穿了知识分子李诗人，银行家李肥，公务员杨四郎、汉奸白功全、国民党员王麻子等人面对民族灾难时的不同态度。故事叙述的前景包括一系列的大事件：学运、“一·二八事变”、伪满政权的成立、国联调停等。作者将社会各阶层人物放在时代大潮中去展示，在全知视角下，力求展现时代的全貌。

时局的陡变使各色人等的本性展露无遗。平时以交际家自夸的教员白功全，为了自保，投日本兵头目所好，将妹妹投入虎口，自己也成了汉奸。而在北平，天天幻想“胡代表”上台后一荣俱荣的政治投机分子王麻子，只不过是张天翼笔下“华威先生”一类的人物。作为银行资本家少爷的李肥，好色、憨痴、本性怯懦，他的救国信念是：“家父说过，只要人人知道爱国就行，用国货，信任国家银行，中国就有救！”作者从近似于阶级分析论的角度出发，把各阶层的人物形象放在“现时代大潮流冲击圈内”，展现其各自的性格和阶级属性，讽刺手法的巧妙运用使得人物形象更鲜明，令人印象深刻。

---

① 《中国文艺者宣言》，《现实文学》1936年第1期。

在小说的结尾，各类人物在时代急流的冲击和裹挟之下，纷纷改写了自己的人生轨迹：平日纸上谈兵发泄不满情绪的黄定远，被日本兵抓去严刑拷打一番后，甘为“良民”；后来被土匪抓丁，倒鬼使神差地当上了土匪头子，借敌后抗日之名骗取国人募捐，大发国难财。小知识分子黄云受到革命洪流的感召，深入东北，将土匪改造为真正的义勇军；北平地下党领导人顾洪在发动武装暴动之前，因叛徒出卖被抓入狱；投机分子王麻子的政治升迁梦终于还是破灭了；小公务员杨四郎，投靠自己做县官的表哥，堕落为烟鬼，做起了走私鸦片的勾当；银行资本家李肥，在时局动荡下几近破产，失掉了安逸的享乐生活；以张富为代表的青年农民，在生存都成问题的凋敝农村迸发出造反革命的魄力，最后成为义勇军的中坚力量；游离于时代之外的李诗人，终于还是在贫寒潦倒中病死；勇于面对时代剧变的交际花 P. S. H，却完成了华丽转身，与黄云一起深入义勇军，实践自己的救国梦想。

通观《急湍》，全作近乎报告文学的写实风格，鲜明，彰显，即使是今天读来，也能感受到强烈的现场感。小说从“九一八事变”写到“一·二八淞沪抗战”，直到东北义勇军的敌后活动。期间涉及张学良不抵抗政策、“国联”调停、全国各地学生南京请愿、日本扶植伪满洲国等重要事件，这些时代背景，在小说中有时甚至成为“前景”，被详细描述，保留了 20 世纪 30 年代当时人对时局的真实感受，成为具有一定研究价值的史料片段。

当然，由于作家的左翼倾向，以阶级分析论塑造人物形象也成为这部小说的重要特点，不过在运用上有得有失。破产农民张富是作家刻意设置并刻画得较为成功的一个角色。张富本是银行资本家李肥家的佃户，随着农村经济的日益凋敝，丰年时谷贱伤农，灾年时苛捐杂税多，张富等农民无力应付各种盘剥，决定绑架前来收租的少东家李肥。绑架计划因一个老农泄露而失败，李肥逃脱，张富不得不背井离乡，投靠天津的穷朋友。穷苦人也只有穷苦人的活路，寻来找去，阴差阳错地被骗进了日本人招募的伪军兵营里。张富不同于其他为了实现日本人许诺的“发财梦”而来，他是个有骨气的汉子，不甘心当侵华日军的帮凶，于是在一次运送军需品的途中逃走，与打着东北义勇军旗号的土匪窝探子相识，遂加入其中。在认识到土匪窝的真实情形后，张富与后来加入的黄云一起杀掉了不得人心的土匪头子黄鼠狼，成功改造土匪军为义勇军。不过，北平地下党顾洪的形象就不够立体，成为政治观念的传声筒。他负责地下党组织的联络和发展、撰写工作报告、主持会议、推动学生运动等，将政治正确延伸到日常生活和人际交往中，绝少乐趣，也看不惯身边人对紧张时政的随意和调侃，显得枯燥刻板。小说对他主要是对话描写，然而从他口中吐出的话，要么是高屋建瓴的政治报告，要么是和他的银行家朋友李肥针锋相对地讨论时政，抑或是写他对贫困诗人的临终照顾；偶尔写他与自己的同志兼女友平儿相处，也显得不近儿女私情，一副无欲则刚的模样。作者想将这一形象塑造成高大全的地下党领导人，但着墨过重，将作者对于世界形势的认识、反帝国主义的策略等都放在这一个角色身上，反而有损艺术形象的丰满鲜活。

另外，在当时东北军不抵抗的政策下，爱国民众对以马占山为代表的东北义勇军寄予热切的期望，与共产党一致要求对日抗战。作者本身并不熟悉义勇军的生活，但为了迎合这种读者需求，采用了革命浪漫主义的手法，将本来与革命疏离的小知识分子黄云、新式女性 P. S. H（公共情人）塑造为被时代感召而深入敌后，将土匪窝子改造为真正抗日的义勇军的勇士。虽然作者也为这种“剧变”做了层层铺垫，仍会让读者觉得缺乏生活实感。

在艺术手法上，《急湍》显示出作者纯熟的讽刺艺术手法。王余杞作品的讽刺艺术手法，是从事写作之初的幽默笔调转变而来。其幽默喜剧色彩从第一篇小说《老师》中就已见其端倪了，之后手法渐趋圆熟，幽默便呈现内敛与智性的特征。20 世纪 20 年代末，随着国内政治形势的变化和左翼文艺思潮的兴起，初步形成的幽默风格也因为时局的动荡、本身思想的激进，而转为暴露与讽刺。他多次提到，现实的刺激“如鲠在喉，不吐不快”，流出笔端的文字因而也是激愤难耐的。

《急湍》中的资本家少爷李肥，是一个肥头大耳、憨呆好色、本性怯懦而吝啬的享乐主义者，也是作家塑造的最为成功的人物形象。小说中平儿向李肥借钱给李诗人料理后事，充分表现了他的内心世界：

> “得，我就出五块钱!”他只得忍着痛，咬紧了牙关，“我的意思是这样的事得看各人的交情。老实说我和李诗人交情并不深，要真是

像咱们这样要好的朋友，多帮点忙也没有什么的。得，这五块钱一大半还是看您的面子!”

这话多么得体，李肥自己心里也不禁赞赏。

“好，拿来!”那个就摊开手。

掏出来的是四张一元的钞票，外带一块现洋。分作五次，一次一次地往她手掌上放。怀着野心，想借机会挨挨她的手。却是有点胆怯，那只手反而抽回来得异常的快；直到最末一块现洋已经交过去而目的仍没达到时，又才觉得后悔，心里感到像把一种可以得手的东西失掉了似的惘然。

“得，这五块钱一大半还是看您的面子。”他再重复一句，算是补救刚才失掉那机会。

平儿得钱走了，李肥心里不爽，心想：

“五块钱，干什么不够，连手也没得摸到一下！得，多么冤哪！她干吗那么向着李诗人？他给过她不少的钱吧！穷光蛋，哪里配，巴不是她爱他——想着就咬牙齿——那副鬼样儿才够叫人生气哩！可是，他们中间总有点什么的；许是她给他迷住了！她给他捎钱去，他爬不起来，她准还得侍候他。他就会抱着她亲嘴了啰！就在这会子吧。”——下意识地抬起头来看看钟，紧闭着小眼睛简直不敢想下去。心里一阵阵地发酸，鼻尖上也觉痒痒地。——不盼望别的，得，只盼望他把这五块钱买药吃了去死！

这样饱含讽刺的对话与心理描写，使一个好色、悭吝的形象跃然纸上。这样高妙的讽刺手法，极尽挖苦讽刺之能事，活脱脱刻画出了人物的丑态与做作，读来趣味盎然、不觉莞尔。

总之，《急湍》充满着强烈的时代色彩与现实主义精神，其对爱国情绪的宣扬、对帝国主义侵略的控诉、对社会各阶级人性丑恶面目揭发，在当时都产生了积极的社会影响。虽然在人物塑造上作者采取了群像式的处理方式，使得主要人物刻画并不突出，某些情节也有失真之嫌，但其显著的文学史意义还是应予以充分的肯定。

第三节　局部抗战时期四川抗战小说的创作特点

局部抗战虽地不涉四川，但四川作家以“国家兴亡，匹夫有责”的爱国主义精神，以笔为枪，积极投入抗日救亡的洪流中，谱写了四川抗战小说的新篇章。正如阳翰笙所说：“我作为一个左翼文艺工作者，不能拿枪上战场，无力捐款买枪炮，我只能以自己的笔投入这一场民族解放战争，无情鞭挞中外反动派，着力歌颂同仇敌忾的人民群众。我是中华民族一分子，我有对生活的激情和对国家的责任感。我有多大的能力就发挥多大的光和热。”[①] 这不仅是左翼作家的职责，也是中国作家的职责。这就使得局部抗战期的四川抗战小说呈现以下几个显著的特点。

首先，在抗日救亡的时代强音下，许多作家在投身于时代洪流的同时，也坚持自己的文学追求。一些作家由此前竞相表现自我与个性，开始朝一致对外、抗击日本帝国主义的侵略转向。文学作品的思想意识表现出趋向一致的抗战意识与情绪，反对帝国主义侵略、颂扬爱国主义精神是他们一致弘扬的创作母题。

其次，作为叙述及时、简练，能以小见大的短篇小说最先呼应了时代的心声，这是由短篇小说这一“短平快”的体裁特征所决定的。一些短篇小说构思独特，如沈起予的《火线外》与《火线内》，从日本人的视角思考侵华战争的罪恶性，将日本军国主义与日本人民区别开来，可谓别出心裁。中篇小说与长篇小说在感应时代脉搏上虽然慢了半拍，但在反映抗战的生活面与人物塑造的广阔度上显出了优势，虽然没有出现典型的人物形象，但总体上清晰可感，性格鲜明突出，如《义勇军》中的队长老杜，队员福生、老三，《急湍》中的破产农民张富、资本家少爷李肥等，还是给读者留下了较为深刻的印象。

最后，局部抗战时期的四川抗战小说创作，虽然题材范围较为集中（多限在东北与上海），但依然为日后许多作家再进一步深入开掘与描绘积累了经验，堪称四川抗战小说成熟期的前哨与排头兵。沙汀《在其香居茶

---

① 阳翰笙：《〈义勇军〉小序》，《两个女性》，花山出版社1986年版，第112页。

馆里》《淘金记》《还乡记》《困兽记》、巴金的《火》《寒夜》、张恨水《八十一梦》《纸醉金迷》、老舍的《四世同堂》、艾芜《故乡》《山野》等，都可以从这里找到深拓的起点。

总之，从 1931 年“九一八”到 1937 年“七七”抗战全面爆发，局部抗战时期的四川抗战小说创作表现出了中国作家天然的责任感与使命感，体现出四川作家与国家、民族、时代同脉的崇高的思想品德。无论是沙汀、艾芜，还是早期投身革命、作为左翼文学重要作家的阳翰笙、王余杞以及留学日本的沈起予等，面对民族危难的时刻，都以自己手中的笔承载起了知识分子应有的担当精神，呼应了时代的主题。虽然其中的艺术水平不尽一致，但还是有力地声援了中国人民抗敌卫国的爱国热潮，鼓舞了中华儿女抗战到底的民族决心，弘扬了民族解放独立富强的历史心声，为日后更多作家自觉走上抗战文学道路构架了艺术的桥梁。

第二章 全面抗战初期的四川抗战小说

1937 年 7 月 7 日至 1940 年 9 月 6 日国民政府定重庆为“陪都”时期，我们称之为全面抗战初期。这期间，经历了淞沪会战、武汉会战等重大战役，特别是武汉会战后，抗日战争进入相持阶段，至国民政府迁都重庆后，抗战的大后方格局基本定型。抗战文艺也初步定型。“不过，正式以‘抗战文艺’的名称而发展成长的这三年来的中国文艺实在应该是中国文艺史上最重要的一页。自从‘七七事变’以后，中国的文艺才正式参加了抗战。不仅是参加了抗战，中国的文艺并且配合着军事和政治相当地尽了在抗战中自己所应担负的责任。同时，年青的中国文艺在这伟大的抗战中，也提高了自己，而且发展了自己。无疑的，在将来中国文艺的发展上，这三年来的抗战文艺必然发生很重要的作用。”①

第一节 全面抗战初期的四川抗战小说检视

战事一开，以文学的力量唤醒民众的国家意识，激发中华儿女同仇敌忾、救亡图存的坚强决心，不仅是时代的需要，也是文学家们义不容辞的责任。他们知道：“我们是中国人，当此祖国阽危，全民族遭逢空前的浩劫的时候，我们知道什么是我们的天职。我们是中国的文艺人，我们熟知我们历史上伟大的天才每一次临到民族对外作战以求生存的时候，是怎样做的，我们知道我们的责任所在!”② 随着全面抗战局势的变化，那些亲历这场血与火的洗礼的文学工作者们，对抗战有了更为切肤的感受和复杂的内

① 郑伯奇：《略谈三年来的抗战文艺》，《中苏文化杂志》1940 年《抗战三周年纪念特刊》。
② 中华全国文艺界抗敌协会：《告全世界的文艺家书》，《文艺月刊》1938 年第 9 期。

心体验，他们开始对这场战争有更为广阔的视角和更为深沉的思考。

一、英雄崇拜与英雄颂歌

抗日战争的全面爆发无疑给中华民族带来空前的灾难，但也激发起中华民族空前的团结与凝聚力，激发起无数仁人志士奔赴疆场、奋勇杀敌的爱国激情。中华全国文艺界抗敌协会随即发表宣言：“对国内，我们必须喊出民族的危机，宣布暴日的罪状，造成全民族严肃的抗战情绪生活，以求持久的抵抗，争取最后胜利。对世界，我们必须揭露日本的野心与暴行，引起全人类的正义感，以共同制裁侵略者。旷观全世，今日最伟大的事业，是铲除侵略的贼寇，维持和平；内察国情，今日最伟大的行动，是协力抗日，重整山河。”① 在这一创作形势下，激励全国军民，发出自己的光亮，勇敢地加入神圣而伟大的民族战争中去，为自我的生存而战，为国家的荣誉而战，为民族的尊严而战，为我们的英雄而骄傲，自然成为四川抗战小说的主旋律。

最先表现英雄颂歌的是艾芜。士兵许得胜因抗战负伤，得到了护士小姐的精心照料，他第一次感受到这样的温暖，伤刚好他就急切地想上前线。当护士小姐劝他时，他说：“你不知道，我们当兵的也急想替国家福服点务哪!”（《一伤兵》）小说看似没有直接表现战士在战斗中奋勇杀敌的英雄场面，但护士小姐将抗日负伤的将士视为英雄精心呵护，实际上也传递了每个抗日战士都是英雄的时代理念。“八百壮士”是 1937 年 10 月 26 日至 11 月 1 日以谢晋元为首的抗日英雄参加四行仓库保卫战的中国士兵们的勇称，名震中华。许多作家都以“八百壮士”为素材歌颂他们为民族增添无限荣光的军人品格，艾芜也在战斗刚结束不久就写下了短篇小说《八百勇士》，借一个普通市民不惧危险勇敢观看四行仓库的勇士们顽强抗击日寇的战斗场面，将作家对抗日英雄的崇敬之情跃然纸上。金满成（1900—1971）的《中日关系的另一角》写被选为上海市民众抗敌后援会委员的中学教师章知和最近十分苦恼：自己的老婆芳子是日本人，他要求离婚但妻子不同意。随后日本人搜查他家时发现芳子是日本人却不回国，丈夫又是抗敌后援会的委员，便打死了芳子，带走了他们的孩子。知和回

① 《中华全国文艺界抗敌协会宣言》，《文艺月刊》1938 年第 9 期。

来后坚决要求上前线，部队得知他懂日语后，就让他写日语标语宣传抗日。这天，他兴奋地刷标语时，被日本兵发现开枪打死。但是，几天后有几个日本兵看了他的标语后自动到租界缴械做平民，其中就有开枪杀知和的士兵。小说虽有理想色彩却也别出心裁。老舍的《一块猪肝》通过左翼青年林磊和服务于抗战的光妫的对比，表明了作者消弭党派，一致抗战的民族立场，否定空谈、虚无的“沙龙革命”，主张将革命理想热情转化为救亡图存的实际行动。《人同此心》中王文义、范明和吴聪三个青年学生在个人与国家之间挣扎，在英雄与奴隶之间徘徊，在饱受亡城之痛后，强烈的民族责任感最后让他们做出牺牲自己，谋杀日本兵的决定，用自身的死唤起人们对正义，对个人尊严、精神的守护和国家意识的觉醒。《浴奴》表现了汉奸为日本人“贡献”中国妇女的罪恶和奴颜媚骨、唯利是图的丑态，被“贡献”的妇女饥寒交迫，可怜无助，但当发现“服务”的对象是日本人时竟硬生生地掐死了日本人。老舍通过对青年学生、都市市民和走投无路的妇女等社会中弱势群体的抗争精神的彰显，表明了中国人血液中蕴藏的民族生命力，心中深埋着民族独立自由的根系是民族重生的希望，无论是普通一兵还是平民百姓都有最基本的国家认同感和深厚的民族情感，这是抗战不竭的动力源泉。

如果说，艾芜、老舍对英雄的歌颂多侧面烘托，那么萧乾（1910—1999）、沙雁（1915—?）、端木蕻良（1912—1996）等作家对英雄的颂扬则多正面刻画，作家们直接描写抗日战士浴血奋战、出生入死、不畏牺牲、奋勇杀敌的场面，将英雄形象鲜活地树立在读者面前。《刘粹刚之死》是萧乾的名篇，小说真实描述了刘粹刚“接连鏖战七十多天，击落敌机十三四架的空中好汉”的英勇事迹和他在艰难困苦中坚持作战，誓死保家卫国的精神。当他战斗取胜回乡看望久别的妻子时，第二天又接到了上级的作战指令：率领两架飞机，协同八路军作战。他毫不犹豫地重上蓝天，就在返回机场的途中，飞机燃料将尽，他将最后一颗照明弹发射给了战友，自己为保护飞机没有选择跳伞，壮烈牺牲。他曾在给妻子的信中写道，军人的天职就是保家卫国，拯救民族于危难之中，将自身的生死置之度外。妻子在回信中也说道，她支持丈夫的做法，并且要不惜一切代价争取战争的胜利。小说真实感人，洋溢着抗战初期特有的抗战必胜的乐观的时代气息，不仅歌颂了抗日战士浴血奋战的英雄气概，也反映了广大中国人民誓死不做亡国奴的决心。由于小说取材于国民党下级爱国军官空军少尉刘粹刚的真实事迹，发表后产生了很大影响。陶雄（1911—1999）的《0404 号机》也是一篇歌颂中国空军英雄事迹的小说。作者借被俘敌飞行员之口道出 0404 号飞机让敌人闻风丧胆的缘由，可谓构思巧妙。沙雁的《塞上血》描写了塞北战士们收复百灵庙的浴血场面；《要塞退出的时候》重在歌颂守卫要塞的官兵顽强地抗击着鬼子的进攻，直到接到撤退的命令才含泪退出的悲壮情怀。小说不足三千字，却写得“短小紧严，优美而且深刻”。[①]端木蕻良的《螺蛳谷》写战士被围困于只有进口没有出路的螺蛳谷，但他们并不气馁而是与敌人斗智斗勇，最后反歼敌人取得战斗的彻底胜利。小说将一场小的战斗场面描写得细致生动，青年战士山柴禾、马亮和机枪手周大河洛刻画得栩栩如生，难能可贵。

不过，更具恢宏气势与战争意味的是含沙的抗战小说《抗战》，这部歌颂热河西部义勇军的长篇小说，堪称全面抗战初期四川抗战小说的力作。含沙（1905—1990），四川眉山县人，本名王志之，笔名含沙、寒沙、思远等。1926 年毕业于成都公学，年底入国民革命军十一军二十四师任军事教导队文书。1927 年参加南昌起义，在广东三河坝被俘，后逃出。1928 年回到北平，考入师大国文系，开始从事文学创作。1929 年出版长篇小说《爱的牺牲》，向青年男女追求爱情幸福的道路被家长无情扼杀导致他们悲亡殉情的吃人现实发出了有力的控诉。1933 年 5 月在北师大毕业后奉派为平津文化总同盟代表，到张家口参加华北御侮救亡会代表大会，并起草大会宣言，后到北路前敌总指挥吉鸿昌部政治部工作。抗日同盟军失败后王志之逃回北平，开始以这段经历为素材写长篇小说《中国人》。小说在天津《国闻周报》上连载后，引起冯玉祥的关注，他寄来《察哈尔日报》和《读春秋札记》供作家参考。1938 年 3 月 15 日，含沙的《抗战（生命线下第一部）》（长篇小说）由上海金汤书店出版。1937 年 10 月，王志之随政府撤退到武汉，后因病回到重庆。1938—1948 年 10 年间，王志之一直在四川从事文化教育与抗战宣传工作，其间创作了表现塞北抗日题材的中篇小说《自由行动的周师长》等。1949 年夏，他离开四川经香港到北平，1950 年受聘东北师大中文系。

---

① 李梅：《评〈要塞退出的时候〉》，《现代读物》1940 年第 7 期。

《抗战》写锥子嘴的保安队想投降日本，小学校长魏克竭力劝阻，但区公所所长孔直主意已定，将魏克关押了起来。赵德胜将他救出，往白岔山奔去。白岔山有赵德胜的朋友，也在当兵。不料，中途突然被一武装队伍扣住。得知他们是锥子嘴出来的，以为是汉奸便想枪毙，但赵德胜说是不愿投降所以才逃出来，而且是往白岔山投王占标。听到王占标的名字，这小头目郝金刚因与王有交情，才放了他们，并将他俩带到朱黑痣司令处。到了白岔山，见到已是分队长的王占标却心事重重。详细一问才知道，他们的吴大队长也有投敌的打算，只是有顾虑不敢公开而已。这时，日本人大兵压境，许诺投降可以升官发财。吴大队长面对诱惑犹豫不决。队伍中，一支队向队长欲卖国求荣，五支队马队长坚决抗日，吴大队长假抗日想投降。魏克、赵德胜、马占标分头行动，动员自己的力量，阻止投降行为。突然，有人暗杀了马队长，大家纷纷要求惩办凶手，坚决抗日。这时，另两支抗日队伍曹大脚板和朱黑痣的人马也到白岔山会合，一时间队伍壮大了许多。魏克建议成立“热西抗日义勇军”，分三路，曹、朱、吴各为大队长。听说向队长逃往锥子嘴，曹大脚便派人去捉，同时打击那里投降的保安队。留守的五支队又不依不饶要吴大队长惩办凶手，吴大队长眼看许多人支持投降，自己又控制不了队伍，就听了唐队长的话，将部队交朱司令统管，自己则保全性命离开。朱司令听从魏克的建议，组织抗日会，加紧宣传工作。这时，日本军队步步逼近，是守还是弃，朱曹二部发生了分歧。最终觉得应保存实力，决定退到大梁，与另一支队伍会合。会合成师后，再次往沽源撤退。这时，《塘沽协定》签订。沽源虽被占领，但抗日的流洪已势不可当。

抗战开始后，抗战文学当仁不让地成为文学创作的主潮。长篇小说虽然不如短篇小说那样便捷，但同样发挥着鼓舞民众、抗日爱国的伟大作用。这部歌颂热河西部义勇军的长篇作品，就是如此。在这里，在抗日的大旗下，不同的人们会合在一起形成了一股势不可当的抗日洪流，虽然其中不乏汉奸卖国贼，但抗日爱国还是时代的主流，是人民的呼声，历史的呼声。作者有从军的经历，写来真实生动，人物对话个性鲜明，基层军官的形象清晰可感，特别是政治工作者魏克形象的塑造，是抗战作品中最先出现的较为生动的政治工作者形象，也可以说是这一作品的重要收获。只是小说的冲突相对单一，缺乏层次，吴大队长交权过于简单，前半部分写得从容不迫，后半部分则较为凌乱，收尾也有些仓促。

二、悲情记忆与精神救赎

抗日战争也是中国人民一次惨痛的记忆。日寇的铁蹄对中国的肆意践踏不仅带给中华民族一段悲怆、沉重的历史，也使一切不愿做亡国奴的爱国志士心中难抑悲愤之情。因此，书写这段沉痛的记忆，表达他们在这场救亡图存的爱国运动中所应有的民族情怀，以及对抗战的种种期待和复杂情绪，就成为作家们涌现笔端的又一创作主题。

端木蕻良的《青弟》讲述了一个天真烂漫的小孩被入城的日本人搭讪，并向这个日本人透露自己的伟大志向："当兵打日本——啪！作荣誉战士！"最后他小小的身躯被日本兵的刀尖刺穿的惨剧。作品字字泣血，句句含泪，熔铸了作者无尽的愤慨和悲痛。王平陵（1898—1964）的《委任状》写苏州遗老潘则民假意向民众表示要与苏州共存亡，在演讲中号召青年人奋勇抵抗，自己却做了维持会长。然而，女儿被奸杀，三姨太被蹂躏的惨痛教训使他将委任状撕碎扔在地上，算是表示了他消极的决心。艾芜笔下的尚德忠也有着同样的境遇。日本鬼子以过樱花节为名向维持会长尚德忠索要财物，尚德忠在鬼子的威逼下好不容易将摊派来的财物交给鬼子后，鬼子又提出送女人供他们淫乐，他只好再次被鬼子押着去找女人，相好张五嫂见他找到自己，上吊自杀，他本想让养女去凑数，不料反将自己的女儿搭了进去，尚德忠前去要人反被拒之门外。羞愤之下，尚德忠撞墙死去（《尚德忠》）。小说虽没有直写武力除奸，但同样是在告诫国人，这就是当汉奸的下场。与之有相似之处的是布德（1915—?）的短篇小说《第三百零三个》。小说以日本人的视角控诉了日军在日占区惨无人道的滔天罪行——奸淫中国女性303人。小说详细刻画了女孩被日本兵吉田捉到时的惊惧、软弱和无助，女孩无数次求饶，希冀敌人良心苏醒，然而还是不幸成为第303个被凌辱的对象。就在变态的吉田得到满足后，情节戏剧性的翻转——吉田日夜思恋的妻子慧子此时正作为慰安妇投入别人的怀抱，而他们刚出生不久的孩子因缺奶而夭折。吉田认识到日本军阀统治者的无人性：不顾远征军人的身份随意处置军人的家属。悲愤之下，吉田与妻子一起撞墙而死。作者随后写道："能够勇敢地死，也许便是日本的武士道精神，可是死，并不能阻止日本军阀的狂暴，无数的吉田啊，起来，举起你们自己的臂膊，把日本军阀打倒吧。”小说并非完全虚构，而是取材于一个真实的事件：在扬州的妇女慰劳所里，一个日本士兵在这里发现了自己的妻子，两人在悲愤中一起自杀。作家以之为题材，不仅控诉了侵略者的暴行，更揭示出战争对人性的扭曲、对家庭的毁灭和对人类良知的毁灭，也表达了作家反战的主题。

相对于上述作家强烈的民族情怀和国家责任感，萧红（1911—1942）的抗战文学中表现出女性特有的细腻情感和对战争之于人的深邃思考。她的短篇小说《朦胧的期待》短小精悍，情感丰富，讲述了国民党军官家中的女佣李妈先前的情人因当了红军离她远去，后来与她逐渐产生感情的卫兵金立之也要奔赴战场，李妈在得知这一消息后既惊惧、难过又惶恐、悲伤，心绪复杂而手足无措。金立之怀着一腔热情毅然离去，黑暗中留下了为他买烟的李妈。李妈在悲伤之余只有无尽的期待。书中对于李妈的心理刻画细致精准，富有层次感，摆脱了早期抗战小说人物公式化、概念化、模式化的弊端，真实地表现了战争笼罩下的女性幽微隐秘的情感和复杂矛盾的心理活动。李妈作为大时代下的小人物，她有着最朴素的愿望，期待在这个乱世中有一份属于自己的温暖，自己爱的人能够平安活着，这也是支撑她抵御战争苦难的精神资源。当金立之满怀斗志离去后，李妈对生活的热情一点点消解，一种悲剧的宿命意识悄然萌生，人不过是这个血与火时代下的缥缈音符，个体生命的存在只为成全这曲宏伟的抗战奏章。人在时代围困中产生一种无能感和幻灭感，所有的现实幸福只能是那一点温暖的朦胧的期待。对于李妈这样的朴实平凡软弱的女性，感情是困苦中唯一的寄托和希望，这种朦胧、美好的感情在不乏民族义愤、爱国热情的时代里显得纤弱而充满了人间的温度，也正是这种细腻复杂的情感使作品成为超越了阶级属性、国家意识，对战争宏大叙事和理想化的单一书写的优秀创作。

抗日战争不仅是一次抗敌御辱保家卫国的行动，更是一场国民灵魂救赎，民族性格重塑的过程，很多作家站在启蒙的立场上，从人性、人格角度去思考和观照战争对于中华民族的意义，期待经过战争的洗礼，国民素质的提高和民族性格的强健，具有深刻的文化意义。艾芜的《萌芽》通过对新人新兵形象的塑造，反映了国家意识在乡土民间群体中的逐渐觉醒与自我救赎历程。新青年林志超志愿当兵，从戎抗日，满怀信念，力争救国的行为引起那些时刻想逃逸、抓壮丁被征来的军人的疑惑、嘲笑和猜忌。最后在林志超潜移默化的影响下，大家逐渐明白保卫家乡的道理，决心奋起抗日。更具救赎意义同时又初具史诗意蕴的是齐同（1902—1950）的《新生代》。这部1939年9月由重庆生活书店出版的长篇小说，将1935年的12月9日北平大中学生举行的反对华北自治，反抗日本帝国主义的抗日救国示威游行活动朴素地记录了下来。这也是第一部表现“一二·九”运动的长篇小说。

关于《新生代》的内容与指导思想，1940年2月16日《文艺阵地》第4卷第8号刊载的广告这样说道：“《新生代》的企图，是要反映从‘一二·九’到‘七·七’华北青年思想变动的过程。他们怎样忠诚地勇敢地创造新的历史纪录，他们和政府的关系，怎样由离心走到向心，都是这整部书的范围。在‘一二·九’里只能写出这思想过程的第一步。他们曾怎样与懦弱的外交斗争。在这里面写出新人物的成长，告诉读者说，这运动并不是限于党员，政治组织者的事情，而是一般青年所普遍的要求。……这是一部小说，同时也是一部活的历史书。”

的确，这是一部活的历史，也是一部表现“一二·九”伟大学生运动的优秀小说。作者写一个东北沦陷区的学生陈学海从不关心时事到以国家民族为己任，积极行动起来投身到救亡图存的民族洪流中，显示了时代潮流不可阻挡的历史趋向。小说朴实地写出了陈学海这样一个正在成长的平凡又不平凡的学运人物，细腻真实地刻画出他转变的内在心理和外在因由，从而使这一“新生代”人物具有了深刻的典型意义：在民族危难之际，每个爱国的青年应该做怎样的人，走怎样的道路。小说时代气息浓烈，历史画面真实而富有层次感，结构较为严谨。更为可贵的是，《新生代》的朴素与真实。这里没有叱咤风云的英雄人物，也没有英雄救美的动人传奇，但爱国青年跃动的心灵同样可亲可爱，全国人民同仇敌忾的时代氛围同样可感可触，特别是表现青年男女“由离心走向向心”的过程真实可信，历史的镜像在这里得到了真实的再现。只是其他一些人物形象因矛盾冲突尚未展开而显得较为单薄，已完成的第二部丢失，重写的第二部仅写到第四章又因齐同的突然病逝而中断，《新生代》遂成为一部永远无法完成的创作，不禁令人扼腕叹息。

三、抗战积弊与性格重塑

1938年4月16日，《文艺阵地》创刊号发表了张天翼的短篇小说《华威先生》，轰动文坛。小说以一个整日打着抗日招牌，喊着抗日口号、忙得不可开交的官僚实际上却只是开会、赴宴、压制他们抗日的华威先生为主线，讽刺批判了国统区一些投机分子借抗战之名沽名钓誉的丑恶行为，也掀起了国统区“暴露与讽刺”的争论。但很快，人们不再纠缠暴露与讽刺有害还是有益，也不再纠缠是否会给敌人提供宣传的材料以为其侵略服务，而是认为：“今天横在作家前面的问题不是应该描写光明或描写黑暗的争辩，而是如何更深入地去观察现实，把握现实，如何从光明和黑暗的交织中去正确的理解光明，理解黑暗，现在我们的作家已经从热情的歌唱跨到理性的观察，这实在是一个不小的进步。”① 这就从理论与实践上为抗战文学的现实主义的创作打开了通道。于是，一批揭示抗战积弊，暴露大后方特别是四川一些地方政府及基层官僚趁机大发国难财，假抗战之名行一己之利的腐败行为的抗战反腐小说相继涌现，成为这一时期抗战文学现实主义深化的鲜明标志。

沙汀是抗战反腐小说的圣手，《防空——在“堪察加”的一角》《联保主任的消遣》和《在其香居茶馆里》堪称他在这一创作视阈里的优秀之作，特别是《在其香居茶馆里》更是赢得满堂喝彩。《防空——在“堪察加”的一角》写抗战开始，面对敌人可能来临的轰炸，愚生看到了做防空任务的重要性与机遇。经过短期培训后，他做了县里第一任防空主任。这一轻闲而又得钱的工作被别人所嫉妒，于是督学将农民在地里发现的未爆的炸弹拿来，看他如何处理。愚生被炸弹可能爆炸的后果吓怕了，听从了家里人的意见借故有雨而没有及时前去处理。几天后，当他去公园看炸弹时，发现已被同样参加培训的小老板做了相应的处理，也由此赢得了县长的信任。愚生的防空主任一职由小老板代替。作家讽刺了愚生的机敏、投机却胆小无能的性格，实际上也告诫那些想依靠投机与小聪明谋得一己之利的人是不可取也是不长久的。《联保主任的消遣》写川西北某县的联保主任幽居于山城一隅整日饮酒，品茶，吃牦牛肉，听曲，逗乐，找消遣，

① 《从三年来的文艺作品看抗战胜利的前途》，《新蜀报》1940年10月10日。

坚守着人生享乐主义，毫无抗战意识，置国家危亡于不顾，不仅如此，而且胡乱派发救国公债，昏聩无能，使得民怨难息。作家将前方吃紧，后方紧吃的享乐主义进行了有力的揭示。不过，写得最为精彩的是《在其香居茶馆里》。联保主任方治国相信新任县长一定严治兵役的承诺，遂向县里密告，于是县里派人将镇里有些声望的邢幺吵吵的二儿子抓丁，这让邢幺吵吵很没面子。他倚仗着他哥哥及舅子是县里有影响的人物的关系，已躲过了四次兵役且没有交半丁壮丁费，但这次不同了。一是人已经被抓走，二是新县长宣称要严肃役政，是真是假尚不清楚，邢幺吵吵只好在茶馆里找方治国“算账”。正当双方各不相让从动口到动手以致要上县城告状之际，传来了邢幺吵吵的二儿子因报数报错而被责打后放回的消息，一场正剧以闹剧收场。“它恰如一幕经过精心构思的绝妙的讽刺喜剧，淋漓尽致地揭穿了抗战时期国统区在兵役问题上的黑幕，尖锐而深刻地暴露了国民党政权的腐败和‘大后方’豪绅集团的横行不法，以及他们互相争斗又互相勾结，尔虞我诈、营私舞弊的丑恶本质。”[①] 小说人物对话简明传神，矛盾冲突起伏有致，选材以小见大，构思精妙奇绝，在不动声色中戛然反转并收尾，将沙汀讽刺小说的艺术推向了顶峰。

抗战初期，不少作家被热情所鼓舞而难以潜沉创作，这使得一些作家对抗战文学的审美性即文学的形象性表示出担忧。郑伯奇就说：“抗战以来，在艰苦的环境之下，中国的文艺工作者的确尽了不少的责任。文艺作品虽不多，优秀的作品也许更少，但多少总反映出这个伟大的时代。然而代表这个伟大时代的各种典型是否在这些作品中存在着呢？肯定的回答想是很困难的罢。不错，某些人物，像腐败的官僚绅士乃至汉奸之类，有时也面目活跃地出现于作品之中，可是杀身成仁的官吏，守节不屈的乡绅，忠勇杀敌的士兵，游击抗战的民众，这样积极方面的人物，作家还没有给我们遗留下不灭的典型。而且，就是消极性的，否定型的人物，作家大都也只是蹈袭着前人的作品，作为类型写出而已。典型的缺乏，这的确值得加以注意了。”[②] 如今，这一问题在第三年的创作中得到回答，邢幺吵吵的形象就是“不灭的典型”。

---

① 唐沅：《波澜迭起巧铺排——〈在其香居茶馆里〉结构艺术赏析》，《名作欣赏》1983年第1期。

② 郑伯奇：《典型的贫乏》，《理论与现实》1939年第1期。

黑暗堕落的世风和卑污的灵魂不仅是民间社会的主要形态，也是国民政府上层官员的基本内容。端木蕻良的《新都花絮》主要讲述了一位名门望族、美丽孤傲的小姐李宓君因北平沦陷和情感失意来到战时陪都重庆，在妹妹李婴君和闺蜜杨紫云的陪伴下，她出入上流社会，极尽奢华，吃尽山珍海味，披金戴玉，整日赴宴、打牌、举办沙龙，但这些仍排解不了她失恋的烦恼。李宓君认为只有投身于抗战的潮流才能点燃生命的热情，于是她在儿童保育院做起了英文顾问，也因此结识了有为青年梅之实，爱情的花蕾再度绽放，浓烈炽热的爱情却浇灭了她对儿童的关心，对国家关怀，以致梅之实失望不已，不辞而别。李宓君再度心灰意冷。小说情节简单而内容厚实，人物形象刻画得生动饱满，笔调细腻精致。小说透过李宓君的行动语言展现了大后方上层社会腐败混乱、享乐纵欲、奢靡无度、虚伪丑恶的一幕。国民党委员虚伪吹嘘，绅士们投机倒卖，经济教授沽名钓誉，法学教授讲些令女学生脸红的故事，“接吻专家”大肆传授接吻经验。太太小姐大摆筵席，忙着谈情说爱，上流阶层整体缺乏爱国信仰和抗战热情。女主人公表面上孤高冷艳，富有理想，实际上却幼稚肤浅，沉溺于爱情，口口声声宣称个人要贡献于国家事业，投身于抗战，却不知抗战、革命为何物，她只配在精美安稳的世界里，享受一点高贵的情爱忧愁。小说将上层社会众生相的广角式摄取与个性人物特写相结合，以点带面地反映了大后方国民政府生活的腐化和国民的劣根性，作者愤慨之余失望不已，讽刺了那些上流社会的腐化的生活和空虚的精神。语言含蓄精美，温润细腻。

此外，张恨水的《八十一梦》也是一部讽刺社会现实的力作。小说采用象征的手法、寓言的形式将丑陋的现实托之于梦，营构出一个光怪陆离、荒诞不经又直指现实的奇特世界。全书共有十四个梦，每个梦各自独立，各叙一事，极尽重庆大后方丑态之能事。昔日的大学教授、下层官员逃往重庆后倒卖货物，大发国难财，唯钱至上。官僚与奸商勾结，盘剥穷人，贪污受贿，横征暴敛，颠倒黑白，无视法治，造成社会混乱。阿堵关设置重重关卡，每个守关人都收取通关人的贿赂，守关稽核当看到贿赂他的金砖、金条时，“心房乱跳，两脚软瘫了动弹不得，他已是被这动人的东西吓慌了”。狗头国的国徽是古钱图案，官商着黄色衣饰，商人穿白色衣服，分别代表着金子、银子。那里的规定是政商合一，“经商人才能做官，做了官更好经商”，狗头国地方官员垄断稀有货物糖果，囤积起来，高价卖出，操作全岛金融，还增设关税壁垒，收取百分之百的税款，切断了国家经济命脉。岛上达官贵人多患有“狗叫病”，没有外国货就要咳嗽，没有外国人打他就要心口疼。书中的政府官员、知识分子、大小奸商，崇洋媚外，投机倒把，囤积居奇，大获横财，人民苦不堪言。小说尖锐地讽刺这些消极抗日、坑害百姓、无视国家、灵魂卑污的社会败类。作者运用古典章回体的形式，以春秋笔法点染勾勒出人间世相，融虚实古今为一体，亦真亦幻，谐趣横生，讽刺之刻露，结构之巧妙，令人赞服。

这时期还有一些作品对身处于抗战的伟大时代却仍感觉无所事事、碌碌无为的灰色人物进行了善意的批评。端木蕻良的《嘴唇》《泡沫》《火腿》便是对这类灰色小人物的速写画。《嘴唇》写逃难到大后方的一对恋人子可、何莉莉因物质的匮乏而精神也跟着空虚，子可对莉莉浪漫的爱根本补偿不了她对物欲的渴望和情感的寂寞。《泡沫》讲述了一位从武汉逃难到重庆的黄桂秋小姐在行途中自制了一个美丽幻想，最终被残酷的战争现实击得粉碎的故事。《火腿》描写了从江浙逃难到重庆的魏小川先生对金华火腿日思夜想而烦躁不已觉得生活了无生趣。这些灰色人物身上反映出人性的弱点和作者对文化的反思。作者通过塑造这些人物意在表明，如果个人追求不能与国家、民族命运联系在一起的话，那么个人幸福、理想也就无从谈起。

总之，突如其来的抗日战争给中国人民带来了深重的灾难，改变了人们原有的生活轨迹、生存境遇与思维意识，战时状态的抗战作家们将自身的生命体验与时代的律动联系在一起，展现了中国军民抗战建国、救亡图存的历史图景，汇成了一部反抗日本帝国主义侵略斗争的抗战史诗，也增强了中国人民的国家意识、身份认同和民族情感。虽然在再现抗战全景的历史书写中也不乏对社会阴暗面的暴露，但它触动了国人对国民性和民族文化品格的又一次反思，延续了“五四”以来未完成的现代化进程的深入思考，将现实主义创作推向了历史的新阶段。

第二节　浩繁而通俗的国难史：张恨水的抗战小说

在抗战文学中，有一些特殊的文学现象尤为得关注，通俗文学作家的抗战文学创作即是其一。以往许多研究著述认为，通俗文学作家创作表现抗战题材的作品是向新文学的靠拢。这里需要我们辨析的是，这些通俗文学作家的创作转向是在怎样的情况下发生的？他们的创作动因是什么？事实上，在战争的背景下，新小说的现代性与旧小说的通俗性展开了深入的融通。具有不同生活背景、社会地位、创作经历的作家面对国难，其创作思想都产生了转变，每一位作家都或多或少或明或隐的呈现抗战文学所具有的共性。与此同时，每一位作家创作转变的精神历程必然带有个人的特殊性，是值得深入分析的个案。其中，张恨水（1897—1967）的抗战文学即是一个典型的例子。张恨水抗战文学创作从 1931 年始至 1948 年止，共 800 万言，其题材涉及广泛，体裁灵活多样，纵观张恨水的抗战文学犹如在翻阅一部浩繁而通俗的国难史。

一、张恨水对抗战文学的体认

1937 年抗战全面爆发，抗战风潮弥漫整个中国，倡导“抗战”成为主导时代的文化氛围，文学与战争、救亡密切联系在一起。从小说、散文到诗歌、戏剧，无论作者是否直接以战争为题材，但其思维模式和审美取向都不同程度地打上了战时的烙印，文学的发展因而呈现战时特有的风貌。在这些文学中，抗战宣传性质的文学与在抗战文化氛围中出现的文学不能一概而论。前者属于官方意识形态影响下的创作，后者则属于主导文化氛围中出现的文学。张恨水在《偶像·自序》中，表达了对抗战宣传性质的文学与抗战文学的认识：

> 抗战时代，作文最好与抗战有关，这一个原则，自是不用摇撼，然而抗战文艺，要怎样写出来？似乎到现在，还没有一个结论。
>
> 我有一点偏见，以为任何文艺品，直率的表现着教训意味，那收效一定很少。甚至人家认为是一种宣传品，根本就不向下看。我们常常在某种协会，看到存堆的刊物，原封不动的在那里长霉，写文字者的心血，固然是付之流水，而印刷与纸张的浪费，却也未免可惜。至于效力，那是更谈不到了。
>
> 文艺品与布告有别，与教科书也有别，我们除非在抗战时代，根本不要文艺，若是要的话，我们就得避免了直率的教训读者之手腕。

若以为这样做了，就无法使之与抗战有关，那就不是文艺本身问题，而是作者的技巧问题了。[①]

如何在抗战主题与艺术形式之间找到恰切的结合方式是抗战文学创作面临的首要问题。在这个问题上，严肃文学作家和通俗文学作家都做出了自己的努力。朱自清先生说过："抗战以来，第一次我们获得真正的统一。"[②] 鲁迅先生曾在《答徐懋庸并关于抗日战线统一问题》一文中倡导：

> 我赞成一切文学家，任何派别的文学家在抗日的口号之下统一起来的主张……文艺家在抗日问题上的联合是无条件的，只要他不是汉奸，愿意或赞成抗日，则不论叫哥哥妹妹，之乎者也，或鸳鸯蝴蝶都无妨。[③]

抗战以来，文坛的新旧阵营在文化的主导思想上获得了真正的统一。张恨水的创作历程与上述许多通俗作家的创作转型有着类似的走向。1931年，张恨水代表作《啼笑因缘》出版，风行全国，因此1931年又被王德威称为"张恨水年"。也是在这年之后，张恨水的创作逐渐由关注社会娱乐转向对民族、国家历史命运的反映。1937年至1945年之间，这一转变发展到极致。袁进将张恨水这一时期的创作称为"国难小说"。[④] 张明明在《回忆我的父亲张恨水》中写道："从日本侵华开始，父亲的作品又有了些变化。有人把这一时期叫作'写国难小说时期'。"[⑤] 朱周斌指出："总体来看，在民国时期，张恨水对政治的批判起先主要局限于对军阀的批判，同时保持了对清明、超越的政治结构的盼望，这一盼望由于外敌的入侵

---

① 张恨水：《偶像·自序》，张占国、魏守忠编《张恨水研究资料》，知识产权出版社2009年版，第210页。

② 朱自清：《爱国诗》，《新诗杂话》，作家书屋1947年版，第78页。

③ 鲁迅：《答徐懋庸并关于抗日战线统一问题》，《鲁迅全集》（第六卷），人民文学出版社1981年版，第529页。

④ 例如袁进《张恨水评传》第十章题目为"'国难小说'和《满城风雨》"；赵孝萱《世情小说传统的继承与转化：张恨水小说新论》第四章第二节第一部分命名为"内战与抗战小说"。

⑤ 张明明：《回忆我的父亲张恨水》，张恨水《写作生涯回忆》，北岳文艺出版社1993年版，第259页。

而变得更加迫切，同时也使张恨水进一步思考将民间意识同国家意识形态勾连起来完成这一目标。”① 赵孝萱同样认为：“与张爱玲可以背离大叙述相较，张恨水一直刻意地接近国族与历史的大论述。他一直在小说中承载着他对世事与国族的关怀。他有很深切的‘以文济世’观念，他心心念念要拿笔去‘唤醒群众’，他有一种书生报国的赤诚。面对中国连年的内乱外侮，他也不可避免地要以文人之笔御侮抗敌，并留下历史的见证。”②

回顾张恨水的创作历程，其抗战期间的创作转变似乎一望而知，但是转变的过程是怎样的，张恨水的文学创作对时代做出了怎样的回应等问题都需要进一步剖析。

二、张恨水抗战文学转型的思想演进逻辑

理解张恨水抗战时期的思想走向，一个重要的原因，是他 20 世纪 30 年代后期到 40 年代的文学创作和思想追求。朱周斌先生在《怀疑中的接受——张恨水小说中的现代日常生活》一书中，对张恨水的家国体验有过这样的论述：“张恨水固然是一位‘流行’的‘通俗’作家，从主观意愿和个人兴趣上，他也不愿意太多地直接卷入具体的政治活动中。但是他的小说在各个不同的阶段，回应了不同时代的政治要求，体现了一个现代中国知识分子、普通民众在动荡不安的时代所无法摆脱的家国体验。”③ 张恨水对自己创作转向“抗日方向”这一表现说道：“仅仅说，我还不是一个没灵魂的人罢了。”④ 那么，在不同的阶段，张恨水如何回应了时代的政治要求呢？要更好地回答这个问题，关键是寻找到张恨水抗战时期的思想演进逻辑。只有对这个问题做出描述和辨析，才能更深入地呈现张恨水由“平民意识”向“民族意识”转变背后的丰富内涵。

张恨水谈及《金粉世家》时说：“它唯一被人所研究的，就是这些人物影射着是谁？……它始终在那生活稳定的人家，为男女老少所传看。有

① 朱周斌：《怀疑中的接受：张恨水小说中的现代日常生活》，广西师范大学出版社 2010 年版，第 266 页。

② 赵孝萱：《世情小说传统的继承与转化：张恨水小说新论》，台湾学生书局 2002 年版，第 149 页。

③ 同上，第 64—65 页。

④ 张恨水：《写作生涯回忆》，北岳文艺出版社 1993 年版，第 57 页。

少年人看，也有老年人看，这是奇怪的。记得当年这书登在报上，弟妹们是逐日念给家慈听，也是数年如一日的。这一部长篇，它出现以后，出路是这样的。以我的生活环境不同，和我思想的变迁，加上笔路地修检，以后大概不会再写这样一部书。而这样的题材，自今以后的社会，也不会再有。国家虽灾乱连年，而社会倒是不断进步的。"① 此段话预示着张恨水创作的转向。事实上，1927 年 2 月 14 日至 1932 年 5 月 22 日《金粉世家》在《世界日报》的《明珠》副刊连载期间，张恨水就已经开始创作反映战争题材的作品了。例如，1931 年北平《晨报》副刊《北晨艺圃》连载的《满城风雨》。这部小说是张恨水国难小说中较为出色的一部。限于国民党压制抗日的禁令，小说以北洋军阀统治时期为背景。大户人家出身的大学生曾伯坚，暑假回到山东某县城的家乡，正逢小县城成为内战区域，张恨水通过曾伯坚的奇遇，揭开了一出军阀混战的闹剧。张明明在追述父亲张恨水一生的创作道路时，特别提到了这种创作的转变："从日本侵华开始，父亲的作品又有了些变化。有人把这一时期叫作'写国难小说时期'。这个时期的作品特点是，提倡一致对外，鼓励抗日热情。"② 张恨水自己也说："'九一八'国难开始，举国惶惶。我也自己想到，我应该做些什么呢？我是个书生，是个没有权的新闻记者。'百无一用是书生'，唯有这个时代，表现得最明白。想来想去，各人站在各人的岗位上，尽其所能罢，也就只有如此聊报国家于万一而已。"③ 1932 年，为了使自己的作品能回应时代，张恨水仅用26 天时间，写了三篇短篇小说、一个剧本、一组笔记和两组诗（小说《九月十八》《一月二十八》《仇敌夫妻》；剧本《热血之花》；诗《健儿词》七首、《咏史》四首），都是鼓吹抗战的文字。这些作品后结集为《弯弓集》④，取"弯弓射日"之意。"《弯弓集》是当时中国最早出版的抗日作品集。"⑤ 张恨水在《弯弓集·自序》中写道：

① 张恨水：《写作生涯回忆》，北岳文艺出版社 1993 年版，第 42—43 页。

② 张明明：《回忆我的父亲张恨水》，张恨水《写作生涯回忆》，北岳文艺出版社 1993 年版，第 259 页。

③ 同上，第 56 页。

④ 参见《张恨水年谱》，《写作生涯回忆》，北岳文艺出版社 1993 年版，第 161 页。

⑤ 赵孝萱：《世情小说传统的继承与转化：张恨水小说新论》，台湾学生书局 2002 年版，第 150 页。

今国难临头，必以语言文字，唤醒国人，无人所可否认者也。以语言文字，唤醒国人，必求其无孔不入，更又何待引中？然则以小说之文，写国难时之事物，而供献于社会，则虽烽烟满目，山河破碎，固不嫌其为之者矣。①

《弯弓集》所收入的《咏史诗四首》是作家对内战悲愤情绪的传达，例如其中一首写道：

争道雄才一槊横，几时曾到岳家兵。
中原豪杰无断头，逊国军臣肯膝行。
盗寇可怜侵卧榻，管弦犹自遍春城。
书生漫作长沙哭，只有龙泉管不平。②

为支援抗战，张恨水曾经自己想组建一支游击队，但因为没有得到政府的批准而放弃，之后他前往重庆以笔为戎。③ 周毓凡先生写道："到了重庆，恨水新的写作题材又来了。当时，前方虽然烽火弥天，而后方却是生活糜烂，某些官场的贪污腐化，以及奸商的投机倒把，一切一切，看在恨水眼里，使他觉得有把这些现象刻画一番的必要。"④ 张恨水的一首诗可以代表他当时的心情：

六朝金粉拥千官，王气钟山日夜寒。
果有万民思旧蜀，岂无一士复亡韩。
朔荒秉节怀苏武，暖席清谈愧谢安。
为问章台旧杨柳，明年可许故人看。

* * *

含笑辞家上马呼，者番不负好头颅；

① 张恨水：《弯弓集·自序》，张占国、魏守忠编《张恨水研究资料》，知识产权出版社 2009 年版，第 218 页。

② 杨金亭主编：《中国抗战诗词精选》，北京燕山出版社 1997 年版，第 112 页。

③ 参见张恨水《写作生涯回忆》，北岳文艺出版社 1993 年版，第 73 页。

④ 张明明：《回忆我的父亲张恨水》，张恨水《写作生涯回忆》，北岳文艺出版社 1993 年版，第 308 页。

一腔热血沙场洒，要洗关东万里图。①

张恨水反复强调过自己创作抗战题材作品的想法：“与抗战无关的作品，我更不愿发表。”“我写任何小说，都想带点抗御外侮的意识进去。”②例如《啼笑因缘续集》。“在那看厌了黑幕小说、黄色小说和武侠小说的当儿，《啼笑因缘》确乎是别有风味的。……张氏不愿他的作品给别人涂上污泥（续集自序中语），取消他前集中‘不可续，不能续’的主张，自己写了十回《啼笑因缘续集》，把青年军人沈国英做了书中的宾中之主……沈国英毁家从戎……关秀姑父女和沈国英一起为国牺牲，结束写樊、何遥祭壮士，牵连到‘九一八’抗日。”③

在重庆，张恨水就职《新民报》，担任副刊《最后关头》编辑，在发刊词中，他写道：

关这个字，在中国文字里，已够严重。关上再加最后两个字，这严重性是无待词费了。

最后一语，最后一步，最后一举……这一些最后，表示着人生就是这一下子。成功，自然由这里前进。不成功，也决不再有一下。那暗示着绝对的只有成功，不许失败。事情不许失败了，那还有什么考虑，我们只有绝大的努力，去完成这一举，所以这副刊的命名，有充分的呐喊意义包涵在内。

……这呐喊声里，那意味绝对是热烈的，雄壮的，愤慨的。决不许有一些消极意味。我相信，我们总有一天，依然喊到南京新街口去，因为那里，是我们南京报人的。④

张恨水为抗战“呐喊”的心理动因值得探究。张恨水的老同事符家钦说过：“恨水写抗战，写中华民族的英勇精神，写贪污，写裙带关系，写

① 张恨水：《写作生涯回忆》，北岳文艺出版社 1993 年版，第 132 页。

② 张恨水：《我的创作和生活》，《写作生涯回忆》，北岳文艺出版社 1993 年版，第 132 页。

③ 范烟桥：《民国旧派小说史略》，魏绍昌、吴承惠编《鸳鸯蝴蝶派研究资料》（上卷），上海文艺出版社 1984 年版，第 298 页。

④ 张恨水：《这一关》，《新民报》（重庆）1938 年 1 月 15 日。

内地的投机成风。他写这些有两个愿望：鼓吹保卫自己民族和御侮精神，同时也安慰与娱乐自己苦难中的同胞。但跟他同时代的爱国作家一样，其长远目标是提高人民的文化水平。他在 1945 年《由原子弹想起》中说过，'文艺有个最高理想，是普及教育；经济有个最高理想，是人民丰衣足食；政治有个最高理想，是民主。'"① 张恨水在《写作生涯回忆》"抗日的方向"一节中说道："那时我在北平，在两个月工夫内，写了一部《热血之花》，主题是国人和海寇的搏斗，当然，海寇就指着日本了。另外，我出了一个小册子，叫《弯弓集》，都是些鼓吹抗战的文字。这个，我没有打算赚钱，分在上海、北平出版。这谈不上什么表现，只是说我写作的意识，又转变了个方向。由于这个方向，我写任何小说，都想带点抗御外侮的意识进去。"②《热血之花》是一则离奇的间谍故事，属于当时颇为流行的题材。小说女主角为了抗日充当特务，与日本特务周旋，她的未婚夫不了解情况，发生误会，解除婚约，投身抗日。女主角忍痛完成任务，最后被日本特务刺杀。抗战时期，陈铨的《花瓶》、徐訏的《风萧萧》都属于类似的情节。写作完《热血之花》之后，张恨水又为上海《申报》写了《东北四连长》（后易名《杨柳青青》）、《啼笑因缘续集》等小说，都表现了抗日的思想。在《啼笑因缘续集》中，出身下层，身怀绝技的关秀峰、关秀姑父女与出身军人的沈国英战斗在抗日第一线。从德国留学归来的樊家树、何丽娜，造军火、办医院，为前线解决后勤问题。甚至贪污老手，已下台党寓公的何廉也捐献了一半财产，投身抗日。这是张恨水勾勒的一幅"全民抗日"的理想蓝图。1933 年，随着抗战接连失利，战火蔓延到北平附近。时任《申报》副刊《春秋》主编的周瘦鹃正想借重张恨水的名声巩固《春秋》的地盘，于是张恨水应约创作了《东北四连长》。小说描写东北军的四个连长驻防在北平，后在长城各口作战时相继牺牲三人。作者以此与国民党的不抵抗主义相对照。

为了适应抗战需要，张恨水在创作手法上，做了许多有益的尝试，其中颇具代表性的作品是《八十一梦》。"由于我对军事是外行，所以就想改变方法，写一些人民的生活问题，把那些间接有助于抗战的问题和那些直

① 符家钦编著：《张恨水故事》，山西教育出版社 1998 年版，第 24 页。

② 张恨水：《写作生涯回忆》，北岳文艺出版社 1993 年版，第 57 页。

接间接有害于抗战的表现都写出来。但我觉得用平常的手法写小说，而又要替人民呼吁，那是不可能的事。因之，我使出了中国文人的老套，寓言十九，托之于梦，写了《八十一梦》，这部书是我在后方销数最多的一部。"① 抗战全面爆发以后，国统区的专制黑暗更加暴露无遗，严重妨碍了抗战的顺利进行。揭露与讽刺便成为国统区文学的重要主题之一。张恨水在《八十一梦》自序中写道："重庆的一片乌烟瘴气，实在让人看不下去"，"任何一个稍有良心的人，对这些家伙和这些家伙的活动，没有不满怀极大愤怒的"。② 他不顾国民党书报审查制度的高压，开始把有助于抗战和有害于抗战的社会现象写出来。《八十一梦》实际成书有十四梦，之所以取名"八十一梦"是暗喻"九九八十一，穷人没饭吃"之意。全书大量采用比喻象征的手法，正所谓"寓言十九，托之于梦"。书中十四个梦，每个梦独立成篇，一个梦就是一个短篇小说。作品展现的是一个光怪陆离、五花八门的世界，熔上下古今于一炉，借人们熟知的各种人物，将国民党统治下重庆的丑陋现实表现得淋漓尽致。

张恨水抗战文学中很多作品是直接描写抗战的。比如，《巷战之夜》《太平花》《潜山血》《前线的安徽，安徽的前线》《大江东去》《虎贲万岁》《敌国的狂兵》等。长篇小说《潜山血》1939 年发表于香港《立报·花果山》，长篇小说《前线的安徽，安徽的前线》1940 年于《立煌皖报》连载，这两部小说都是描写张恨水的家乡安徽抗日游击队英勇抗击敌军的故事。

张恨水缺乏战地生活的亲身经历，他很想将自己擅长的言情与抗战结合起来。小说《大江东去》的创作便是这样一种尝试。一次偶然的机会，张恨水得知国民党元老钮永健的侄子钮先铭，在南京沦陷时九死一生，回到武汉，不料他的妻子已将他抛弃。张恨水觉得这是一段很可以写的小说材料，于是便有了小说《大江东去》。这部小说先发表于香港，由于当时英国与日本尚未决裂，港报文字不准指斥日寇，作者描写的京沪线之战及南京大屠杀未能畅所欲言，后来张恨水有机会遇到钮先铭，亲聆南京失陷惨状及光华门战斗的情形，又将小说作了修改出版单行本。

① 张恨水：《我的创作和生活》，北岳文艺出版社 1993 年版，第 134 页。

② 张恨水：《八十一梦·前记》，张占国、魏守忠编《张恨水研究资料》，知识产权出版社 2009 年版，第 211 页。

小说以章回体小说的形式对某些妇女背叛前方将士的爱情作了道义上的谴责。

《大江东去》之后，1943 年的常德会战又促使他创作了战后影响颇大的《虎贲万岁》。小说根据五十七师提供的《五十七师作战概要》《五十七师将士特殊忠勇事迹》和报纸记载、私人日记、作战地图、相片等资料，加上两位参谋的现身说法创作而成。书中人物众多，类似人物群像展览，作者着重描写我军战斗的英勇壮烈的事迹。《虎贲万岁》完稿已在抗战胜利后的 1946 年初。尽管如此，它仍然产生了很大影响。因为这部作品虽不甚完美，却是当时第一部较完整地描写抗日战争中一次重大战役的小说。

中篇小说《敌国的狂兵》描写日军扫荡一个小村庄，李大娘的儿子大牛等村民撤退，李大娘要照顾家，不肯离开。疯狂的日本兵要强奸李大娘，发现她有皮肤病，只好作罢。在中队长饭岛的带领下，又去轮奸李大娘的养女莲子，莲子被蹂躏致死。不料饭岛早年与李大娘在北平是邻居，莲子是饭岛幼年寄养在李大娘家的女儿。饭岛在战前就加入了日军，李大娘则在战时逃难到现在的村庄。饭岛认出李大娘，待知道实情，他如雷击顶，极其痛苦。在混乱之中，躲在村外的大牛偷了日军的枪，趁机打死了几名日本兵，救出李大娘，饭岛最终也发了疯。在这部小说中张恨水开始关注战争给中日两国民众带来的双重灾难。

通过上文对张恨水抗战文学创作历程的梳理，他这一时期文学创作的整体风貌得以呈现。同时，我们可以从具体的作品中寻找到张恨水在抗战前后创作思想转变的轨迹。

三、抗战主导文化影响下的自我调整

在抗战主导文化的影响下，张恨水积极回应时代的姿态，表现出自我的文化选择与主导文化叠合的特点，这一叠合的过程是在不断的自我调整中完成的。在他创作思想的演进过程中，小说《太平花》的创作和修改是值得特别注意的。1931 年 9 月 1 日至 1933 年 3 月 26 日，小说《太平花》在上海《新闻报》副刊《快活林》连载。张恨水在《写作生涯回忆》中

写道："自《太平花》改作起，我开始写抗战小说。"[①] 这句话，说明《太平花》的两次修改是张恨水创作彻底转型的标志。改作过程作为张恨水创作生涯的重要事件，其意义远远大于小说文本本身。对此，张恨水说道："《太平花》这部书，不是什么了不起的写作，但在这两度大改之下，也就可以看到'白云苍狗'，人事是变幻得太厉害了。"[②]

《太平花》的创作和修改经历了从"九一八事变"到抗战结束的时代风云变幻。由于张恨水与《新闻报》的续约并且有感于中国连年苦于内战，决定创作小说《太平花》。"这小说的意识，在题目上，是可以看得出来的。"[③] 小说主题是反对军阀内战，充满非战的和平思想。其基本故事构架是描写战乱年代普通百姓的颠沛流离之苦，中间穿插爱情故事。小说创作至一半时，"九一八事变"爆发，"这时，全国的人民，都叫喊着武装救国，我这篇小说是个非战之篇，大反民意，那怎么办呢？而《新闻报》的编者也同有所感，立刻写信给我，问何以善其后？我考虑着这只有两个办法。第一，书里的意识，一百八十度大转弯跟着说抗战。第二，干脆，把这篇腰斩了，另写一篇。考虑的结果，还是采取了第一个办法，说到书中主角，因外祸突然侵袭，大家感到同室操戈不对，一致言好御侮"。[④]《太平花》第二次大的修改是在初版之后。"抗战期间，后方也要出版，但到出版的日子，日本人又投降了。在日本人又投降之后，我们还要提倡战争，也觉得不对。于是我又来了个第二次订正。三十四年，我到上海，将订正本交给书局，言明以后出版，以此为准，原版给它消灭了。"[⑤]《太平花》两次大的修改，体现出张恨水迎合时代要求，积极向社会主导文化靠拢的创作心态。

此外，能体现张恨水积极回应时代，进行作品修改的例子是《巷战之夜》的创作。当时，在重庆编辑《时事新报》副刊的张慧剑邀约张恨水创作一个中篇小说。因此，张恨水创作了小说《冲锋》。该小说"是写日本人侵犯天津时的一段人民自卫故事。后来慧剑建议，可改名《天津卫》，以双关的意义来笼罩一切。这意思当然很好。不过这书在三十年（一九四一年）出版的时候，我得着许多游击队的消息，又鉴于大后方豪门的生活

①②⑤ 张恨水：《写作生涯回忆》，北岳文艺出版社1993年版，第56页。

③ 同上，第55页。

④ 同上，第55—56页。

令人愤慨。于是我在书前后各加上了一段，将书名改为《巷战之夜》”。[①]小说以教师张竞存的战时生活历程为主线，叙述天津将要沦陷时，教师张竞存送走妻子，一边料理家中事务，一边观察形势。这是和战不定的时期，老百姓都不希望战争，但又一盘散沙，充满你争我夺的内耗。日机轰炸最终到来，平民百姓横尸遍野。张竞存趁机组织民众慰问中国军队，恰好碰上日寇进攻，劳军百姓无法回家，于是拿起大刀、锄头上阵，同日寇展开了一场激烈的巷战，杀死日寇七十多人。特别值得关注的是小说中的主人公张竞存由一个富于爱国心的教师，成为一支民众自发抗日游击队的领导人。这类人物形象在张恨水笔下还是首次出现。

四、张恨水抗战文学的艺术特质

张恨水的抗战文学共800万言，占其一生创作3000万言的近四分之一。在现代文学史上，张恨水以写言情小说著称文坛，被称为言情小说大家。通过上文的梳理，我们不难看出，抗战文学也是他创作的另一重要领域。在他的抗战文学作品中直接将抗战作为主要素材的作品近十部，除此之外，涉及抗战生活方方面面的作品数十部。这样的创作数量在中国现代作家中首屈一指。与20世纪30年代中国文坛上出现的书写国家忧患、民族存亡的“国难小说”相比，张恨水抗战文学体现出独特的个性特征。

首先，“歌颂”与“暴露讽刺”是张恨水抗战文学两大主题。张恨水的抗战文学由1931年“九一八事变”之后的国难小说，到抗战全面爆发后创作的直接描写抗战的作品，再到描写、揭露国统区黑暗的作品，数量浩繁，“歌颂”与“暴露讽刺”是这一时期张恨水作品两个最主要的主题。歌颂主题，主要是指张恨水的抗战文学中许多作品歌颂前方抗日战士英勇杀敌的事迹。此外，他的这类作品也有歌颂非军人出身的草根市井和知识分子在战争的洗礼中如何成为抗日英雄的心路历程，以《丹凤街》《巷战之夜》为代表。这里值得注意的是张恨水的“暴露讽刺”文学。20世纪20年代，从张恨水创作的小说《迷魂游地府》《皖江潮》开始，揭露现实黑暗就成为他文学创作的特点之一。20世纪30—40年代，特别是他在陪都重庆创作的揭露国统区黑暗、专制的作品将着墨点放在几个具体人物和

---

① 张恨水：《写作生涯回忆》，北岳文艺出版社1993年版，第73—74页。

主要故事情节上，不再以“新闻化”的方式罗列人物和事件。抗战时期，张恨水的小说《八十一梦》《魍魅魍魉》在写作手法颇似20年代的《春明外史》《新斩鬼传》的群像展览式。但是，如果仔细阅读会发现，其内在的精神实质已大不相同。20年代的张恨水对官场黑暗抱有超然物外的态度，他冷眼旁观那些尔虞我诈、寡廉鲜耻，从中发现笑料。但40年代，张恨水深切地感受到国统区的黑暗、专制如何阻碍了全国的抗战和中华民族的复兴，他怀着一种焦虑的心情指斥罪恶，为的是引起疗救的注意。他不顾国民党严酷的书报审查和迫害民主进步力量的高压统治，毅然开始了讽刺暴露小说的创作，决心把那些间接有助于抗战的问题和直接有害于抗战的表现都写出来。因此，张恨水的这类小说大多带有“改善人心”的目的，他重视社会问题，也使他的作品带有“问题小说”的性质。

其次，抗战时期张恨水作品的内质体现出鲜明的“民族意识”。汤哲声认为：“张恨水的抗战小说将‘抗日’主题从‘难’提升到‘战’，有着明确的国家意识。”① 张恨水抗战文学的这一特点不仅体现在上文已论述的两个方面。第一是张恨水创作思想的演进，第二是他在不断自我调整过程中完成了自我文化选择与抗战主导文化的叠合。此外，“民族意识”还集体地体现在张恨水创作的武侠小说中。抗战时期，张恨水的武侠小说在保有“侠义”内核的基础上，不断地建构和重塑“侠”这一文学形象。总体看来，张恨水抗战时期创作的武侠小说中的“侠义观”呈现了从“民间”到“民族”的嬗变。这一点可以从《剑胆琴心》到《啼笑因缘续集》的创作中找到明显的轨迹。如果以武侠小说“侠义观”为考察点，可以发现从民国到新中国成立这一现代国家建构过程中，中国武侠小说是如何在保有“侠义”内核的基础上，运用不同的叙述手法，不断地建构和重塑“侠”这一文学形象的。与抗战胜利前后北方武侠小说的代表作家王度庐、宫白羽、郑证因、朱贞木仍然坚守传统武侠小说关注技击、侠情的创作方法不同，张恨水的武侠小说已经不同于他前期的同类题材创作。抗战时期他创作的涉及武侠要素的小说，如《中原豪侠传》《丹凤街》《啼笑因缘续集》叙事模式已经显现出从民间侠客到民族英雄的转变轨迹，既承接着

① 汤哲声：《张恨水抗战小说中的国家意识及其评价》，《中国现代文学研究丛刊》2006年第4期。

民初英雄传奇模式，又连接起20世纪50年代的革命通俗小说，是两者之间过渡的重要连接点。

创作于1928年的《剑胆琴心》属于传统意义上的武侠小说，它仍注重描写侠客的行侠仗义、高超技击。侠客的传奇色彩也是在“庙堂”之外的“江湖”中才得以呈现的。小说主人公韩广发、柴竞、朱怀亮这些江湖中人更接近《史记》中的游侠形象，他们游离于主流社会，是隐于江湖的边缘人；他们通常具有豪气行侠的观念，路见不平拔刀相助。胸怀国家社稷并不是他们最终的人生理想。小说《啼笑因缘》考虑到上海读者的阅读口味，张恨水加入关寿峰、关秀姑父女这一武侠元素。之后的《啼笑因缘续集》虽然仍是处于满足读者的阅读需求才创作的，但随着国难迫近，市场已不是张恨水进行创作考虑的唯一因素，也不是最重要的因素。文中表现出张恨水试图用武侠小说教育民众的意识。《啼笑因缘》中的豪侠人物关寿峰父女，在《啼笑因缘续集》中形象发生了很大变化，成了组织民众抗日的群众抗日领袖。《中原豪侠传》这部小说中，国家危难促使了诸如郁必来、华山老道、马老师重新出山，给革命党的革命行动助力。小说主人公秦平生则成了以保国安民为己任的民族英雄。张恨水创作《中原豪侠传》的目的是给民众“灌输民族意识”“教以大忠大义”。[①] 此外，小说《丹凤街》中一批具有侠义心肠，济人危难的草根市井如童老五、王狗子等人也最终走上了抗日的道路。

再次，张恨水抗战文学体现出他所主张的以“叙述人生”为创作基点的文学功能观。抗战期间，张恨水创作了大量以战时百姓生活为题材的小说，创作更关注自我与时代两者关系的纠缠与张力。虽然创作初期注重趣味、消遣的文学功能观并没有被张恨水完全否定，但从抗战爆发，他开始转向注重文学反映社会的功能，强调文学应具有的时代意识。

张恨水走上文学道路深受“礼拜六派”作家的影响，认同文学即是消遣的文学功能观，这一看法在他很多文章中均有表述。即便是在抗战爆发后，张恨水创作国难小说时依然认为，“人虽至冗，不无少暇，战虽至烈，不无少休。今于同赴国难之同胞，拼命战场之死士，偶有休歇，将何以进之，将何以慰之？酒肉乎？醉饱而已矣。好音美色乎？颓废志气而已矣？

① 张恨水：《中原豪侠传·自序》，《中原豪侠传》，北岳文艺出版社1993年版，第1页。

若于其间送以悲壮之图画，义勇之文字，纵曰消遣，不必有功，而至少与读者无损。是与其令人得其他片时之安慰，则稍读三数页小说，亦复何妨？吾闻战壕中，有吹口琴者，有开留声机者，则于战壕中一读国难小说，宁独不能？此又寇氛日深，民无所死，而小说之不必废者也”。“吾不文，何能作三国水浒，然吾固以作小说为业，深知小说之不必以国难而停，更于其间，略尽吾一点鼓励民气之意，则亦可稍稍自慰矣。若曰：作小说者，固不仅徒供人茶余酒后消遣而已。”① 不同于创作初期纯粹地关注小说消遣性，抗战时期的创作中贯穿着张恨水自觉的历史意识，以及提升通俗小说品质的探索。对于这一思想意识上的变化，他曾有这样的表述，“第以非战之人而作是战之篇，则其踌躇考虑，实不始于《弯弓集》。在吾方发表于报端之作，如《太平花》《满城风雨》二篇，已不惜推翻全案，掉其笔锋以是战矣”。“恨水陋人耳，乌足以言主张？今请举世间名人以为例。作福尔摩斯之柯南道尔，科学家也。而其暮年，则提倡灵学，力主有鬼之论矣。新会梁任公，一代文杰也，而其毕生，则不惜屡以今日之我与昔日之我宣战矣。以二公明达，宁有不自知是非出入之处。顾其环境有时而变，则文字上所发表之思想，遂亦未能生平一律。今人方盛谓文字为生活之反映，则其思想任何变迁，固有说以自解者已。”②

张恨水的文学观经历了创作初期“创作人生”到20世纪30年代“叙述人生”的转变，并以“叙述人生”为基点在20世纪40年代的抗战小说中注入了历史时代意识。在此过程中其小说创作承载着作家自觉的时代意识的追求。通过分析张恨水的文学观，可以发现，他对通俗文学品质的提升是建立在保持消遣性的基础上的，消遣性自始至终存在于他的文学观中。他在抗战时期的创作中努力寻求时代意识与消遣性的结合点，力求在趣味性的故事叙述中反映时代色彩，表达作家的历史意识。这些通俗小说以消遣性为介质，在沟通雅俗文学的交流中，提升了通俗文学的品质。

20世纪30—40年代，一批通俗文学作家在大时代的硝烟中汇入了抗战文学创作的大潮。作为通俗文学大家，张恨水抗战时期的创作转型具有

① 张恨水：《弯弓集·自序》，张占国、魏守忠编《张恨水研究资料》，知识产权出版社2009年版，第218—219页。

② 张恨水：《弯弓集·跋》，张占国、魏守忠编《张恨水研究资料》，知识产权出版社2009年版，第220页。

特殊性和复杂性。张恨水一生以创作通俗小说为职业，随着时势的不断变幻，他的创作呈现积极回应时代的转向。在这些作品中，张恨水将家国体验、大众趣味及文学形式的探索融会贯通，通过作品表达出个体对民族、国家的严肃思考，开辟出独特的文学视野。同时，也有学者指出张恨水的抗战文学中强烈的国家、民族意识使张恨水偏离了自身所独有的创作个性，不免流于机械、肤浅。例如，孔庆东在论述张恨水抗战时期的作品时说："张恨水早年小说往往奇峰迭起，悬念纷呈，而此时作品，特别是抗战小说，大都平铺直叙，呆板单调。有时退回言情的老套中去，新旧生硬相加，颇不和谐。"[①] 生活在战事频仍，动荡不安的近现代中国的作家们，需要面对的是大时代背景下如何开拓个人创作空间这一牵涉自身艺术生命的问题。抗战时期，在官方意识形态与主导文化一致统一下的文学创作空间逐渐缩小。在狭窄的空间中不断寻找自己能够把握和适应的创作方法是张恨水在抗战期间不断尝试、努力的文学实践。作为通俗文学作家在雅与俗的文学品格之间，如何做出平衡、选择，使两者的书写空间得以拓展也是张恨水一生的创作追求。

第三节　文协征文与获奖抗战小说

1938 年 3 月 27 日，"中华全国文艺界抗敌协会"（简称"文协"）在汉口成立。1938 年 5 月 4 日，创办会刊《抗战文艺》。同年 8 月，总会迁往重庆。作为"一个自觉而明确地以组织和领导抗战文艺运动为目标的全国性文学组织",[②]"文协"自然倡导文学为战争服务这一现实功利的文学观。然而，由于体裁所限，诗歌、戏剧与报告文学在展现抗战文学的功利性上优势明显，中短篇小说虽不比前三者但比长篇小说更显风采。实际上，长篇小说在表现抗战的广度与深度上更具优势。因此，当生活相对稳定，作家可以相对从容地从事长篇小说创作时，以征文的形式促进长篇小说这一文学体裁更好地为抗战这一总目的服务，开拓抗战文学创作的新局

① 孔庆东：《超越雅俗——抗战时期的通俗小说》，重庆出版社 2008 年版，第 59—60 页。
② 段从学：《"文协"与抗战时期文艺运动》，北京大学出版社 2012 版，第 26 页。

面，就成为他们共同的期待。

1939 年 9 月，“文协”在《抗战文艺》第 4 卷第 3— 4 期发表《〈文协〉征文通告》：“征文十万字以上的创作小说，中选者一部由本会组织专门委员会评选决定。题材限于：（一）前线的战斗情势；（二）沦陷区域的生活动态；（三）后方生产建设的进展过程。中选者受奖金一千元。收稿期本年十月底截止，送交或邮寄重庆箱 235 号，外地寄稿以发件的邮章日期为凭。评选决定后，除专函通知中选者外，另再登报通告，可能时并举行受奖仪式，期限至迟不能在明年二月一日以后。”同时附说明：“1. 此次征文，为本会受贵阳中央日报社，宜昌武汉日报社之托，奖金由两社捐出，但评选责任完全在本会。2. 中选作品，除奖金外，版权仍为作者所有，但贵阳中央日报，宜昌武汉日报有优先发表权。另送发表费，每月月终付出。3. 评选决定发表时，贵阳中央日报，宜昌武汉日报同时连载，连载期限不得超过三个以上。连载完毕后，作者即可用单行本发卖，但得在封面上，封面包纸上注明‘中华全国文艺界抗敌协会选定中奖作品’字样，并得赠送本会及两报社共一百部。如中选者以外，另有优秀作品，本会当设法表彰，帮助作者出版。”1940 年 12 月 19 日，《新华日报》报道《文协鼓励创作　选奖小说两部》：“全国文艺界抗敌协会，前受贵阳《中央日报》、宜昌《武汉日报》之托，征求评选抗战长篇小说，兹已评选完毕，计共收到原稿 19 部，无一部中选者，原稿已一律退回，奖金仍由贵阳《中央日报》保管。惟有三部被选列为上等，除其中一部已早由作者出版外，其余 S · M 之《南京》，陈瘦竹之《春雷》两稿，由该会各赠四百元，以资鼓励。”

一、陈瘦竹（1909—1990）的《春雷》

陈瘦竹时任内迁四川江安的国立戏剧专科学校副教授兼编剧组主任，《春雷》于 1941 年 11 月 1 日由华中图书公司出版。11 月 10 日，《抗战文艺》第 7 卷 4—5 期合刊刊载广告：“本书是一首素描的抗战史诗，是一幅古朴的木炭画，去年曾得中华全国文艺界抗敌协会征求长篇小说的奖金，是抗战文艺中难得的杰作。书中故事是抗战以来日常发生的故事，人物是抗战以来日常见到的人物，然而作者却将每个人物写到了灵魂的深处，而故事的演出也是从现实生活中一步一步逐渐展开，读了之后使我们落泪，然而更使我们兴奋。”这段文字尽管有夸大的成分，但还是为《春雷》的出版起到了造势作用。

1937 年冬，日本人占领了无锡石家镇，许多人纷纷逃往枫林山。大粮商桂老爷和儿子荣少爷组织了维持会，胆小的土财主王大户当村长。维持会刚宣布开市，赶集的老百姓就遭到了鬼子的抢劫。为迷惑群众，鬼子又带医生等人来村里安抚，宣传日本的德政，还装模作样地给了些赔偿，但当梅大嫂要求鬼子赔被他们杀害的丈夫时，日本便衣则露出了凶相。之后，日本人假意答应梅大嫂的要求，而梅大嫂进城不久便设计与鬼子同归于尽。正当村民们苦闷之际，本镇小学校长王鹏回到家乡，在村里组织起自卫军。这时，维持会谎称无锡丝厂招女工，实际上却将这些女人直接送进了石家祠堂供鬼子蹂躏。青年青郎见自卫队光练不打，便约了马郎荡等偷偷拿了枪去镇上打鬼子。谁知没打着鬼子反被鬼子打伤。由于枪声，石家祠堂的大关娘子趁乱逃了出来，人们知道了招工的骗局。看到自卫队不断壮大，桂老爷便想让王大户借请王鹏之机引日本人来杀害王鹏，但王大户将消息告诉了王鹏。王鹏将计就计在敌人必经之路伏击了敌人，救出了关在祠堂里的女人。祠堂旗杆上，国旗升起，等待着日出。

《春雷》是作者以朴素的笔调写出了江南人民在民族大义的旗帜下，自发地组织起来抵抗日本侵略的故事。全书乡土气息浓郁，语言生动活泼，人物真实可感，马郎荡、王大户都刻画得栩栩如生。小说发表后，引起了陈西滢的注意，他认为，这部抗战小说，“所着重的却在乡村人物的描写。故事的演变即从人物个性的发展中出来。我们可以说，这仍然是一部乡土小说，只是所写的不是平时的乡村，而是抗战中的乡村”。“书中的许多人物，以马郎荡为最有趣味。这是一个别开生面的，有创造性的角色。”而小说“比较大的缺点，是作者对于战争并没有经验，所以写到了自卫军的组织和行动，便不十分有把握”。[①] 周骏章也认为，小说长处在于：“情节紧张有趣；人物生动灵活。不足在于，布局有漏洞，著者不善于描写战争恋爱和心理变化，小说的俚词俗语有些不雅。”[②] 的确，由于作者没有亲历家乡被鬼子烧杀的情景，故对美丽的江南遭敌寇蹂躏的场面缺

① 陈西滢：《春雷》，《中央周刊》1942 年第 39 期。

② 周骏章：《陈瘦竹〈春雷〉》，《文史杂志》1942 年第 5—6 期。

乏有力的描写，题材的开掘略显单薄，又加之作者没有战斗经历，战斗场面的描写没有“战斗味”，结尾就显得简单了。但无论如何，这部别开生面的小说还是对当时抗战文艺的提倡与实践起到了积极的作用。

二、阿垅（1907—1967）的《南京》

S·M 即阿垅，1941—1947 年曾在成都、重庆的国民党军事机关任职。他用鲜血写成的《南京》共四部分，计 15 余万字。作为一个亲历者，阿垅认为：“写南京的一战，得从每一个角落写，得从每一个方面写，争取写出一只全豹来。”[①] 于是，我们既能看到再现的异常真实的激战的战争图景，又有在真实战争图景当中的各种不同身份的人们：军官、普通士兵、平民以及青年学生。值得一提的是：作家试图“以情感而非情节贯穿作品”，故试图将情感用事件贯穿，用战争贯穿作品，作品中也没有事件的因果相互关联，只有视角、场景的一次次转移，手法新颖独特。

《南京》是一部展现“抗战初期南京沦陷的悲剧史诗”。这主要表现在以下几方面。

首先，深刻地揭示了战争这把双刃剑对人心巨大的改变力量。小说一开始以通讯部队中尉排长严龙为中心，将他置于战争背景下。原本他爱美，爱吃糖果，爱穿西装，爱看电影，嗜好脸谱、旧邮票、金鱼等小玩意，为了这些，他认为战争是对文化的毁灭，在目睹了一次轰炸后的场景之后，他有时候“有种报复的冲动活动在血液里”，战争显露出狰狞的面孔，而日渐远去的和平那么可贵。战争完全改变了他。学军事的学生们在击落一架敌机后，8 个炮手 7 个牺牲了，他们有自己的誓言：从不可惜自己，无论在哪里，一分力量总是一分力量。袁唐面对大华戏院被炸毁不以为然，他认为当下的危急之事不是娱乐或者文化，而是战争。“留恋着过去，不过是疏淡了现在，更不会远远地看到明天，即使知道有一个鸟啼花发的明天。”战争爆发后，他准备随时牺牲，把自己和周围一切都看作灰尘，将希望都放在明天。他的意志如铁锚般坚定，情感巨石般坚强，接到当局的扫清射界的命令后，他内心却充满矛盾、痛苦，因为要用自己手中的火毁灭中国人所经营的一切。看着大火，袁唐与少尉排长关小陶有过对

① 阿垅：《南京血祭》，人民文学出版社 1987 年版，第 213 页。

战争看法的交流，他们驳斥了“亡国论”与“速胜论”，在持久战的共识中，他们紧紧地握了手。严龙的的表弟黄九成是一个年轻的观测手，平素无理取闹，吵嘴，要太妃糖吃，目睹伯父一家除一个小孩子被救，其余全被炸死，他们的炮也被炸毁，死了七个同学后，他软弱无力，脸色苍白。战争来临时，黑衣老妇人茫然而绝望，一只手抱着蓝布包袱，一只手抱着她尚在襁褓中的孙子，这是她在世上最宝贵的东西：包袱里是一家人所有的积蓄，抱着的是未来的希望。在逃亡途中她无助而挣扎，万般无奈中她将包袱投入井中以节省体力，然而，慌乱与惊恐使她犯下了大错，躲避轰炸时蓦然发现，怀里的包袱不是孙子！她尖锐的哀叫近于疯狂，终于倒在宪兵的枪托下。这是怎样的悲恸！钟玉龙是个佛教信徒，高大魁梧，当飞机在头顶呼啸的时候，却怀疑自己耳鸣，认为是远处的秋虫声。他极力在内心躲避战争爆发的事实，认为那是恶念。然而这终究是徒劳的，在目睹种种惨象，口中咽下一块东西，吐出后确认是人肉之后，他狼狈狂奔，他疯了！幸存者木然，无语。宪兵少尉曾广荣则感到战争仿佛是一次大瘟疫，几百幢房子没有一个人住，人民四散迁移，儿子扶着父亲，老头子抱着小孩子，妻子跟着丈夫，一直蜿蜒到远处的地平线。中国自古安土重迁，而眼下每一个中国人都这样接受牺牲，没有怨言。这悲壮的场面让他深深震撼。

其次，大力歌颂了中国军人的英勇杀敌敢于牺牲的无畏精神。作家在后记中讲这部作品不是为失败者而写，也出现在作品当中。第 4 章中王煜英、张涵率队对抗敌人的 7 辆战车，实力悬殊，最终肉搏，33 人仅存 4 人，这个从没有气馁过的战士哭了，“孩子一样含着酸涩的泪”，他开始质问战争的发生，人类因何自相残杀。他是战士却憎恶战争，正是这种强烈的矛盾冲突，使他痛苦无力，但眼前残酷的现实不容他多想只能奋力厮杀，最终壮烈牺牲。而接下来第 5 章中的战斗依旧惨烈，赵仁寿与朱方奋力抵抗到最后一刻，死在敌人的刺刀下。“敌人、枪、天色全是荡荡漾漾的。”死亡迫近并没有摧垮他，弥留时想着指着的仍是最亲近的战友。他们所在的部队不得已放弃了淳化镇，每个人都认为敌人从未在肉搏中占领，因为根本不曾攻陷。强烈的战斗精神与坚强的战斗意志本身预示着中国军队、人民最终的胜利。第 6 章中袁唐带着最精锐的部队，以革命姿态站在民族自卫的立场上，实践自己平日的思想言论，他具有中国军人神圣的使命感。这场战斗痛快淋漓，消灭了800个敌人。他们用自己的血肉阻塞起的防线让敌人无法撼动，关小陶愤怒的呼喊：紫金山是紫金山，绝不是富士山！第7章的副标题是献给为自由解放事业战死的同学黄德美和同志巩克有、王洪钧。黄德美是一位华侨，对于祖国爱得执拗，将祖国当作一首诗，作为连长，他在炮火和艰难里使闸北屹立如巨人。直到被敌人包围起来，他都仍然和战友坚守阵地。巩克有、王洪钧浴血奋战，倒在血泊里。

最后，客观呈现并谴责了国民党高层重大的决策失误导致南京沦陷的悲剧后果。作品的第3章叙写整个南京城及近郊的地势、地貌，展开一幅南京保卫战的地形图。随后谴责与痛惜国民党军事领导（以唐生智为代表的）对于南京防御部署上的重大决策失误。第6章中，又具体叙写了“将军愿意放弃复杂、散漫的外围不再争夺，让15万大军局促在葫芦形城墙里”的完全失误的守城计划，这也导致了守城部分一切陷入混乱，代价十分惨重，“每人身上捆缚了十几个手榴弹，向敌人战车跑去”的惨烈壮举，而指挥机构停滞，命令系统被破坏，各处发生混战，直接导致军民外逃过程中相互践踏，后渡江而无舟楫，致使溺水而亡者之多惨不忍睹，以及日寇入城后兽性的，惨无人道的大屠杀。

毫无疑问，这是一部填补空白的小说，正如绿原说：“在全民抗战的意义上，从所谓战略上内线作战的正规军方面来看，描写在亡国论者或速胜论者的错误指挥下，一任铁蹄蹂躏，山河破碎，万里朱殷，生灵涂炭——描写日本侵略者之暴虐、被侵略的中国人民牺牲之惨烈，从而永垂历史教训于后世的小说，多少年来似乎还找不出一两部来……不论从文学或非文学的角度来说，这方面需要填补的空白实在太多了。《南京血祭》这部小说可以说填补了这一部分空白。”① 另外，“从中国现代战争小说创作的角度来看，《南京血祭》也有填补文学空白的重要意义。作为战争小说或者报告文学，阿垅所表现出的现代战争意识以及现代战争的描绘手法，都是其后的战争叙事文学所缺乏的。针对我们现当代文学中战争小说的不发达和不成熟状态，阿垅所提供的创作经验也是有重要借鉴和研究价

① 绿原：《南京血祭·序》，人民文学出版社1987年版。

值的”。[1] 如，作品中对火的描写，具有丰富的色彩感，而且赋予象征性，状景摹物时的诗化特征，特别是尾声部分写两万人的中国“铁军”，有血性的抗战军人的集结时，使用大量的铺排且充满诗意与震撼力。

与《春雷》命运不同的是，阿垅的《南京》在当时因为“太真实”而未能出版。对这部反映“血战”的作品，国共双方当时都表露出拒绝：国民党拒绝承认指挥层的重大决策错误；共产党则拒绝反映正面战场的作品。后来阿垅做过一次修改，但修改稿也未能出版，且因战乱而遗失，然而初稿却一直留在作家身边。阿垅 1967 年去世前，由于陷入胡风冤案，也未有出版的机会。直到 1987 年纪念抗战 50 周年之际，人民文学出版社才将这部小说的初稿做了一些必要的文字加工后，以《南京血祭》为名出版，借此祭奠抗日战争中牺牲的将士与人民，也告慰九泉之下的作家阿垅。

三、小结

“从一九三七年七月起，中国开始走上了新的阶段：‘地无分南北，人无分老幼，’在全中国每一个角落，在每一个中国人的心的深处都涌起了前所未有的怒涛。这怒涛曾活泼地，具象地反映在一年来的文艺作品里。‘伟大的作品’开始产生了。”“这里有敌人的枪尖，有同胞的鲜血，有前线战士的冲锋，有后方民众的呐喊；它也指示着旧中国的消灭和新中国的萌芽，正义之火的燃烧和侵略者的日趋萎缩，这不仅是抗战第一年文艺作品的成果，也是新中国的建设的里程碑。”[2] 这是谊社编者在《第一年·序》中所写的话，虽然是对孤岛文学的一瞥，但窥一斑而见全豹，以之言及全面抗战初期四川抗战小说的发展势态，也是适用的，抗战的怒涛“活泼地，具象地”反映在抗战初期的小说创作中。无论是从初期以乐观主义精神和英雄崇拜的激昂情怀颂扬英雄，到触目战争的惨烈和埋下血染河山的悲情记忆以及传递仁人志士所应有的民族情怀与精神救赎，再到大后方暴露的种种积弊引发他们对国民性的反思、民族文化的认同和民族性格的重塑，全面抗战初期的抗战小说与现实同步，与沉思同行。更令人振奋的

① 周正章：《我观阿垅的〈南京血祭〉》，《粤海风》2008 年第 1 期。

② 谊社编：《第一年·序》，谊社出版部 1938 年 9 月版。

是，像《在其香居茶馆里》这样“伟大的作品”已经产生，“不灭的典型”也已诞生。这也是全面抗战初期四川抗战小说创作中人物塑造最为突出的艺术成就。另一值得肯定的成就是：长篇抗战小说不再势单力薄，而是开始大量涌现，长篇小说征文固然是一个方面，但更为重要的是，此时的作家在初步具有相对稳定的创作环境后，内心蓬勃的长篇创作欲望已不可遏止地涌上心来，齐同、张恨水、陈瘦竹等的抗战小说也在这一时期焕发出夺目的光彩自在情理之中。全面抗战初期的四川抗战小说也在现实主义道路上，承前启后，稳步前行。

第三章　全面抗战中期的四川抗战小说

引　言

从1940年9月重庆确立为“陪都”至1943年12月中美英三国召开开罗会议并发表《开罗宣言》期间，我们称之为全面抗战中期。随着抗日战争进入相持阶段，虽然抗日民族解放仍旧是文艺界的中心话语，但严峻的现实环境已使广大文艺工作者由初期的乐观兴奋转入沉思默虑，由热情奔放转入静默观察。迁居大后方的作家的笔触向社会的纵深处开掘。一方面，书写英雄人物浴血奋战仍是作家们的重要题材；另一方面，大后方穷奢极欲、颓靡腐败的社会风气也成为作家们极力揭露与讽刺的主题。除此之外，由现实追思历史、由动荡局势批判民族劣根、由个体命运探寻精神启蒙等，也是这一时段不少作家关注的焦点。这就使得这一时期的抗战小说创作呈现与前一阶段不同的特点。

一、抒写英雄人物，呼唤民族伟力

抗战小说随抗战而起，随民族解放意识而兴。在颠沛流离的抗战岁月里，作家们无不感受到战争的烽火硝烟。山河破碎，身世飘零，满目焦土，满耳悲吟，但他们并不悲鸣，他们虽然是流亡者、迁徙者，但更是记录者、战斗者，就如同巴金读到丽尼的散文《江南的记忆》中写的那句话“江南，美丽的土地，我们底！”所涌起的坚定与敬佩一样，作家们面对英勇的将士所体现的无畏的战斗精神时，情不自禁地高扬英雄主义的旗帜，振臂呐喊，呼唤民族的伟力。靳以的《遥远的城》描写在伪满洲国统治下的哈尔滨，义勇军的奋勇抗战让日军感到仓皇紧张，包括以人肉生意为生的日本妓院也受到威胁，一次次的捷报即使是传言也会让东北民众欣喜万分，他们热切盼望着自己国家的军队能赶走敌寇，收复失地，然而，随着战事的进行，日报上每日渐多地记载着义勇军节节败退的消息，日本人的脸上重现快活而得意的样子，而中国人却觉着刺心的痛，只有在心中暗暗想着“将来等着吧，将来等着吧！”作者极力呼唤着“用拳头来回答拳头”的斗争精神，期盼民众觉醒，军民一心，给予日军沉重的打击，捍卫自己国家领土与尊严。作家说：“我写《遥远的城》，就只有描下一个真实的轮廓来，让那些还能生活在自己土地上呼吸着自由的空气的人们看。要他们知道那些受难的同胞们过的是什么日子，如果想骗走敌人，把自己的弟兄们从苦难中救出来，就需要全国的觉醒，摒弃安逸的日子，消除自己弟兄间不应有的仇视。我们只有一张嘴、一双强有力的手臂和一颗热心，只要有坚决的意志，我们的敌人怎么还能使他们的狂想扩大?”① 同样，艾芜刻画的游击队员满天星也是一个在日寇屠刀面前威武不屈的英雄（《春天的原野》）；而一个普通的农妇尹七嫂与投敌的丈夫决裂，挽救了全村的人民，表现出崇高的民族气节（《受难者》）。与尹七嫂的决裂不同，铁蛋的童养媳大妞，生活中处处受到铁蛋男权思想的压迫，过着单调而空洞的生活，抗日爆发后，大妞决心不再做丈夫的附庸，她积极参加抗日会议，为前方战士做军鞋，并剪了头发，组织妇女救国会，铁蛋也在全村抗日救亡的号召下，勇敢参加了游击队，开始新的生活（《小夫妻》）。其他如梅林笔下的“小狮子”“劳阿猛”之类的底层人物在生活的温饱线上挣扎，过着贫苦艰辛的生活，而抗战爆发之后，他们踊跃参军（《小狮子》《劳阿猛》）；田涛笔下的小女钟小鸡大义凛然，亲手枪毙了哥哥钟大全（《胞敌》）。这些作品都显示出中华儿女在民族大义面前的英勇抉择，张扬着各个阶层民众的抗日热情与民族伟力。

当然，将中国人民的觉醒与民族伟力的张扬写得最出色的是姚雪垠、欧阳山和吴组缃。1938 年 5 月 16 日，姚雪垠在《文艺阵地》第 1 卷第 3 期上发表抗战小说《差半车麦秸》，轰动文坛。以至多年后茅盾仍这样回忆道：“《文艺阵地》的另一篇脍炙人口的作品，是发表在第三期上的姚雪垠的短篇小说《差半车麦秸》。当时它引起的轰动不下于《华威先生》。所

① 靳以：《遥远的城·序》，重庆烽火社 1941 年版。

以，后来人们讲到《文艺阵地》，都要举这两篇作品为代表。”这是因为：“这是一篇写光明面的小说，但作者遵循的是现实主义的创作道路，他没有去写那些天兵天将式的英雄，他只写了一个普通农民的觉醒，然而却有着撼人心弦的魅力，使人们看到了抗战必胜的源泉所在。”① 1941 年 11 月，姚雪垠又发表中篇小说《牛德全与红萝卜》，② 继续进行“差半车麦秸”式的人性探索，只不过牛德全比“差半车麦秸”的思想与阅历更为复杂，转变过程更为曲折。与“差半车麦秸”里王哑巴的不够数与不够聪明不同，牛全德是个农村流氓无产者，十几年的旧军队生活，使他身上沾满了封建落后的思想习气与作风。绰号“红萝卜”的王春富则是同村一个本分、胆小的农民。牛全德之所以参加游击队，与其说是一种直觉，不如说是出人头地的虚荣心。因此，他参加游击队后，吃喝嫖赌依旧不改，照样我行我素。他与王春富虽然有积怨，但关键时刻，牛全德深明大义，不仅保全了“红萝卜”和其他队友，自己还献出了宝贵的生命。欧阳山的长篇小说《战果》通过描写少年小偷丁泰在抗战中的转变与觉醒，表现了战争是可以改变人的这一思想主题。③ 小说选材与构思值得肯定，只是作品过于富有传奇色彩，人物的转变稍有些简单。

此外，吴组缃的《山洪》以章三官在民族矛盾激化与到来之际的内心波澜及其转变为中心，层次分明，细腻深刻地刻画出一位普通山民从畏惧到观望、从小心介入到积极投入的心路历程，谱写了一曲抗战初期民众觉醒的心灵史诗。④ 它与张恨水的《巷战之夜》、白平阶的《驿运》、布德的《赫哲喀拉族》、碧野的《乌兰不浪夜祭》等一起，成为这一时段抗战小说的佼佼者。

二、揭露后方丑态，讽刺黑暗现实

自 1938 年张天翼的《华威先生》刊出之后，那个自命不凡、刚愎自用的国民党官僚形象在文艺界引起了轩然大波，关于抗战文学是否需要

---

① 茅盾：《在香港〈文艺阵地〉——回忆录（二十二）》，《新文学史料》1984 年第 1 期。

② 因印刷厂遭日本飞机轰炸，发表于《抗战文艺》第 7 卷第 4—5 期的《牛德全与红萝卜》为残稿，1942 年 10 月重庆文座出版社的单行本为全本。

③ 详见本书第 81 页。

④ 详见本书第三章第二节。

“暴露与讽刺”的论争愈演愈烈，但很快，人们认识到，这是抗战三年来文艺作品迈向现实主义道路的一个必由阶段。大后方官僚们“前方吃紧，后方紧吃”的腐败奢靡生活，奸商财阀大发国难财的贪婪嘴脸，底层民众被压抑的抗日民主热情，空谈救国的文人的软弱无聊等客观现实，不能不刺痛爱国作家的心，不能不成为作家们极力讽刺和鞭挞的对象。

王平陵的短篇小说便刻画了这样一幅众生像，这里既有“娱乐不忘救国，救国不忘娱乐”，相信“中国的文化，常常能于无形之中给予外来的民族一种神秘的有利的教导”的“国学家”们（《救国会议》）；也有描写底层人民贫困不堪，甚至要卖女为生，而奸商与日本人勾结，趁机压榨民脂民膏的丑恶嘴脸（《重压》）；更有谢长寿这种封建地主，日军还未占领村庄，便期待着谄媚日军，当上维持会长，从中捞取利益的汉奸（《暗礁》）。作者愤怒地指斥这类人是“反动的力量，中国的祸根，抗战的暗礁”。沙汀的笔触则延伸到川西北的乡镇，他以敏锐的眼光对底层乡土社会权利结构进行了深度剖析，将喜剧趣味与讽刺目的相结合，融入新鲜活泼的民间口语，使其讽刺艺术愈加纯熟精炼。《模范县长》讲述“我”在茶馆里听几个闲人聊一位县长的故事，此县长在当地横行霸道，下流无耻，甚至敢侵吞前方战士的优待谷和阵亡将士的抚恤金，最终被群众告发丢了官。可就在这位“模范县长”的劣迹刚刚被讲述完毕的时候，突然由成都方向抬进场来的几乘滑竿上，走下气派非凡的“黄泥制服的青年”及其家眷，读者一看便知，“模范县长”的接班人来了，“模范县长”的故事又该有续集了。艾芜同样把他的视野转向大后方小县城、小农村人民的苦难生活，以表达他对国民党统治的谴责。他在《荒地》的《序言》里说：“在荆棘里面看见长不起来的残弱果树，在茅草里面看见受不着阳光的稻粱，在刺藤里面看见宛转可怜的小花，我就不能不十分愤慨。”带着这种十分愤慨的情绪，他重拾“解剖刀”，对社会及人进行了深度的剖析。《意外》通过老张、老李两个穷庄稼汉的意外遭遇，暴露和讽刺了国民党政府的“役政”。《某城纪事》则描写了下层官僚以宣传抗日为名，搭起戏台消遣娱乐的丑态；《挟阄》在嘲笑中痛斥地方官员用抓阄的形式决定后方民政工作的愚昧；《山村》以一个落后小山村为背景，讲述了小村村民陈石林想谋份差事却屡次受挫的故事，进而呈现国民党军队军纪混乱、抢钱掠财、抓阄充军的内幕，以嘲讽的笔调揭露了后方军官、乡绅等沆瀣一气、不管百姓死活、只顾谋取私利的丑恶现象。张恨水的《牛马走》则以独特的经济学的角度切入，揭露了抗战期间重庆商界投机钻营的黑暗内幕。区庄正是一位信奉儒家道德伦理的传统知识分子，他旧学功底深厚，有崇高的道德感，在乱世中不愿随波逐流、蝇营狗苟，因而过着清贫的生活，他的两个儿子区亚英、区亚杰自幼受父亲教诲，也是恪守本分的知识分子，随着大后方的经济恶化，物价飞涨，区家的日子越来越难以为继，区家兄弟不得不弃学从商，做起小买卖来，他们虽然从商，但内心正气尚存，并未沾染商界的乌烟瘴气；而同样是面对"穷则变"的抉择，区家的邻居西门德博士却走上了大发横财的掮客道路，他凭借着自己精明算计和投机心理，如跳梁小丑般在商界折腾，最终竟也成为大商贾。社会经济结构的畸形与混乱，导致了包括知识分子在内的各个阶层都涌入了这场"发财"浪潮，原本的修脚工、人力车夫、轿夫一跃成为暴发户，钱尚富、蔺二爷等商人则利用手中的资金、势力相互勾结，囤积居奇，欺行霸市，与此同时，教师、学生、公务员依旧过着穷困潦倒的生活……正如书中人物解嘲的那样："当今社会是四才子的天下，第一等是狗才，第二等是奴才，第三等是蠢才，第四等是人才。"后方社会的道德崩毁、奢靡腐败，在张恨水笔下化为沉重的叹息。

可以说，沙汀、艾芜、张恨水等作家用现实主义的笔触描写大后方农村与城镇的社会生活百态，将尖锐的政治揭露与对社会黑暗的剖析结合起来，从不同的侧面表现出现实斗争中的迫切主题，将中国讽刺小说艺术提升到了一个新阶段。

三、关注个体命运，多元主题诉求

此阶段的抗战文学不仅仅局限于前线—后方这样单一的场域内进行，社会生活的复杂、人性的弱点、作为个体的人在时代洪流中的颠簸等，使得一些作者不再钟情于单一的宏大叙事与空洞呐喊，而进行了更为艰难的探索与剖析，于是出现了许多批判民族劣根性、启蒙思想的鸿篇力作，这些无论在题材或艺术手法上，都体现了在抗战中心话语下的多元主题诉求。

萧红未完成的长篇小说《马伯乐》便描写了这样一个可悲可笑的人物：马伯乐是东北一个乡绅的儿子，他胸无点墨，无所事事，全凭父亲的荷包生活。他开过书店，却赔光老本，整日怨天尤人，游手好闲，一边骂着“真他妈的中国人”，一边对洋人点头哈腰，这个集寄生虫、胆小鬼、钱迷、洋奴于一身的马伯乐，在战争爆发之前总是逃在万人先，甚至不顾妻女的死活，一味奔命，既狼狈又可笑。作者以辛辣的笔触将此类国民的畸形心理刻画得淋漓尽致，出人意料地显示出了萧红艺术才华的另一面。骆宾基的中篇小说《吴非有》亦避开了正面战场上火与血的斗争，转而刻画了知识分子在抗战背景下的苦闷、憧憬与彷徨。作者通过吴非有在抗战期间一场镜花水月式的爱情故事，勾勒出军、政、教育、新闻界各类人物昏庸无能、麻木倦怠的生活，纵使在民族危亡时刻，这些社会名流仍旧徜徉在一潭死水中而浑然不觉。小说落笔诙谐幽默，却带着果戈理般的尖锐讽刺，在骆宾基的创作生涯中具有重要意义。靳以的《前夕》经常被纳入中国现代文学中的家族小说谱系中，在这部小说中，作者将救亡与启蒙的双重使命融合在一起，通过黄俭之一家的变迁来反观沦陷前华北古城的社会图景，描述了抗战爆发前后，家族中各类人物因为对家国取舍不同而走向不同的道路，以挣脱旧家庭的束缚、追随时代号角的青年们的抗争来激发广大民众的抗战热情，具有广泛的社会意义。

张天翼的《新生》则描写了这样一个灰色的知识分子：李逸漠从沦陷的家乡逃离，来到一所中学当教员，并宣布要告别过去陶潜式的生活，成为墨翟般吃苦能干的人，真诚地立誓要开始“新生”，然而他总被模糊的精神矛盾裹挟着，一边制作抗日的宣传画，一边又认为宣传画不是“艺术”，暗暗鄙视这类活动；他声称自己早已不是过去的李逸漠，却又情不自禁地怀念往日的舒适生活；他觉得教书生活单调沉闷，愈发看不惯学校里的教员和学生；他从心底里厌恶那个满口汉奸腔的章教员，可那种复杂的孤独感还是把他一步步推向了这位老朽，到最后，李逸漠觉得师生们的宣传周刊讨论会毫无意义，于是悄悄和章教员喝起酒来……作者对李逸漠给予了复杂的情感，而非简单的漫画式夸张讽刺，李逸漠的灰色“新生”真实反映了抗日战争进入相持阶段后知识分子所面临的新境遇，融入了作者更深刻的思考。

故土沦陷，山河飘零，许多流亡后方的作家无时无刻不在思念着远方正在遭受日寇铁蹄蹂躏的故乡，出现了一批追思故土、感怀忧虑的深情之作，陈瘦竹的《春雷》便是其中代表。小说描述了日军占领石家镇之后的乡村百态：乡绅桂老爷和他的儿子荣少爷忙着通过当上维持会长，保住自己的家业，马郎荡、青郎、小红郎等人希望逃亡在外的校长王鹏重返乡村，率领大家打游击，而桂老爷的女儿凤小姐也盼望着情人鹏郎回乡完婚，与此同时，日军一边烧杀抢掠无恶不作，一边又假意通过“免费看病”来拉拢人心，村民们苦不堪言又无处申冤。终于，王鹏以游击队员的身份潜回石家镇，历数日军的种种暴行，鼓动不愿做亡国奴的青年们团结一致，积极抗战，在王鹏的带领下，青年们拿起武器，浩浩荡荡地向石家镇杀去……小说立足现实，刻画了众多栩栩如生的乡村人物，如鲁莽勇敢的青郎，胆小可爱的马郎荡，见风使舵的王大户，刚烈不屈的梅大娘，阴险恶毒无不做的荣少爷等，无不生动活泼、跃然纸上。《春雷》不仅是一部抗战小说，更是一部有着浓郁乡土特色的怀乡之作，作者对江南乡村的故里风貌、俚语方言、婚丧嫁娶的勾勒，使小说弥漫着文化与泥土交织的气息，饱含作者的忧思与惆怅。长篇小说《夜雾》是刘盛亚的一部力作，倾注着作者对个体命运的关怀。小说以“九一八”到抗战初期的中国为背景，描写了京剧伶人白丽英从童年学艺、恋爱别离到结婚生子、惨死监狱的辛酸的一生。白丽英在动荡的时局下颠沛流离，寄人篱下，一场婚姻曾让她看见幸福的幻象，但残酷的现实与伶人的身份又将她冲回原点，她被丈夫抛弃，与女儿别离，最终惨死在北平警察局的监狱里。作者借伶人之眼，勾勒出抗战背景下社会各阶层的面貌：宣传抗日救亡的青年学生、坚毅勇敢的爱国志士、腐败专横上层官僚……一幅逼真的社会图景在作者笔下渐次展开，在白丽英命运哀歌的衬托下，传统的梨园题材被作者注入了新的生机。

陈铨的《狂飙》是其宣扬民族主义思想的文学范本，小说以四个青年之间的感情纠葛为线索，描写了在时代主题呼唤下，青年们从个人主义走向民族主义的转化。立群与慧英自幼青梅竹马，两情相悦，而慧英的好友翠心却对立群一往情深，在她热烈的追求下，立群解除了与慧英的婚约，与翠心结为夫妇；慧英在失恋的哀伤中大病一场，最终在国刚的劝慰下接受了现实，并与国刚结为连理，迁居无锡乡下，过着农人的生活。在日军步步紧逼的侵略危机下，四位青年最终都选择了抗日救亡的道路，翠心在南京参加难民救护工作，南京沦陷后，她不愿被日军军官羞辱，引刃自杀；国刚在激烈的空战中英勇殉国；慧英被俘后不愿受辱而被逼发疯；立群在悲痛之际，奔赴无锡乡间，成为游击队领袖。这部充满“民族意识”的作品将“狂飙时代”与个人遭遇结合起来，强调个人情感与民族危机之间的抉择问题，表现出作者所极力宣扬的国家至上、民族至上的思想。

总之，此时期的四川抗战小说，在题材与审美上都呈现与抗战初期迥异的色彩，无论其描写正面战场、激昂斗志的鸿篇巨制，还是讽刺后方生活、批评国民劣根性的精悍短篇，共同构成了我们宝贵的精神财富，值得我们进一步挖掘和探索。

第一节　抗战小说的另一种维度：陈铨的抗战小说

谈到抗战中期的四川抗战小说，四川富顺人陈铨（1903—1969）是一个绝不能忽略的人物。这位 1933 年在德国克尔大学获博士学位的高才生，1942 年 8 月去重庆，1943 年 2 月起任国民党中央政治学校英文教授。作为“战国策派”主将的陈铨此时期提出了“民族文学观”，他的抗战小说创作不追求大战争、大场面的描绘，而是从文化反思的角度对时代精神进行剖析和对民族精神走向进行探索，力图通过小说进行民族主义的建构，唤起民众“国家至上、民族至上”的民族主义精神，以达到战时文化重建的目的。这种通过小说建构民族主义的探索，成为此时期抗战小说审美风格追求的另一种维度。

一、“民族文学观”的理论体系

1940 年 4 月 1 日，陈铨、雷海宗（1902—1962）、林同济（1906—1980）等人在昆明创办了《战国策》半月刊，他们在抗战的旗帜下，“抱定非红非白，非左非右，民族至上，国家至上之主旨”。[①] 将尼采学说作为“战国策派”的主要理论依据，尼采重估一切的思想和精神受到他们的接受和推崇。“战国策派”在文化上的主要观点是：一、将文化除旧革新的动因归结为时代变化的要求。认为二战以来的历史是又一度战国时代的重演，战国时代就需要有“战国型”的文化与之相适应。二、战国文化的特

① 《战国策·本刊启事（代发刊词）》，《战国策》1940 年第 2 期。

征是活泼、外向、勇于进取、敢于胜利、敢于失败的“力”的文化，而中国传统文化中曾有过的“力”的文化被儒家的“德感主义”湮没了，所以亟须改革。尼采的“主人道德”学说成为反对“德感主义”的有力武器。

林同济批判中国的官僚传统，着力改造国民性。他认为先秦时期由“大夫士”向“士大夫”的转变（即由贵族武士型转到文人官僚型），深刻影响了传统体制的运作和社会精神文化的结构。士的精神变化，造成一种“柔道的人格型”，于是文化失去了活力。雷海宗的著名论文《无兵的文化》对“无兵的文化”造成的民族性格弱点进行了批判，认为募兵制变成雇佣制，兵在社会价值观念中逐步失去地位，中国文化就进入了一个消极的文化中，其特征就是没有爱国的国民，提倡恢复兵文化。陈铨则认为尼采的哲学思想对民族国家如何在世界的竞争中脱颖而出具有重要的启示：“处在现在的战国时代，我们还是依照传统的‘奴隶道德’，还是接受尼采的‘主人道德’，来作为我们民族人格锻炼的目标呢？”① 他提出开展一场民族文学运动来进行文化上的改造。

抗战境遇下，陈铨和他的“战国策派”同人们思考的中心问题是中华民族如何在世界民族生存竞争中保存自己。他们一致认为衰弱的现代中国民族精神需要重新塑造，提出了战时文化重建的构想。如果说雷海宗和林同济主要是从历史学和政治学的角度来切入这个问题的话，陈铨则力图从文学的角度来解决这个问题，由此他提出了“民族文学观”，并用大量的文学创作来呼应他的民族文学理论，进行民族主义的建构。

1941 年到 1942 年是陈铨民族文学理论思考的成熟期，他在《大公报·战国副刊》《文化先锋》《民族文学》等报纸杂志上发表了《文学运动与民族运动》《民族文学运动》《民族文学运动试论》《民族文学运动的意义》等论文，还在重庆抗建堂做了关于民族文学运动的演讲，并创办了《民族文学》杂志来为“民族文学运动”摇旗呐喊。

陈铨的“民族文学观”是建立在对文学与时代（政治）的关系的考察上的。概括起来，其民族文学观有以下几个要点：一、文学的时空观，“时间就是时代的精神，空间就是民族的性格”，② 文学应该随着时代的变

① 陈铨：《尼采的道德观念》，《战国策》1940 年第 12 期。

② 陈铨：《民族文学运动的意义》，《大公报·战国副刊》（重庆）1942 年 5 月 20 日。

化而变化，故民族运动与文学运动是相辅相成的。中华民族现在正在经历的抗战时代是一个伟大的时代，人民因为外敌的入侵激起了强烈的民族意识，“现在政治上民主主义高涨，正是民族文学运动最好的机会；同时民族政治运动，也急需文学来帮助它，发扬它，推动它”；[①] 二、民族意识的提倡。对于什么是民族意识，陈铨开始是抽象化地表述为自我有异于他民族的认知，“是一群和世界上任何民族不一样的人”，[②] 后来具象化为“国家至上、民族至上”的民族主义，并认为在抗战的紧迫情势下这是一种理想的政治；三、文学创作中特别看重戏剧尤其是悲剧的创作，“艺术最高的形式是文学，文学最高的形式是戏剧，戏剧最高的形式是悲剧，因为悲剧最适宜于表现人生的真理”。[③] 陈铨认为时代精神是悲剧发生的最大责任者，因此悲剧的主人翁“必须要是时代精神的代表”[④]；四、陈铨为民族文学制定了六大原则：第一，民族文学运动，不是复古的运动；第二，民族文学运动不是排外的运动；第三，民族文学不是口号的运动；第四，民族文学运动应当发扬中华民族固有的精神；第五，民族文学运动应当培养民族意识，民族意识是民族文学的根基；第六，民族文学运动应当有特殊的贡献。怎么样才能够有特殊的贡献呢？要采中国的题材，用中国语言，给中国人看。[⑤]五、推崇天才，提倡超人和英雄崇拜。陈铨认为超人就是天才，天才就是英雄，文学创造需要天才，不是庸夫愚妇的事情。

可以看到，陈铨的民族文学观首先是建立在对民族传统文化和五四新文化运动反思的基础上的。陈铨认为中国数千年来的乐天安命、知足不辱的不积极精神，在从前闭关自守的农业社会，外无强敌时有相当的价值，但处在生存竞争的时代，不改变这种态度，民族的前途就很暗淡。他对五四运动所取得的政治和文学上的实绩是加以肯定的（“推翻了数千年的传统思想”，“展开了中国文化的新局面”[⑥]），但对五四运动提倡个人主义，致使文学表现与时代精神脱节，盲日崇外丧失民族意识等问题进行了指摘。陈铨在《五四运动与狂飙运动》一文中检讨了五四运动的三个误区：一是把战国时代误认为春秋时代，二是把集体主义时代认作个人主义时

①⑤ 陈铨：《民族文学运动的意义》，《大公报·战国副刊》（重庆）1942年5月20日。

② 陈铨：《文学运动与民族运动》《军事与政治》1941年第2期。

③④ 陈铨：《赫伯尔玛利亚悲剧序诗解》，《清华学报》1937第1期。

⑥ 陈铨：《狂飙运动与五四运动》，《当代评论》1943年第18期。

代，三是把非理性时代认作理智主义时代。

陈铨认为当时的中国已经处在“战”的时代，就需要有与之相适应的“力”的文化，中国传统文化中的羸弱质素固然不适合这个时代，“五四”运动造成的个人主义的流弊同样也会阻滞民族主义的发挥。当然，陈铨对“五四”运动的指摘有其偏颇之处，但他的思考仍然是承续着五四知识分子对国民性的思考。如果说五四时代的知识分子更多的是“只问病症，不开药方”的话，此时期的知识分子在对国民性问题进行思考的时候，更多地考虑到了如何重塑国民性的问题，陈铨开出的是用“尚力”的文化的塑造、民族主义的建构为基础的文化重建的药方。

陈铨的反思是建立在中西文化的比较，特别是与德国文化相比较的基础上的。德国狂飙运动高扬德意志的民族意识，主张继承和维护德国文化的民族性，发展富有生气的民族文学，使德国民族文学走上了自我发展的道路，并在社会政治经济宗教等方面产生了广泛的影响。这一事实刺激着陈铨思考如何借鉴德意志来确立中华民族在“战国时代”民族文学的走向和可行性方案的问题；从德国狂飙运动中解读出的“天才、力量、民族意识”这些重要元素，成为陈铨建构“民族文学观”的关键词。作为研究德国文学的学者，陈铨固然知道德国的“狂飙突进”运动虽然把德国民族文学提高到了一个新的水平，但其本质还是作为新兴市民阶级知识分子所发动的反封建的文学运动，虽取得了一定的成果和但最终还是归于失败。陈铨对德国狂飙运动作用的有意拔高，实为达到他在中国提倡一场类似德国的民族文学运动改造社会和重建战时文化之目的。

陈铨以民族意识为核心、以民族主义建构为目标的民族文学观实际上是一种战时文化重建的构想。他力图通过民族文学运动来改变传统文化带来的积贫积弱的国民性和五四运动带来的个人主义流弊，重塑国民的民族精神来共同抵御外敌的入侵。

二、《狂飙》为范本的民族文学创作

基于这样的民族文学观，陈铨开始了民族文学的创作，希望也能像德国狂飙运动那样用辉煌的创作实绩来为自己鼓吹的民族主义摇旗呐喊，在民族危亡之时激起国人的民族意识，达到战时文化的重建。

这一时期陈铨创作的抗战小说主要有短篇小说集《归鸿》和长篇小

说《狂飙》。《归鸿》收录了《闹钟》《花瓶》《归鸿》《浮士德游中国记》等作品。《闹钟》讲述了抗战中旅舍工友老王在空袭来临的时候为了一只闹钟丢掉了性命。《花瓶》是间谍题材，讲述了云樵借与表妹曼丽谈恋爱的机会潜入汉奸姑父的家中，在他家的花瓶中安装窃听器收集情报的故事。《归鸿》写的是留德化学博士楚西归国后救国理想破灭，就用所学知识帮助军阀倒卖军火，最终成为军阀混战牺牲品的故事。从创作时间和内容上看，《归鸿》不算陈铨的抗战小说。《浮士德游中国记》则借用歌德作品中的浮士德形象，描绘了他来到抗战时期的中国看到的哀鸿遍野的悲惨景象。以上这些短篇小说或是表现战争给人民带来的伤害（《闹钟》《浮士德游中国记》），或是表现战争中涌现出的英雄人物（《花瓶》），与其他一些抗战小说所表现的很是相似，并没有真正体现陈铨抗战小说的创作理念，真正能体现陈铨民族文学观创作理念的是长篇小说《狂飙》。

《狂飙》被时人评为“它所表现的‘民族意识’非常鲜明、强烈，值得说是‘民族文学’的一部有力的作品”,[①] 也可以说是陈铨民族文学的“范本”。

《狂飙》创作于1941年陈铨的西南联大时期，以薛立群、王慧英、李国刚、黄翠心四位青年男女的情爱纠葛为主线，力图把人物的经历置于特定的历史时空变换中，表现沐浴五四风雨的青年人是如何在抗战背景下由个人主义向民族主义转化，从而完成从“个人狂飙”到“民族狂飙”的历程，彰显出鲜明的民族意识。

小说呈现传统叙事与现代意识交融的特点。从传统方面来看，小说首先追求史诗般的宏大叙事。全书约二十余万字，分为三十七章，时间跨度从五四运动之后到抗日战争时期约十八年，故事背景既有乡村、城市，又有抗战前线和失陷的土地，中间穿插的人物有新潮的五四青年、恪守传统的女子、为国捐躯的勇士、农村游击队的领袖。作品力图展现中国社会自“五四”后到抗战的风云际会以及时代变化中的人事变迁。其次，陈铨小说创作中的旧小说的因素在其抗战小说中显现为充满了传统侠义小说的传奇性。小说在后半部分着力塑造了一个英雄人物李铁崖，他是辛亥革命的

① 辛郭：《读〈狂飙〉》，《民族文学》1943年第1期。

元老，当初在日本留学的时候见到孙中山先生，被他的个人魅力和革命意识所折服，没有毕业就返回中国参加革命，把继承的巨额遗产都用于了革命。革命成功后他就职不到两个月，因看不惯逢迎权贵的同事就辞职到西湖去出家。后来看到寺庙里也充溢着争权夺利，他分析中华民族的将来，认为最可靠的就是乡下的农人，于是到无锡乡下作了一介农夫，在抗日战争爆发后，组织团练和游击队，打击日本侵略者。传奇的经历刻画出了一个性格热情豪爽、行侠仗义的热汉子形象，他在小说当中出神入化地打击侵略者，正是中国传统侠义小说中的英雄人物的翻版。

陈铨小说创作中的传统因子还表现为小说题材的选择倾向上，才子佳人的爱情模式从革命文学时代的“革命+爱情”演变到抗战时代的“抗战+爱情”，其内核都是男女情爱的纠葛。早期创作的《革命的前一幕》（1927）、《天问》（1928）、《冲突》（1929）等长篇小说中的三角恋爱已经让小说情节一波三折，这个时期创作的《狂飙》中的四角恋爱更是显得跌宕起伏。难怪杨义先生评价陈铨的小说“多角恋爱的传奇故事不断重复着，几乎成了公式”。[①] 在陈铨的抗战小说中，抗战往往变成了爱情的背景：在《狂飙》中，抗战是促成人物从个人主义向民族主义转化的契机；《闹钟》本是想表现日军轰炸给人民带来的苦难，但客观上仍是一篇回忆不可得之爱情的伤感文字，抗战的意义被虚化了；《花瓶》涉及的是抗战中的间谍题材，但小说中花更多笔墨描述的是儿女情长。

虽然陈铨的抗战小说创作在叙事策略和题材选择上是传统的，但其小说的精神内核则因其在哲学层面的思考而充满了现代意味。陈铨小说创作中有一个核心的哲学理念：二元对立所产生的“冲突”。在《花瓶》中，这种二元对立表现为曼丽和汉奸父亲之间的冲突，爱情和亲情的冲突；《狂飙》中的二元对立则表现得更为丰富：个体欲望和社会道德之间、新与旧之间、理想和现实之间、个人与国家之间。小说不仅着力描述人尤其是青年人处在现代社会所面临的冲突，而且着力关注在冲突中特别是在抗战背景下人在面对各种冲突时的精神走向。在这些冲突当中，陈铨抗战小说着力反映的是个人与国家之间的冲突，这种美学追求是跟他创作小说的原则是一致的。

---

① 杨义：《中国现代小说史》（第二卷），人民文学出版社1988年版，第518页。

《狂飙》塑造了个人主义和民族主义两种对比类型的人物，并探讨了前者向后者转化的条件和可能性。本文以薛立群和李铁崖作为两种对比型人物的代表来进行分析。薛立群出生在家境富裕的乡绅之家，到南京读中学后受到了五四新文化运动的影响，在学校读《新青年》、胡适的新诗、歌德的《少年维特之烦恼》，聆听国文教员用西方文论来阐释中国文学，受到西方文明的强烈冲击，产生了新的人生观——“过感情的生活”，“要做一个新人物……要独立，要自由，要摆脱一切的束缚”。在这种摆脱传统束缚、追求自由解放的个人主义思想影响下，当他和同是受新文化影响的上海时髦小姐黄翠心相遇相爱后，便不顾道德的谴责、世俗的羁牵抛弃了青梅竹马的恋人慧英。但立群结婚后，小家庭的温馨舒适消融了曾经的热血，他和妻子翠心陷入了个人主义的小圈子。没有理想的小生活最终陷入了无聊的境地。抗日战争的到来，为这一群个人主义者的理想寻找到了出口。小说在三十二章的开头用排比抒情的方式描述了“无情的世界吹起的无情的狂飙”——日本发动的“七七卢沟桥事变”，它惊醒了民族的好梦，任何执迷和妥协都是不可能的了。它也激起了那些沉迷于个人主义的青年的民族意识，妻子和曾经的恋人都死在了日寇的手中，薛立群怀着家仇和国恨投入李铁崖组织的打击日寇的游击队工作中，个人主义完成了向民族主义的转化。

李铁崖则是民族主义的代表，也是小说塑造的“民族意识”的化身。他不仅具有传奇的人生经历（这在前文已经论及），而且和他崇拜的革命领袖孙中山一样具有“磁石性的人格”（《狂飙》），他用这种性格影响了儿子国刚、儿媳慧英以及无锡乡下的农人和他一起共同战斗在抗击日寇的第一线，即使牺牲生命也义无反顾。李铁崖人物形象的刻画主要是通过人物对话来完成的，从李铁崖与薛立群的父亲关于“五四”和民族意识的辩论中，我们清晰地看到了陈铨通过小说人物传达着自己的民族主义理念。陈铨认知的战时民族文化的重建正是国民“民族意识”的培养，这种理念在小说中反复地通过人物的话语进行传达。正如有论者指出：“陈铨的文学观有太强的功利性……这种功利性也是40年代文学的一个特点，尽管不同派别的作家可能追求不同的社会功利。也正是这种过强的功利主义，使陈铨的作品有时成了作者观念的传声筒。”[①] 小说人物成为作者观念的传声筒固然是陈铨《狂飙》的弊病，但李铁崖这个人物形象的塑造为抗战小说人物提供了另一种类型：高扬着民族主义理想的革命者，陈铨用浪漫主义的笔调书写着对他的赞歌。

小说通过对两种类型人物的比照，传达出个人主义在“民族主义”阶段穷途末路的思想，也通过人物命运的走向探讨了个人主义向民族主义转化的条件和可能性。可以看出，陈铨认为在国家民族生死存亡之际，民族意识高扬的前提下，个人主义向民族主义的转化成为可能。小说中个人主义者的身上表现出中国传统文化中的柔性质素，如薛立群是中国文人柔弱性格的代表；而民族主义者身上则体现出刚性文化，如李铁崖所表现出的革命者的刚毅和不屈。柔性文化向刚性文化转化，是陈铨民族文学观探讨的一个向度，也是其战时文化重建的关键性内容。

三、抗战语境下的民族主义建构

陈铨的抗战小说特别是《狂飙》的写作，完全是为他的“民族文学观”服务的。换句话说，陈铨的“民族文学观”是一个理论建构与文本创作相呼应的体系，这种抗战语境下的民族主义建构，成为陈铨抗战小说的特异点。

陈铨在《民族文学运动》中谈道：“自‘五四’以来，中国的思想界经过三个显明的阶段，一是个人主义，二是社会主义，三是民族主义”[②]，指出“五四”以来社会变迁（时代精神）和民族特性转变的三个阶段，在《狂飙》的创作中，陈铨用情节结构的设置来表现这种时代思潮演变的过程。在个人主义阶段，男女主人公受到五四思潮的影响追求个性解放、摆脱传统的束缚，一切用自由意志来支配行动，而结果是他们陷入了个人主义的小圈子。对第二阶段社会主义思想在知识分子中影响发展，小说只是轻描淡写地带过。第三阶段的民族主义是《狂飙》的核心。陈铨在谈到《狂飙》的创作时曾说：“怎么样从个人的‘狂飙’达到民族的‘狂飙’，这正是全书的结构，也就是怎么样从五四运动的个人主义，转变到现阶段

---

① 丁晓萍：《陈铨的“民族文学”理论与创作》，《上海交通大学学报》2002 年第 3 期。

② 陈铨：《民族文学运动》，《大公报·战国副刊》（重庆）1942 年 5 月 13 日。

的民族主义最主要的关键。”① 这种转变不仅是全书的结构关键，也是整个小说的核心所在，这种核心是和陈铨倡导的以民族意识为核心的民族文学观相呼应的。

如前所述，陈铨的民族文学观受到了德国资源的影响，是陈铨在哲学思想上从叔本华转向尼采后的表现，这种哲学转向也表现在了他的小说创作中。陈铨的成名小说《天问》是一部典型的以叔本华的悲观主义为哲学底色的作品，主人公林云章追逐意志最后毁灭的悲剧一生完全就是叔本华悲观主义哲学的演绎。到了抗战时期，陈铨的哲学信仰已经转向了尼采，企图从尼采的超人哲学和强力意志中寻找到救治中华民族羸弱性格的良方，进行战时文化的重建，《狂飙》的创作正是这种哲学思想的印证。

上文提到有论者指出陈铨文学作品中的“功利主义”，其实这种功利主义就是一直纠缠20世纪中国文学的文学与政治的关系问题。民族战争把文学与时代、社会、政治的关系扭结得更紧密，陈铨一直是以一个积极入世的姿态用文艺的方式思考国家民族命运走向的知识分子。陈铨在《政治理想与理想政治》一文中指出：“抗战以来，中国最有意义，最切合事实的口号……‘国家至上，民族至上’”，“在目前紧迫情势之下，我们需要一个强有力的政府……提倡民族意识”②。在《狂飙》中，陈铨借英雄人物李铁崖之口也表达了类似的观点：“注重团体，牺牲个人”“把全国人民，都养成战士”“中华民国每一个人民，都感觉中华民族，对于世界，有一种伟大的使命，要包含一种高尚的理想。”陈铨本是以书生论道和文人书写的方式表达对当前社会应有的精神走向和对未来政治的期许，但客观上由于和国民党政府当时提出的军事政治口号一致，所以在当时被左翼批评为国民党的御用文人，影响了很长一段时间对陈铨及作品的公允评价。陈铨的民族文学理论其实和左翼理论界的一些文艺政策是不谋而合的，如提倡民族形式，“用中国的题材，中国的语音，给中国人看”③。但在后者看来，陈铨的文艺理论由于提倡“天才”“英雄崇拜”，抹杀了人民群众在民族文学中的作用，因此对他的文学理论和创作都进行了不遗余力的批判。朱栋霖先生的一段论述很能说明这个问题产生的原因：“一方面，抗日救

① 陈铨：《编辑漫谈》，《民族文学》1943年第1期。

② 陈铨：《理想政治与政治理想》，《大公报·战国副刊》（重庆）1942年1月28日。

③ 陈铨：《民族文学运动试论》，《文化先锋》1942年第9期。

亡的现实直接推动了时代文化发展中民族意识的强化，形成了以民族意识凸显化、普泛化、共性化和现实化为特征的抗战文化；另一方面，民族矛盾的突出与深化，并未从根本上改变国内长期以来所形成的政治力量对立的格局。民族矛盾与政治对立在新的时代条件下形成新的关系，二者之间的同一性和排斥性呈现出更为复杂的局面。”① 其实陈铨强调的政治不是指党派组织和政治团体，而是强调民族和国家的政治文化，但在客观上却不可避免地受二元对立思维的影响被卷入政治斗争的旋涡中。

当然，陈铨抗战小说因为致力于民族主义的呼告，小说人物思想转变显得很突兀，战争一来年轻人的意识就马上从个人主义转向民族主义，中间没有任何的挣扎徘徊。这显然不能仅仅理解为民族主义对人强大的吸引力，而是陈铨观念先行的小说创作模式使得文本与政治过紧地联系，而丧失了精细地艺术追求。文学与政治的纠结中，简单地将文学当作政治的宣传，必然会丧失文学的艺术性。

陈铨的抗战小说致力民族主义的建构，力图通过文艺的方式来进行战时文化的重建，激起国人的民族意识来共同抗击敌寇的侵略。但由于为观念而写作的模式，小说人物形象显得单薄和充满理想化，人物成为观念的传声筒，小说沦为政治理念的宣传品，这使得陈铨抗战小说的总体艺术水平不高。但值得注意的是，陈铨抗战小说力图通过文学创作来构建民族主义的艺术追求，实为一种文化救亡的思考，发出了与同时代抗战小说不同的声音，成为抗战小说的另一种维度。这也是其理论和创作在抗战文化史上有独特位置原因之所在。

第二节　抗战初期民众觉醒的心灵史诗：吴组缃的《山洪》

吴组缃的文名常常与他的短篇小说《一千八百担》（1934）和《樊家铺》（1934）联系在一起。的确，在深刻地揭示皖南农村宗法社会的崩溃图景与人性的复杂性上，作者在其中所彰显的艺术才情，至今仍为人们所津津乐道，吴组缃也因之被公认为才华横溢的短篇圣手。殊不知，他的长

① 朱栋霖：《中国现代文学史1917—2000》（上），北京大学出版社2007年版，第260页。

篇小说艺术同样出色，长篇小说《鸭嘴涝》（1943 年由文艺奖助金管理委员会出版部出版，后改名为《山洪》）就是一部表现抗战初期民众觉醒的心灵史诗，也是四川抗战小说的重要收获。

一、章三官形象的典型意义

1937 年 7 月 7 日，日本悍然发动全面侵华战争，从此，中华民族开始了一场长达 8 年的御侮抗敌、保家卫国的伟大的民族战争。但是，在当时的历史条件下，许多的中国老百姓对于家与国的概念并不十分清晰，对于如何抗战，为什么要抗战，怎样才能打赢这场保家卫国的民族战争也充满疑惑。他们以旁观者的身份将抗战视为军队的天职而非一种全民的、共同的责任与义务，即便他们中的一些人有着天然的不屈的抗争精神与保家卫国的民族情感，也因缺乏正确的引导而惆怅，彷徨。对于身处偏远山区的朴素而又愚弱的普通民众来说，这种情形表现得更为明显。章三官就是这样一个人。这位朴直、单纯、倔强又有血性的青年小伙，虽然正是血气方刚的年龄，虽然天生一股争强好胜的秉性，虽然也对日寇的入侵愤恨不平，但对于村里风传的即将开始的抽丁拉夫的消息依然六神无主，惊恐不安，依然首先想着寻找各种理由躲避这一可能殃及生命的苦差。家与国对于章三官来说，还是一个模糊的概念。然而，当日寇节节推进的消息传入鸭嘴涝，当中国军队节节溃退的情形映入眼帘，当奶奶无望地带回全家唯一的指望——在城里工作的表兄已不知去向而无力顾及他们的音讯时，章三官望着远去的大军，失望的泪水禁不住地流淌了下来。作家在此也动情地写道：

> 三官丧神失魄的瞠着眼睛，像猛地被人用木棒迎头打了一棒，打的迷糊过去了。半晌，他偶尔的偏过头，望见河滩和河面全都展露在他的眼下。只是不久的工夫，那里的光景却已经大大地改观：河面上被木筏挤得满满的，盖没了，连成了一座阔大的浮桥，灰色的东西从这边河滩一直拉过对河，沿着对河的河磡向上边流过去，浩浩荡荡，穿进极远的山峦里；那更远处，在山坳间，在茫茫的丛树间，这还是那灰色的行列隐现着。他隐约的听到喧哗声，铁器碰击声，零乱的步伐声，打成漠然一片；从极远处，另有一阵阵的有节奏的雄浑的歌声

传过来，如大风时候的松涛，如发黄梅大水时候的河声。三官从来没见过这样壮阔动人的光景，他骤然觉得胸口热辣辣的，有东西往上翻腾，不住地向喉管阻塞：他的心急跳着，像被一个庞大无比的东西压迫着。他直挺挺地站着，忘了恐惧，忘了忧虑，忘了表兄和奶奶，并且忘了自己的存在。他仿佛具体的觉触到一个实在的东西，这就是“中国”，就是学堂里王先生所谈的那种种道理。他望着那浩浩荡荡的灰色缓缓向西首绵延的山峦中不回头地流，他觉得从未经历过的怅惘与悲伤。“中国”不要自己这些地方了么？不要自己的村子，自己的家同自己了么？一切都无可挽回了么？……他模糊地觉得自己身子在飘摇，在晃宕（荡）。

三官两眼直瞪瞪的，他喘着，鼻孔不住地翕张。

朴直而懦弱的山民们啊，面对纷乱的战局，他们人心惶惶，惴惴不安，无助而无奈，困惑而盲从。他们如同失去家园的孩子期待着亲人的呼唤，他们如同失散亲人的孤子期盼着母亲的抚慰。当战火降临时，他们本能地贪生怕死，本能地躲避凶险，他们尚未觉悟到这场战争已不是以往的军阀混战而是一场正义的保家卫国的民族战争，只想着如何保全家人，保全财产，这是他们素朴而现实的生活理想（他们中的有些人甚至愚昧地想当顺民则可悲而可叹）。他们不知国家、民族与个人命运的复杂关系，更不知这场全民族的抗日战争神圣而伟大的历史意义，他们只能将全部的希望寄托在国家身上，寄托在他们的保护神军队身上。但是，他们所听到的是侵略者不断推进的消息，看到的是自己的军队不断后退无力保护自己的现实，他们对国家的失望，对军队的失望，对自己及其家人未来的失望情不自禁地涌上心来。当家与国的概念在这里已不是一个抽象体，而是初步转化为一个具体的、现实的存在时，却是一个无助而凄凉的存在。这是怎样的心酸和悲楚啊！

然而，战争这一可怕的怪兽毕竟无可避免地逼了过来，敌人的铁蹄踏过了芜湖、南京，战火开始向家乡蔓延。不断涌来的难民将战争与民族的安危、战争与国家的脉动实实在在地展现在章三官的面前。他知道，愁闷或焦躁都是徒然，既然无法躲避，那就只能面对。这样想着，他对自己先前携妻带物，巨细无遗地将“家产”搬进山沟以躲避过境军队的举动感到羞愧，又对即将过境的部队充满期待——这次开过以后还有许多军队要过境呢。这是真的消息！是邮局里先生亲口告诉自己的，不是妖风。他兴奋得不能自制，在邮局的板壁前一个字一个字地念着“大——中——华——民——国——×——×——全——图”。那两个字他不认识，但他知道这就是自己的国家，自己的军队就要从四面八方赶来保卫家乡了。他就迫不及待地将这消息欢喜地告诉了村里德高望重的东老爹。这是春天的及时雨啊！自从军队从宁国府一带撤退以来，失利的阴云笼罩在百姓之中，多少可怕的消息和事实让鸭嘴涝的人们怀疑“中国”是否还要这些地面，是否还要保护他们这些无助而又懦弱的子民（他们中的许多人都准备着做亡国奴，等候着日本鬼子来摆弄自己了）。就在这看似无望的绝望之中，突然得到自己的部队即将源源开来的消息，那种欢喜，那种欣慰，那种从心底里流淌的欢乐禁不住地绽放在每个朴直的山民的脸上。不仅邮局先生喜形于色，东老爹满心欢喜，就连一向谈到队伍的事就会立刻惊慌失色的大哥和奶奶，都感到无比欣慰。他们已不再将国军看作无恶不作的蝗虫，而是看作抗战救国的忠诚卫士，看作百姓安家乐业的坚强后盾。章三官甚至想，这次，不必等到军队拉夫，他要主动帮他们挑东西呢。从惊恐到欢喜，从绝望到欣慰，从惧怕到欢迎，从焦虑到期盼，他们的心理在悄然地发生着显著的转变。

这种转变还在进行。期盼中的抗日的大军过来了，百姓们不再惊慌失措地四处躲避，而是争先恐后地驻足观看着，评论着，欢喜着。

> 多天以来，道旁的观众们多是像这样的兴奋地赞叹着，喜慰地议论着，毫无恶意地争辩着。有的人瞪着眼睛，神色极是严重而又欣快；有的人忍着欣慰的笑，嘴也抿不拢来；有的人身体笔挺，两臂直垂，恭敬虔诚地站着，如同求雨时迎接龙王的乡绅；有的人想象着一个什么老实可怜的人横遭了谁的欺凌，突然这人的兄弟子侄听到信，全都赶了来，要和那恶人不肯干休；也许他设想这人就是他自己，于今见到这些同胞骨肉都来为自己申屈，因而感动得流出辛酸欢喜的眼泪。

试想一下第一次大军过境时百姓的惶恐，这是多么令人鼓舞而又欣慰的转变啊！他们不甘于做旁观者，他们要将这种内心的欢喜转化为具体的行动了。率先迈出这一步的是东老爹。他不忍干渴的士兵去喝河里的生水，烧了两桶茶水搁在大军必经的土地庙的拜台上。受东老爹的鼓舞，章三官也主动站了出来，在村民们嘲笑、不解、疑虑与支持声中，将一个士兵的子弹箱挑在了肩头。他的壮举令全村的人对他刮目相看。六天后，当章三官毫发无损地平安归来回想起自己英雄般的壮举时，他感到十分欣慰："这种体面的英勇的行为，是自己久欲做出来给人家看看的；他有这样的冲动，实在说已经不止一次，但不知为什么，却一直做不出来，反倒时刻设法逃避着。那情境，像是在一种可怖的梦魇状态中，心里明明很灵醒，想睁开自己的眼睛来，但无论如何努力却总不能够；一面反倒唯恐真的睁开了眼睛，那必然会看见那即在面前的鬼怪的。为这个，他一直感着强烈的耻辱与苦痛。他把恼怒放到四狗子和保长身上，有时实在无宁说是恼恨自己。而现在，自己所畏惧而又想望着做到的事，到底做出来了，他得到绝大的喜悦与高兴。他觉得此刻，自己低弯着的腰已经挺直了起来，他可以大大方方地走出去，和任何人见面；尤其是四狗子，看他再能拿什么话来讥刺自己！"迈出了关键的这一步，三官也就克服了畏惧的心理。村民们对于军人的态度，对于抗日游击队开展的救亡工作——对于投身于抗日救国的必要性与迫切性也完全认同并积极参与了。在当地游击队及其政工干部的动员组织下，他们保家卫国的爱国主义热情被点燃，他们蕴藏心底的天然的民族感情开始觉醒。虽然这种觉醒并非一帆风顺，特别是对于章三官来说，依然伴随着矛盾与痛苦，伴随着欢乐与自信，但那种从容，那种淡定，特别是被教官作为"爱国的农村青年"加以充分的信任，以至保长也向他低头讨好时，那种以往所没有的轻松与舒畅，踌躇与自得已在他心中荡漾开来。终于，他不再满足于仅仅以扁担队队长的身份参加抗日工作，他要请戚先生介绍加入他们的游击队，成为一名正式的游击队员。从旁观到介入，从心动到行动，章三官超越了本能完成了自我重塑的历史性蜕变。这是真正的转变，也是感性的升华！文末，作者通过戚先生与寿官的对话，将这种转变及其所蕴含的爱国主义精神做了集中的阐发：

"……一个人真正肯拿行动来爱他的国家，就是为谋取他自己的利益，保障他自己的利益。要一个人爱一件东西，就须那东西对他有好处，成为他自己的。没有人无所谓的爱一件东西。也没有人无所谓的来爱国。——义侠式的爱国热情是空洞的，脆弱的，没有价值的。必须通过了国家，能够爱及自身，那就是：国家的利益和自己的利益完全一致，要这样，才有价值。"

"他们正是不明白这点。不明白爱国，就是爱自己。要真爱自己，必须爱国。他们没念过书的人，一点不明白这道理。"

"也不完全因为知识水准。最大的原因，还是在于，过去以往，国家不是人民的，是皇帝的，是军阀们的，是少数几个人拿在手里的。大家从来没看见，没受过国家的好处；相反的，有时倒受了许多的害处。"

"要用个什么法子，才能使大家都知道国家对于人民的好处呢?"寿官热情关心地问。

"没有别的法子，唯有使人民感觉到，认识到，国家是他们自己的。"

"这什么时候能够呢?"

戚先生抬头望了望月亮，确定的回答道：

"这回神圣抗日战争的发动，就是开始!"

是的，民族意识的觉醒不仅仅在于民族精英的觉醒，更在于全体民众的觉醒——特别是身处穷乡僻壤的民众的觉醒尤为重要。只有普通民众的觉醒，才是整个民族真正的觉醒，才是这个民族迈向希望与重生的庄严的开始。只有这样，一个民族才能拧成一股绳，才能以真正保卫自己家园、亲人的姿态，保卫自己的家园，保卫自己的亲人，才能真正意识到国家是自己的，才能以生命来捍卫国家的尊严——感受到家国同构的神圣与伟大。对于现代中国的民众而言，尽管这一觉醒来自战火，来自异民族入侵带来的强烈的刺激，来得较为艰难，较为逼迫，但唯其如此，这一觉醒才刻骨铭心，才百折不挠，才毅然决然，才伟大而庄严！这是古老民族真正走向现代觉醒的开始，也是中华民族迈向新生的开端。章三官是一个普通的山民，不是一位叱咤风云的英雄，更不是呼风唤雨的伟人，但正是这样一个普通的山民，他的悸动，他的迷惘，他的困惑，他的飘摇，他的转变，他的决心——他的为国家而尽力的勇气与决心——他的为民族而奋战的意识与信心，才显得可贵而崇高，才显示出中国人民不甘于屈服外来势力的内在力量，显示出中华民族御侮抗敌的历史必然。从他的身上我们看到了从怅惘与悲伤中努力寻求不屈与坚强的“中国人”这三个大字的觉醒的身影，看到了从危难与困境中认同“中国”这一自豪的名称并与祖国同命运的血浓于水的天然情感，看到中华民族在百折不挠中顽强生存的民族魂魄。也正是千千万万个如章三官样的普通民众的真正觉醒，才彰显出人民的觉醒、国家的伟岸、民族的力量，彰显出“抗战守土，人人有责”的时代强音，彰显出祖国与人民同在，人民与祖国血脉相连的时代必然。小说以章三官在民族矛盾激化与到来之际的内心波澜及其转变为中心，层次分明，细腻深刻地刻画出一位普通山民从畏惧到观望、从小心介入到积极投入的心路历程，谱写了一曲抗战初期民众觉醒的心灵史诗。

二、《山洪》的语言艺术

《山洪》的小说艺术不独表现在构思精妙，立意深邃，章三官形象栩栩如生，心理描写层次明分，细腻深刻上，还表现在作家杰出的语言艺术上：寥寥数语就能将人物的内心世界揭示得活灵活现，入木三分。

早在小说刊出之际，老舍就赞叹书写得真好。他说：“组缃先生最会写大场面。他会把同一事件下的许许多多人……都一一描写出来；以形容，以口气，以服装，描写出每个人的个性，及对此同一事件的看法——把这些不同的看法汇拢，使见出那社会的经济、文化的形态来。在《鸭嘴涝》中，他仍用此手法。他叫我们看到不少活生生的人，也看见一个活的社会。”[①] 韩伧也认为：“这里每个人物，都有个性，每个人物的发展都是必然的。而语言的运用更是全书出色的地方，读起来十分亲切，加浓了乡土风味。”[②] 的确，《山洪》中几乎每个人物在吴组缃的笔下都呼之欲出，而作家也以他极具个性的人物语言将其内心展现得淋漓尽致。

先看保长章延福借抽丁拉夫一事对全村乡民的宣告：

---

① 老舍：《读〈鸭嘴涝〉》，《时事新报》1943年6月18日。

② 韩伧：《读〈鸭嘴涝〉》，《新蜀报》1943年8月5日。

屋顶上盖瓦，一个压一个，是。……怎么一个压一个呢？师区里压团区里，团区里压县里，县里压区里，区里就压联保里同我们。套的紧紧的，那个都莫想脱箍！戳的！……昨朝我同联保主任说了又说了，区长也在旁边，三当六眼的。我说，我身子不行，我是个拧泥漠腿的底子，我也不懂得个卵子，也没这个飞天本事。若是不让我脱这个箍子，我就只好跳河了。——这不是说的水汤话，那个王八灰孙子才说水汤话！我日搭日的发寒酸，拖脚不起，头呀耳朵的嗡嗡响，成天抓着一手心冷汗：多了一口游游气，不就是个尸首吧！晓得我明朝早上硬的是软的！……

……

我晓得有些人不作兴我，背后嘀咕叽咕的。常时我都不听。我是地方为重，我是要替章家祖上挺挺腰杆。皇帝坐在金銮殿上，也免不得百姓说冷话，可是不是呢？……今朝事到临头，可不比常时了。今朝是军法从事，呃，唔，军法从事！我没这个阔肩膊趴的下台，我只好趁早脱箍，不是我章延福有心做半吊子，是我没这个阔肩膊，而今大家在日头公底下，拿话抬我，我章延福的面子比团箕还大了，承大家的情！承大家的情！

软硬兼施，绵里藏针，装腔作势，狐假虎威。明明想借乡民愚弱、胆小、蒙昧、恐慌之际大发横财，却将自己装扮成为民分忧、替民解难的救世主；明明知晓全村除他之外无人能撑台顶面，仍虚情假意地上演苦情戏，借机要挟，恐吓村民，以掩盖其卑劣龌龊的小人之心。这段说辞，将一个玩乡民于股掌之上，世故油滑，狡诈伪善的保长形象刻画得神情毕现。

再看对东老爹的刻画。东老爹看部队的战士喝河里的生水，决定挑两桶热茶以表心意，章三官见状忙将担子抢在了自己的肩上。小说这样写道："东老爹擤擤鼻子，翘着胡子，在后面紧步追着，同时秃着舌头，更详细的把他的这番心意谈给他听。'也是人家的儿子宝贝呀，将心比心呀，可是呢？……凉天喝冷水，口口在心头呀，老古话总不错呀，可是呢？……这又不是什么花钱费力的事呀！……远处烧香不如门前积福呀，各人凭着良心呀！……总不算是我多事呀。'"可当看到路过的战士只顾匆忙走过却无人理睬自己的茶水时，东老爹显得束手无策。他看见保长过来，赶紧请他帮忙解决眼下的困难。保长一面答应解决这个小问题，一面又责备东老爹不该擅自出头，让他保长难堪。“东老爹弓着背连连擤着鼻涕，抹着胡须，而后把两个手掌搓动着，那眼角的鱼尾纹连同满脸很深的皱折还是构成着一个淳朴的笑，但笑得很是难为情；秃着舌头说：‘哦，哦，是有这些讲究的。我不晓得喂，可是呢。我当是各人尽尽各人的心喂，可是呢。明朝我再不挑来就是了，你莫多心，可是呢。’”而当保长轻易地解决了这个“难题”，士兵们又涌向茶桶时，“东老爹照应着大家喝茶，欣羡地不好意思地含着笑，说：‘乡巴佬没心窍喂，换个堂屋就不晓得怎个作辑法喂，可是呢。’又望着三官他们说：‘你看看呢，不经厨子手，就是有点酱油气。刚才我们就不晓得找位官长说一说’”。再比如，东老爹看到寿官夫妻俩甜蜜的样子时与三官慈祥而充满善意的调侃：“团鱼莫说鳖，都是沙里歇。——你说我的话可是一斤十六两，老三？说真的，老三，我说还是你们这样子好，比老派好。我就喜欢小夫小妻的合的好。恩爱夫妻呢，要做那种借了你的米还了你的糠的样子出来做什么！”一个忠厚善良、温柔朴实的山民，一位可亲可爱、慈眉善目的老人形象立刻跃然纸上，令人过目不忘。

不仅主要人物章三官、保长、东老爹语言极具个性色彩，就连次要人物如不常言语的三官妻子，作家写起她来也是惟妙惟肖，呼之欲出。例如，当三官挑夫回来后，心情十分愉快，主动挑起要去火线当兵的话头，看看妻子的反应：“你自然愿意去当兵——他们队伍里有女兵，你当我不晓得哩！”三官没有想到妻子是这个心思，滑稽地笑了起来。“‘你笑呀，’妻红着脸，不好意思地加添说：‘我一粒沙子搿进你针眼里！我就是你肚子里的一条蛔虫！你那点心思，还当我不晓得哩！’”这真令人忍俊不禁。章三官是一位大字不识且一脸黑麻的丑貌青年，眼睛又因火药烧伤而成为典型的“风泪眼”，且不说他是否能迈过应征入伍目测与体检这个槛，即便在战争年代军队放宽从军的条件下，以三官这样的相貌与能力是否具有被女兵青睐的能力实在不敢想象，但三官的妻子就大胆地想到了这里。一个心眼狭隘、见识短小但又率真质朴、活泼可爱的乡村少妇的内心世界活脱脱地展现在人们面前。至于她向丈夫讲述看到女兵时的情形，也同样显示出她纯真、朴素、好奇、稚气的可爱本性：

昨朝大早上就有人来看祠堂房子，说要驻兵，末后来宝儿出去放牛去，跑得上气不接下气喊进来，“看女兵来了呀，你们快出来看呀！”我和奶奶连忙三步并两步地跑出去，看见两个穿黄绿色短装的兵从祠堂里出来，我倒不在意，心里的话，女兵女兵的，女兵在哪里呢？末后白菜儿说那两个就是女兵。——真的是女兵！我看了半天才看出来了：她们从草坪那里走下去，圆玻玻的屁股一扭一扭的，可断根哩！有一个还回一回头，“一片瓦的帽子”下面拖出一指头发，歪歪的盖在眉毛上。真的是女兵，真的是的，可要死哩！你说可是新鲜事哩！衣裳帽子都跟男兵一色一样，也是五短三粗的，是女扮男装哩，怎么做得出哩！——奶奶看了半天也没有看出来，她还不相信！……你谈谈世上的事哩，真个的！

类似的例子俯拾即是，限于篇幅我们就不再举例了。

当然，这不是说《山洪》就无懈可击，它也存在着少许遗憾。例如，全书的上部针脚绵密，有条不紊，堪称佳构，但下部稍有脱节，主要表现在政工人员的描写较为平面，游击队驻村后缺乏有力的刻画，情节显得平滞有余而生动不足，给人以结构不均之感。但瑕不掩瑜，这部表现抗战初期民众觉醒的心灵史诗，以其主题开掘深邃，心理描写层次分明，细腻深刻，语言艺术生动传神，人物塑造栩栩如生而成为抗战小说的重要收获，被誉为“中国现代最有代表性的反映抗日战争初期社会状态的长篇小说”[①]，这是恰如其分的。我们应充分认识吴组缃小说创作的艺术贡献。

第三节　其他作家的抗战长篇小说

这一时期除陈铨、吴组湘外，还有徐盈（1912—1996）、欧阳山、崔万秋（1903—1992）等作家为四川的抗战小说做出了贡献，值得我们关注。

① 谢冕、李矗主编：《中国文学之最》，中国广播电视出版社2009年版，第508页。

一、徐盈的《苹果山》

著名记者徐盈，山东德州人，1934 年大学毕业后任上海《大公报》记者。1938 年随政府西迁任重庆《大公报》记者。他的长篇小说《苹果山》1943 年 1 月由重庆人间出版社出版。由于小说塑造了一个抗日大地主的形象，70 年来又未曾重印，几乎被人所遗忘。

小说写华北长城脚下有个绵延数里的魏家沟因盛产苹果而远近闻名，这一切得益于大财主魏福清。这位早年曾留学日本后来又做过县教育局局长的老人已 68 岁了。30 年前他辞官回家后，一心一意扑在祖传的园林家业中，整日琢磨着如何改良品种以拓展市场。经过 30 年的辛苦经营后，他终于培育出胜于日本的优质苹果并打出了魏家沟的品牌，近年来更是因之而几乎占领了整个华北市场。但是，由于今年日本侵略者的入侵与中国军队的退却，往年早早就来抢购的商人此时迟迟不见踪影，已成熟的苹果也只能眼睁睁地任其大量地烂在地里而无法变现，这让魏福清焦急万分。老人有三个儿子和两个女儿。大儿子魏立中务农在家帮助他收拾家业；二儿子魏立华在城里开店经商；三儿子在大学学农科，以便毕业后更好地继承他的园林事业。两个女儿大的嫁到了天津，小的嫁给了军人。不料由于军人在不久前的喜峰口战役中牺牲，年纪轻轻的小女儿不到一年便守了寡。这天，终于来了一个商人王静斋要买苹果，魏福清老人很高兴。生意成交后，一时高兴的王静斋酒后说买苹果是为了慰问日本人，老人非常气愤，欲取消生意，但在二儿子立华的劝阻下勉强成交。由于魏福清老人在当地很有威望，被日伪委任为商会会长的黄德禄想请魏福清出山做农林局局长，遭到魏福清老人的拒绝。虽然社会上风传魏福清老人要出任伪职，但也仅是风传而已。魏立华也写信劝父亲不要做汉奸。一天，在外做工的工人许万里回来找魏立中，动员魏福清做当地火会的首领，老人也以年龄大甘当亡国奴为由拒绝。但此时，魏福清老人接到了在大学读书的三儿子的信，说国难当头他不再能读得下去书，也不能为父业而继续努力了，他已经投笔从戎、为国效力去了。这给魏老人以很大的震动。不久，城里开始恢复商业活动，但五花八门的钞票让老百姓心有余悸，纷纷急于出手换成实物，魏立华更为日本侵略者的这种变相掠夺苦不堪言。这时，传来魏福清的小女儿被火会会员“独眼龙”抓走的消息，老人非常气愤但又不知真相。这时，“独眼龙”主动来到魏家说明情况，许万里也再请“局长”出山做火会首领。魏老人眼看自己一再忍让但日本鬼子却步步紧逼使他难以生存时，犹豫再三后终于答应出山为女儿报仇。由于消息走漏，日伪特务得知魏氏父子在购买弹药后，前来抓捕，但他们全家在得到消息灵通的人士的通报后，已先行逃脱，家眷也躲进天津租界。日本鬼子见没有抓住人，便打死了王静斋，查封了立华的商店，烧了魏家的宅院。魏福清老人看到自己的家业损失惨重，虽然得知女儿被“独眼龙”救回，但依然决定造反，向日本侵略者讨还血债。

毫无疑问，这是一部别具一格的抗战小说。作者以大财主魏福清一家从生活富足到受到日本鬼子欺压而难以为继不得不走上抗日的道路为基本线索，表达了当异民族入侵时，团结起来共同抗敌御侮是中华民族重新生存与崛起的唯一选择这一伟大主题。这是每个中华儿女责无旁贷的历史担当，也是一个民族禀赋于国民的天然情感。

小说值得称道的是作者的民族眼光。曾几何时，我们的文学习惯于用阶级的眼光考量一切，用机械的方法将地主、富农阶级与贫下中农划分为截然对立的两大阵营，并形成地主、富人阶级多卖国求荣，贫下中农多慷慨悲歌的书写模式。但在这里，大财主魏福清同样具有为国家、为民族奋战的民族气节。虽然他一度顾虑自己的家产而以“亡国奴”的心态面对现实，时常为家中的万贯家产及人员免遭兵燹而明哲保身，但真当自己的家庭成员受到死亡的威胁时，他们的命运的咽喉被别人死死扼住时——当民族的生死存亡摆在他们面前时，以家仇激国恨，以国情激民情就成为他们不屈不挠、奋起抗争，捍卫人格尊严，保全民族魂魄的自然行为。当然，比起那些底层的民众而言，他们的精神负担更为多样，他们的思想顾忌更为多虑，但也正是如此，人物性格的转变才显得真实可信，人物心灵的搏战才历历可感。而作者的可贵也就在于此，他细致清晰地写出了这位开明财主从拒绝到动摇到支持的心路历程，使人们更清楚地认识到：当民族矛盾上升为主要矛盾时，任何一个中华儿女都有可能成为为自己的生存、为民族的尊严而战的一员，都有可能在民族大义面前成为不愧于民族、不愧于历史的时代的一分子。

作者的人性视野同样值得称赞。作者笔下的魏福清是一个拥有数千亩果林、上百位长工的大财主，但对待富人穷人却一视同仁，自己也以劳动者、科技人的形象出现在乡亲们面前，因之在魏家沟享有崇高的威望，被四里八村的乡亲们亲切地称为“局长”，被大家公举为地方保家卫国的民间组织的首领。也正因此，当日伪特务要抓捕魏家父子时，那些虽在日伪阵营里混事但却怀有一颗民族心的爱国人士（如萝卜花），纷纷通风报信；那些曾受惠于他的那些穷人（如李老头）才愿意主动承担风险，避免了更大灾难的发生。这种建立在人性的基础上的现实主义创作情怀，使得魏福清这一独特的大财主的形象真实而可信，自然而生动。

二、欧阳山的《战果》

欧阳山，湖北荆州人，由于家穷，出生几个月后就被生父卖给一个杨姓人家，起名杨风岐。辛亥革命爆发后，随养父去广州谋生。1924 年开始发表作品，1926—1932 年以“罗西”为笔名发表了一系列以感伤的爱情为主，兼及底层民众的不幸生活以及为争取自己的权利与义务而斗争的小说，也称为“罗西时代”。比较有影响的如《玫瑰残了》《爱之奔流》和《竹尺和铁锤》等。1932 年 9 月，他发起“广州普罗作家同盟”，并在《广州文艺》创刊号上发表短篇小说《跛老鼠》，署名“欧阳山”，从此，“欧阳山”就成为作家最常用也最有影响的笔名。1939 年，欧阳山来到重庆，1941 年 4 月离开重庆到延安。当时，正值文艺大众化讨论热潮，欧阳山积极响应文艺的大众化运动，竭力克服创作中的欧化倾向，努力创作大众小说为抗战服务，也即是以大众的语言，写大众所关心的事，写大众能看的小说，鼓舞全国人民的抗战意志。1942 年 12 月由桂林学艺出版社出版的长篇小说《战果》，就是欧阳山从“罗西时代”向大众化转化的过渡性作品。

小说写 13 岁的丁泰由于家教缺失，成为泥螺村人人鄙视、人人提防的人，甚至直截了当地叫他“小贼丁泰”。他恶习不改，以致抗日宣传队来村宣传时他都不放过。然而，他发现，偷了宣传队员的怀表被发觉后，宣传队员范沙、王嘉不仅没有打他，反而给他讲爱国的道理。他发誓不再偷东西，还跟随着他们去了广州以擦鞋谋生。“八一三”后，广州再次掀起献金热潮，丁泰热心地捐出了自己六十多元的劳动所得，被范沙当众表扬，又被王嘉称作英雄，他十分激动，流出泪来感叹道：“一直到现在，你们才承认我是什么英雄！你们……唉！”不久，日本飞机来轰炸，丁泰在救东乾母亲时负伤。临死前他说："我对得起哥哥、范沙、东乾叔了！我对得起中国了！"

小说名谓"战果"，意在表明日本人侵犯中国的战果就是：激起了全中国人民的反抗和仇恨，全国人民都知道日本鬼子是中国最大的敌人，我们要同仇敌忾，保家卫国。这一朴素的道理，就连曾经是小偷、被人视为无可救药、没有生命价值的人都明白。战争是可以感化人的。小贼丁泰的觉醒与转变、献金直至献身，就证明了这一点。它再一次说明，在中国，每一个中国人民都是一个特例，什么事情都有可能发生。这是日本人的"战果"，也是中国人的战果。小说选材新颖，构思别具一格，但作品过于富有传奇色彩，人物的转变有些简单，前半部分尚有生活实感，后半部分则多为主观想象，描写也有些冗长，不够集中，人物语言的个性化也不够，影响了这部爱国主义作品的艺术成色。

三、崔万秋的《第二年代》与《新路》

另一位值得提及的是崔万秋。崔万秋是山东莘县人。1924 年赴日留学，1933 年 3 月回国后任上海《大晚报》副刊编辑，并在沪江大学、复旦大学兼课。抗战前期，他一直以报人、教授、作家的身份活跃在上海文化界。作为报人，他主编《大晚报》副刊《火炬》《剪影》，并在《火炬》副刊上连载了万国安的抗日小说《三根红线》。鲁迅逝世后，他很快就在《大晚报》的头版披露了先生逝世的消息，同时刊出了鲁迅先生的遗容及绝笔，又根据《阿 Q 正传》卷首的先生《自叙传略》刊登了他的生平事迹及著作目录。他说："对于故人，我觉得这是我们唯一的表示敬意的方法。"作为教授，除教书外他还出版过几本学术著作，如《通鉴研究》《日本废除不平等条约小史》等，也翻译过一些日本文学作品，如武者小路实笃的《孤独之魂》《忠厚老实人》《母与子》等。作为作家，"九一八事变"后，他创作出版了长篇小说《新路》，表达了他对日本军国主义的愤恨与对日本人民的同情之心。抗战后，他曾在自己创办的《笔》月刊上刊载长篇小说《第一年代》，欲意为抗战开始的第一年留下忠实的记录，不料局势速变，不仅小说仅写了开头就被迫中断，连创刊号《笔》也变成了终刊号。随后，他辗转到达重庆，当生活稍稍安定后，他重新拾起了这一愿望，但小说的名字不是《第一年代》而是《第二年代》，1943 年 4 月由重庆文座出版社出版。

小说以“八一三”至国民政府迁都重庆这一抗战第二年的历史时段为线索，借从事抗战工作的文化人叶唯明与他的爱人郑撷华（一个女兵）的悲欢离合的遭遇，从一个侧面写出了徐州大会战至武汉撤退到国民政府迁都重庆这一年来的历史境况，描绘了抗战第二年武汉一些党派人士的活动情形。由于作者是新闻报业人出身，又由于读者的阅读期待，小说便多了许多纪实与报告的色彩。书中许多人都确有其人，许多事亦有史可证，以至书出版后许多人一眼就指出书中的朱佛山即周佛海，孟伯文即曾仲鸣等。不过，书中最著名的莫过于后任陆军总部情报处长纽先铭的故事。纽氏当时是南京守光华门的工兵营营长，为了掩护国军撤退未能在日军到达前退出，过江时又被挤入江中，幸亏会游泳才保全性命。上岸后，为避免被日寇俘虏，他化装成和尚在南京鸡鸣寺念了八个月的经，又机智地躲过了日军的盘查才逃回后方。不料，到了汉口后，他的妻子已经与同乡同学同僚的雷大声同居了。这件富有传奇色彩的真实故事，被崔万秋如实地写进了《第二年代》，只是将纽先铭改为柳剑鸣而已。这一实记引起了外国记者的注意，也引起了许多中国读者的好奇。纽约先锋论坛报曾为文介绍此书，将其与张恨水的《大江东去》一书一起称之为于中国抗战故事中的杰作。应该说，“杰作”确实有些夸张，但许多情节取材于真实的事件却是不争的事实。也正由于作者过于纪实的写法，致使小说纪事有余而灵动不足，称其为“纪事小说”并不为过。比如，作品中关于徐州会战与武汉“四二九”空战的记述即是基本照搬报纸的介绍，小说对战争的描写也多靠报纸提供的素材，在真实性与艺术性之间，作者书写的艺术也就显出报业人的特点。正如公羊谷梁说：“《第二年代》，可以说，是代表一种时代的趋势的作品，作者以新闻笔调写了这抗战中最热闹的一幕。”“作者所取的虽然是小说体裁，而实在却是历史纪录。”“历史纪录就要相当忠实于历史，这样一来，作者为了‘真’，有时便不免疏忽了故事性的发展，本书的优点是因为它是‘历史的小说’，而缺点也就在于是‘小说的历史’。”①

不过，最能代表崔万秋抗战小说成就的还应算是《新路》。《新路》初刊于上海《大晚报》1933 年 3 月 30 日，1933 年 11 月由上海四社出版部出

① 公羊谷梁：《由〈第二年代〉想起——长篇创作选读之四》，《国民公报》1943 年 8 月 8 日。

版。它是中国现代文学史上第一部从留学生的视野反映“九一八事变”的长篇小说。到重庆后，崔万秋于1943年12月将《新路》交由重庆建国书店出版，受到读者的欢迎，一年后重庆建国书店再版，至1948年3月，已印行5版。小说主要写《北平早报》冯景山因不满国内言论不自由决定去日本做研究，在日本下关乘火车邂逅留学日本早稻田大学的学生林婉华。在随后的接触中，林小姐对冯先生产生了爱慕之情，但冯景山有家室有儿女，虽然是包办婚姻谈不上爱情，但他是个传统知识分子，他知道如果离婚对于没有文化没有经济来源的妻子来说，是怎样沉重的打击，对于失去父亲的孩子幼小的心灵又是怎样的创伤，他决定做一个时代的殉道者。“九一八事变”发生后，日本人一片欢呼，而中国留学生一片愤慨。日本警察对他们进行软硬兼施，希望在日留学生不要与日为敌，并暗示警察在监视他们的举动，留学生们也知道王文尤这样的东洋狗在出卖灵魂，但仍决定联合起来，发传单，反对日本继续出兵中国，掀起声势浩大的爱国主义运动。一天，林婉华向冯景山表达了自己的爱情，遭到冯景山的拒绝，失望之下，林婉华开始整日出入于舞厅、酒吧、咖啡厅，甚至开始做舞女，堕落了下去。一向爱慕林婉华的徐博追求林婉华却未能如愿，非常痛苦，看到她堕落也很伤感，自身也陷入苦闷中，不久生病住院。不过，虽然“九一八事变”影响了两国的关系，但留学生与日本人民的关系还是友善和好的。院里的日本护士惠美子劝他眼光放开一些，多想想国家派你们出国的目的，想想一个男人的社会责任，不要仅沉溺于情感。徐博听了后深受感动，他感谢惠美子的好言相劝，决定努力发奋而不自暴自弃，将全部精力用在学问与事业上。林婉华苦闷之际决定出游，遇见冯先生的朋友袁安北，得知许多中国留学生已经在组织义勇军准备回国抗日，内心深受触动。回来后，她看到冯景山给她的信，劝她在民族危机时刻作为中华民族的一员应该肩负起振兴民族之责任，而不是纸醉金迷，消沉堕落，各地的留学生们都在为抗日做着自己的贡献。这天，又是日本出兵之日，冯景山和爱国的留学生们又四下撒传单，宣传抗日。看到冯的壮举，林婉华非常激动，她厉声指责日本兵不能乱抓人，结果被日本人抓走并将他们驱逐出境。在火车上，冯景山与林婉华约定，回国后参加抗日工作，投身到滚滚的抗日洪流中去——这就是中华儿女的新路。

由此可知，这同样是一部充满着爱国主义情怀的长篇小说。作者以留日学生在日本感受民族危机日益加重的历史氛围为主线，以一批爱国留学生的爱国主义行为为中心，热情歌颂了他们虽身处侵略国却丝毫不失爱民族爱中国之心，坚决反对一切外来者侵犯中华民族主权的凛然正气，强烈批判了丧失民族大义的民族败类和纸醉金迷的生活方式，批评了沉溺于个人情感迷失自我的糊涂行为，奏响了一曲别致的爱国主义颂歌。小说题材别致，构思新颖，作者没有简单地反对日本人民，而是反对日本军国主义对中国的侵略，将中日两国人民间的友好与军国主义的侵略行径区分开，在艺术描写时能真实地刻画日本人民友善的情谊，日本国土美丽的自然景观，而将愤怒的笔墨指向日本特务、警察、军人等这些向中国留学生施威的国家机器的组成部分，历史观、战争观清晰，民族观、国家观强烈，难能可贵。由于是报载小说，全书笔墨均称，描写细腻，人物性格鲜明。只是小说单看各章，中心突出，主题明确，整体观之，尚未严丝合缝，前面从容不迫，后面收之仓促，人物的交代与主题的展示也有理念化的成分，稍感遗憾。不过，即便如此，《新路》这部高举着民族主义和爱国主义大旗的优秀作品，在中国现代长篇小说史上，也将因主题的别致与题材的独特而占有一席之地。

历史是公平的，它不会遗忘每一个在中华民族为争取自由与独立的艰难岁月中为民族的解放做出贡献的人。就徐盈、欧阳山和崔万秋的战争小说创作而言，虽然总体艺术水平有待提高，但其爱国的思想及其文学史意义仍值得我们充分的肯定。这就是：徐盈的《苹果山》是一部在四川抗战小说史上具有开拓的意义的长篇小说，是一部不折不扣地讴歌中国军民不屈不挠地抵抗外来侵略的爱国主义小说，小说塑造的抗日大地主魏福清的形象，是徐盈为抗战文学做出的艺术贡献。欧阳山的《战果》题材新颖，开拓了抗战文学的新领域。崔万秋的《新路》同样是一部高举着民族主义和爱国主义大旗的优秀作品，小说历史观、战争观清晰，民族观、国家观强烈，难能可贵，其主题的别致与题材的独特将使它在中国现代长篇小说史上占有一席之地。《第二年代》虽然纪实有余而灵动不足，但作者的爱国热忱还是应予以充分的肯定。我相信，随着新文学研究的深入，随着人们对历史观与战争观的理解不断深化，在将来的战争文学研究中——特别是抗战文学研究中，徐盈、欧阳山和崔万秋的长篇抗战小说还会得到新的阐释，《苹果山》《战果》与《新路》也将在抗战文学史上留下值得书写的一笔。

第四章　全面抗战后期的四川抗战小说

引　言

1943 年 12 月 1 日中、美、英三国在埃及发表《开罗宣言》至 1945 年 8 月 15 日日本宣布无条件投降的近两年时间，我们称之为全面抗战后期。《开罗宣言》的发表，宣示了协同对日作战的宗旨，承诺了处置日本侵略者的安排，为未来中国战局的走向明示了方向，中国人民也看到了未来胜利的曙光。四川抗战小说在这一历史潮流面前欣然转向并沉稳前进。此时的四川抗战小说，大体可分为直接呈现战斗场面与塑造英雄形象，表现知识青年在时代命运与抉择以及大后方的现实挤压与知识者的不同立场诉求三大类。后两者虽未直接表达对敌人的愤恨，对英雄的颂扬，却通过叙述个体心理转变、讽刺战时官僚腐败、展现后方民众生活实景等视角，传递出作者对于抗战的瞩望与焦虑，表达了他们对战争的反思与对民族未来的关切之情。这些个人经验的传达，标志着本时期四川抗战小说具有了更为独特的意味和更为开阔的视野。

一、直面呈现战斗场面与塑造英雄形象

自抗战以来，直面呈现战斗场面与塑造英雄形象的小说层出不穷，从未间断，全面抗战后期的四川抗战小说创作依然呼应着这一时代诉求，抒发着作家们对英雄的崇敬之心与期盼抗战胜利的爱国热情。

沙汀的中篇小说《奇异的旅程》以八路军某小分队取道敌占区、冲破日寇封锁线的艰苦行军为主线，描写了勇猛果断的政委余明与自尊多疑的文化人左嘉之间矛盾却又无伤民族大义的纯洁的同志关系，塑造了英勇顽

强、作风优良的人民军队形象。田涛的中篇小说《地层》着力表现的是民众大规模自发地组织起来保家卫国的抗日斗争，作家直面艰苦的战争环境，塑造了游击队领袖赵三老头等一批朴素的农民英雄形象。端木蕻良的长篇小说《大江》从文化的视角书写战争，试图从猎人铁岭和土匪李三麻子这两个“多棱的家伙”身上，挖掘蕴含其身的中华民族所具有的生命强力和生存意志。这两个野性多于教化的人在动荡的时代背景下相互结识，坚定地与日本人做游击斗争，并在战斗中成长为民族英雄，体现了作者对“民族所蕴蓄的力”的赞美。更有影响力的是四川作家邵子南在1944年9月21—24日发表于《解放日报》的短篇小说《李勇大摆地雷阵》。小说以阜平县英雄李勇的真人真事为素材，向我们描绘了一幅边区民兵巧用地雷阵，智慧而勇敢地抗击鬼子的故事。通过对其英雄事迹的描述，作者热情歌颂了这位晋察冀边区著名的爆炸英雄积极、勇敢、创新的英雄品格。值得称道的是，小说成功地运用民间说唱文学的手法和大众化的语言风格，使文本脍炙人口，也使英雄的英名广为流传。《李勇大摆地雷阵》是川籍作家在这一时期表现边区战斗生活的唯一代表作。

以特殊军事活动——谍战为题材表现另类英雄形象的抗战小说，在这一时期也出现了不少，较有代表性的是荆有麟的《间谍夫人》。小说写赵月华的丈夫晋云赴上海参加特别任务，不幸牺牲。赵月华得知后，决心参加特务组织，为丈夫报仇。因没有经过专业训练，仅有爱国之心，赵月华在复杂的特情战场上有所闪失，甚至被迫失身于敌人。最后，她为了获得重要的情报，杀死了日本专使，但自己也献出了生命。显然，这是描写特务遗孀立志为丈夫报仇，为国尽力的一部具有爱国主义色彩的间谍小说，但在一些人眼里却被视为“色情小说”，只能说是“被色情”了。[①]《火葬》是老舍在本期创作的第一部长篇。取名《火葬》蕴含着中华民族在战争灾难中求得新生之意，也意在告诉人们，在战争中敷衍与怯懦是自取灭亡。[②] 小说写文城维持会会长王举人受汉奸刘二狗的操纵，在沦陷期间协助日本人维持秩序。女儿梦莲被刘二狗喜欢，但正直善良的梦莲是便衣队

① 陈思广：《“被色情”的小说——谈荆有麟的〈间谍夫人〉》，《中国现代长篇小说史话》，武汉出版社2014年版，第84—86页。

② 老舍：《我怎样写〈火葬〉》，《老舍全集》（第16卷），人民文学出版社1999年版，第225页。

副队长丁一山的未婚妻，她厌恶父亲的附逆行为，却又敷衍堕落为汉奸的富家子弟刘二狗。丁一山被刘二狗派人杀害后，便衣队遭受重大损失。石队长只得潜入王举人府内当仆役，联络便衣队行动的同时又从王梦莲处打探情报，最终取得了日军的军用地图。在日军有所察觉从而发起大搜捕的危急时刻，石队长率部炸毁日军军火库，又与其展开巷战，在突围中负伤，被追兵逼困于林中小屋，他弹尽粮绝后焚烧房屋，为自己举行壮烈的火葬。全书以便衣队的行动为线索串联起敌占区的社会生活图景，显示了老舍积极的求变探索之心。只有由于作家不熟悉战火实情，小说的情节较为密集和匆忙，未达到预期的高度。

二、知识青年与时代抉择

战争锤炼时代，战争历练人心。对于每一个以个体的生命形式生活在战争年代下的人们，何去何从无不接受战争的考验，接受民族、国家、人心的锻造与锤炼。因此，书写战争环境下人的抉择与心路历程自然成为作家重要的艺术选择，特别是对于那些犹豫彷徨在时代大潮中的知识青年而言，他们内心的抉择与人生的搏战就显得尤为重要。王冶秋的短篇小说《青城山上》以第一人称写了一段师生重逢的故事。“我”在青城山上偶遇曾经的女学生鹰，她在抗战开始后就读医学院，却因恋人在航校训练中飞机失事丧生而思想消沉，依靠发国难财的姐夫过着无趣的生活。在老师的劝导下，她重新振作起来，去医学院办好复学手续，走上了人生新路。王冶秋的另一篇小说《走出尼庵》写因恋人在战争中惨死而削发为尼的青年女子李静，在抗战的时代感召下毅然走出尼庵，到敌后参加游击队，献身民族解放战争。鹰和李静虽然原来的境遇各不相同，但都在民族战火的洗礼中走向新生。写得更有波澜的是碧野的《风砂之恋》。小说以林晶和苏红两位女青年在大时代下不同的人生态度、人生抉择、人生道路，书写着青年人的迷茫和奋起。在抗战初期、陇海线上的话剧宣传队里，才貌出众的林晶拥有着众多崇拜者，却倾心于倔强而矜持的赵力达。一次躲避空袭中的误入圈套成为林晶堕落的开始，她耐不住当乡村教师的寂寞，成为商会主席公司里的花瓶，又勾引赵利达私会从而被当作私娼拘留。赵力达也在这恋爱的纠结中清醒过来，从而选择了坚强的抗日战士、乡村姑娘苏红，并一起走向了抗战前线，只留下已当上银行经理姨太太的林晶一个人在火车上茫然而彷徨。而青年女作家郁茹的作品《遥远的爱》更引起了茅盾的关注。出生于革命战士家庭、从小寄人篱下的女青年罗维娜在书籍中度过了年少时光。在抗日的时代潮流下，她勇敢地加入了抗日学生宣传队，从而结识了高原，并在重庆建立了舒适的小家庭。平淡琐碎的日常生活使她坚强的自信力日渐消逝，也让她陷入了思想的挣扎之中。最终，宏伟抱负和责任意识驱使她冲出了家庭的樊笼，投身于民族解放斗争的行列。面对个人与国家、理智与情感的冲突，罗维娜最终在大时代的呼唤和推动下做出选择，成长为一名为民族未来奋斗的女战士。这一艺术形象无疑具有很大的概括性和典型意义，对于当时进步青年产生过很大的鼓舞作用。茅盾就喜不自胜地说："我们所以感到喜悦的，是因为这一部小说给我们这伟大时代的新型的女性描出了一个明晰的面目来了。"①

三、现实挤压与知识者立场

战争给社会与人生带来的变化是巨大的。身在大后方的人们虽然不必像前方那样时刻担心生命的终结，但现实生活的挤压甚至变形所带来的压力并不比前方少多少。茅盾在这一年里发表的两个短篇《小圈圈里的人物》和《过年》，正好就表现了这一情形。《小圈圈里的人物》以讽刺的笔调写战时的学校里，几位女教师将自己的全部精力仅仅用于打牌和为小孩子的绰号而钩心斗角上；《过年》则反映了小职员低微的薪水在不断暴涨的物价面前所受到的碾压，主人公老赵只得用"人是要希望来喂养的吧"作为安慰，而他的妻子却怀疑道："打完了仗，天上就落下金子来么？"陈瘦竹的中篇小说《声价》也对战争环境下物价飞涨的大后方人民的生活状况做了揭示，只是更有揶揄和喜剧意味。某委员会王大成一行人疏散到某县城，被房东周家看中120元的月薪的收入，将二女儿许配。不料半年间米价飞涨，王大成原先的姑爷地位顿时丧失，在家中受尽各种嘲讽与冷眼，最终留下离婚的纸条悄悄离去。故事的题目来自丈母娘的感慨："我只晓得东西有涨有跌，那个料得到人也有涨有跌的呢！"这一内含悲凉意味和荒诞讽刺而又套着喜剧外壳的故事，既有对战争引发的经济困难的指责，又抒发着世态炎凉和漂泊身世之意以及对丑恶民族性的一些思

---

① 茅盾：《关于〈遥远的爱〉》，《青年文艺》1944年第1期。

考，相比单纯的战争小说，更多了一些复合的意味与值得回味的空间。无论茅盾在《小圈圈里的人物》里以纯然讽刺的笔调揭示大时代里一群生活在小圈圈里的人物，在《过年》里以现实主义的手法表现战争背景下的民生之多艰，还是陈瘦竹在《声价》里揶揄般的讽刺，都蕴含着作家的人文情怀，彰显着作家针砭时弊和为人民鼓与呼的知识分子立场。这一创作的指向反映出抗战初期全民性的民族热情已被新的社会理性所渗透、提升，也标志着四川抗战小说进一步深化与转型。

这种深化转型的鲜明标志就是作家们以现实主义精神寻求生活与艺术的创作支点，以讽刺与暴露的艺术手法显示作家的创作情态。老舍就是“重操旧业”。短篇小说《恋》的主人公庄亦雅喜欢字画，迷恋其中不能自拔，为了保存字画和姓名，最终出任伪职，附逆敌军。《八太爷》中的王二铁正如卷入革命而不知革命为何物并因之身亡的阿Q，他杀日本人的终极目的不是因为爱国，而是要实现他成为威风八面的康八爷的荒诞理想。《不成问题的问题》揭露了抗战时期重庆市郊某农场中的积弊，批判了丁务源为代表的腐败分子，对抗战建国的未来表示了自己的忧患，隐含着作家对民族劣根性的批判和对民族振兴的殷切期待。靳以在本时期的短篇小说创作也体现了这一时代风格。靳以的《乱离》讲述了一对从事抗战工作的青年男女在大后方被以莫须有的罪名逮捕的不幸遭遇。出狱时，他们伤心哭泣，宁愿死于敌人锋刃之下而不是后方窒息的政治空气里。《众神》用颇为荒诞的写法，通过一个发国难财的富翁死后去到天堂反而受到优待、最终与天堂里其他官僚和大亨的灵魂开起了舞会的故事，讽刺了抗战时期后方高层人士的各种罪恶行径，控诉着黑白颠倒的社会现实。写的更令人心碎的是靳以的《别人的故事》。小说写丈夫被抽走当壮丁几年杳无音信，一个长工便被招赘做了女婿。一天，丈夫突然回来了，却因参加抗日战争而右手残疾。此时，这个窘困但完整的家没有办法继续维持下去，于是两个丈夫便把妻子卖给了一个老板，女人只能流着泪跟着那个老板离开。故事里的悲哀是双重的：战争摧毁了一个美满的家庭，又令在抗战中受伤的军人根本无法维持今后的生活，二男一女的现实却又只有牺牲妇女为代价，这无论对于军人还是军属而言，都是一个难以承受又不得不承受的悲剧。对此，人们不禁要问：谁来保护抗战军人的利益呢？如果不能保护好军人的切身利益，特别是不能提供伤残军人必要的生活保障，国家又如何对得起舍命抗敌的勇士们呢？这无论对于国家与个人来说，都是莫大的悲哀！小说在揭露中彰显了战争控诉和文化反思的双重意义。

在漫长的煎熬与对胜利的期盼之中，本时期四川抗战小说中直面战火的创作热潮已大为减弱，作家们的关注焦点和审美趣味有所分化，更多作品的抗战主题由台前向幕后、由前线英雄的战斗行为向国统区、沦陷区普通民众的战时生活转移，作品中体现的对生活和个人经验的回归，预示着文学作为战争宣传工具的功利性指向渐向文学的审美性诉求转化，预示着抗战小说迈向更为广阔的审美空间。

第一节　在暗黑世界中冷静探索：沙汀的抗战小说

沙汀表现抗战的题材虽始于1932年，但为他赢得一片喝彩的却是刊于1940年12月1日《抗战文艺》第6卷第4期上的《在其香居茶馆里》。这篇反映兵役题材的短篇小说，以其匠心独运的艺术手法将地方乡绅与官员相互勾结、舞弊弄假的黑幕讽刺得淋漓尽致，成为新文学短篇小说的经典。随后，他写一个滥用职权的县长最终被他人驳倒的官场悲喜剧《模范县长》；写二老师在出任了“九品芝麻官”后的无奈与尴尬（《巡官》）；写与二老师类似受各个阶层揶揄，吃力不讨好反倒惹一身晦气的乡约（《丁跛公》）；写篾匠二爸想尽办法躲避村选，最后让媳妇冤死枪下的故事，体现了老百姓与基层政权的零沟通，对其的不理解和不信任，以及底层政权在行使权力时的混乱（《选灾》）等。不过，他写得最为出色的还是长篇小说《淘金记》《困兽记》和《还乡记》，或嗟叹大后方偏僻小镇乡绅梦想发国难财相互欺诈的黑暗现实，或刻画乡镇教师报国无门踌躇焦灼的苦闷心理，或反映逃兵、军属生活的现实处境生活，使他的名字镌刻在新文学史上，也使他成为新文学史上著名的抗战小说家。

一、坚守与改变

1938年12月，沙汀来到重庆，随后他蛰居睢水，开始了他长达10年（1941—1949）的黄金创作期。与东北作家群遒劲有力、浓墨重彩、强烈激愤地表达爱国情怀，塑造爱国英雄的典型风格迥然不同，与以现代主义的创作方法书写抗战传奇的孤岛沦陷区作家们也不同，沙汀一直以现实主义的创作原则精细地刻画着川西平原上的一切，特别是那些乡村小镇中的基层官员与各类村民们，由于根深蒂固的文化浸淫和思想的麻木与愚昧，他们以家庭、血缘、裙带关系为轴心，以权力为纽带，层层欺诈，个个挤压，甚至不惜扑向身处更底层的孤独者的丑恶灵魂，沙汀更是给予了无情的解剖。从这个意义上说，沙汀更像是一个勤勤恳恳，一年四季只埋头经营自己几亩田地的聪明的农人。说他老老实实、惨淡经营，强调的是他在写作对象和题材上的坚持。单是从抗战短篇小说的题目：《代理县长》《模范县长》，《逃难》《苦难》，《防空——在“堪察加”的一角》《堪察加小景》，《兽道》《公道》，《查灾》《选灾》，以及人物的名字：何么跨子（《联保主任的消遣》），刘三恍子、董么麻子（《模范县长》），彭么胡子（《巡官》），丁跛公（《丁跛公》）和王跛子（《苏大个子》）等等来看，沙汀的“执着”就可见一斑。不宣扬浓烈的爱国主义，民族情怀，不偏爱英雄主义，甚至连正面战争都鲜有描写（中篇小说《闯关》有所尝试），有的就是不断“互文”的徐烂狗、布客嫂、乡县保长以及小知识分子们的呼号与挣扎。对于选材，他牢记鲁迅的教诲：“可以各就自己现在能写的题材，动手来写的。不过选材要严，开掘要深，不可将一点琐屑的没有意思的故事，便填成一篇，以创作丰富自乐。”① 沙汀做到了不为写战争而写战争。反而是把自然处于战争之下和近身熟稔的人和事用自己的方法去写透，滴水穿石后是自己内心熊熊喷发的爱国熔浆的浸溢。只有不懂沙汀的人才会批评他的冷酷与疏离，因为他从来不懂沙汀的坚持，而正是这一另类的坚持让沙汀更像是一名训练有素的抗日战士。

那么沙汀这一时期的创作难道是一成不变的吗？答案是否定的。沙汀稍后的创作不再像《淘金记》呈现带有荒诞意味的结局，而是有了更为现实意义的出路，例如冯大生的出走，《春朝》里游击夫妇的逃脱，苏大个子对内战的觉悟和对共产党的赞许；不再一味是冷酷无情的讥讽，而是有了战火之下人情冷暖的流露。又例如《堪察加小景》中由预谋强奸转变为产生同情的故事；《两兄弟》由彼此珍重而引起的误会最终化解的故事；《春潮》里家人保护革命者，革命未婚夫妇之间相互扶持与理解的故事等。

① 黄曼君、马光裕编：《沙汀研究资料》，知识产权出版社2009年版，第61页。

沙汀是个对基层百姓所反映出的时代性的敏感度很高的作家，他用他的特立独行的坚持与改变成就了抗战小说，也成就了他自己。

二、逃兵与抗属

从广义上来说，只要是逃服兵役的人都被称作逃兵，狭义上的逃兵是指那些已经拥有军籍又从军队逃跑的军人。客观来说，无论属于哪种类型，无论出于何种原因，单从这种逃离行为本身来看，就是一种破坏军队钢铁纪律，亵渎军人神圣职责，蔑视国家暴力机关权威的行为。沙汀将长篇小说的男主人翁的身份设定为逃兵，可见作者对“逃兵问题”的重视。但作者延续了30年代的惯性思维，又启动了《讲话》之后的新思维，首先以军队的黑暗、无能作为导致逃兵行为的主要原因进行暴露、讽刺与批判，然后以农民的阶级斗争作为主旨，指明压迫是导致农民从军并逃跑的间接原因，所以逃兵行为间接促成自觉的反抗，实际上并没有就“逃兵问题”本身进行深入的挖掘，只是将逃兵身份作为多重压迫中的一层，以突显反抗的必要性。所以说，针对“逃兵问题”的讨论在某种意义上是被架空了的，即没有进行彻底的批判。

《还乡记》中的冯大山就是一个逃兵。四年以前，他因为生计问题去给烟贩子当脚夫，没想到途中生了重病，为治疗而染上了大烟瘾，被逼无奈之下卖了壮丁。可见冯大生与许多逃兵一样，在被迫卷入战争之前是没有文化，苦于生计且毫无爱国参军意识的农民。进入军队后，他曾“目睹过轰炸的惨状，难民们的颠沛流离”，听过“难民们的诉苦”，知道日本人十分可恶。但可笑的是，他每天面对最多的并不是日本人，而是来自内部的打骂和欺骗，在逃回来之前的半年多里竟连日本人的影子都没有见到过。所以“他也并无定见，敢于断言在我们国土上进行的这个战争的好坏。更没有分析它的复杂意义的知识”。其实冯大生并非贪生怕死之徒，也初步理解了抗日战争的重要意义，只是要求死也要死得值得，可惜“包围他的全是一些早该清除的污点。于是，他重新看见牛马般的士兵生活，看见了饥寒同困顿，而一只黑手正在拖他过去”，以致“他已经忘记了他所理解的那一个战争的神圣意义”。[①] 显而易见，冯大生是不怕“自己走

① 沙汀：《还乡记》，文化生活出版社1948年版，第39—41页。

了，家计发生困难”的，因为在他离开之前，他家庭的困难程度就已经跌至冰点。他之所以出走，一是应了他女人那句“只要他戒掉了，就是讨口都快活”的话，二也表现出冯大生作为农村汉子的粗犷莽撞，以及性格中的倾向于逃避责任的弱点。冯大生也是不怕牺牲的，但是军队并没有优待他们，没有执行军队严格的政策，将他们当作教育和鼓励的对象，没有帮助他们克服对死亡的恐惧，反而卖力地残害这些原本脑袋就混沌，立场就不稳定的生力军。他虽然肉体参与到了战争当中，可惜心态还滞留在雾里看花、隔岸观火的阶段。指导冯大生是非逻辑判断的仍是中国传统的实用主义价值观。身在军中的冯大生其实有两条路：一条以爱国为前提，继续忍受军营生活，抓住任何机会奋勇杀敌，或是寻找其他报国途径，做一个自我觉醒的冯大生（很显然，文本让他放弃了这类颇显不成熟的机会，而是通过阶级斗争来实现的）；另一条路是以自我为前提的逃避。显然，他选择了后者，并且拼死也不愿再回军队（在整篇小说文本中反复强调）。这个态度不禁让笔者回忆起了沙汀短篇《凶手》中断腿天兵的弟弟，当他得知要被拉兵时，“不等他说完，他的兄弟立刻把筷子一掷，叫道，‘那我宁可枪毙！’”。[①] 也许是时代要求不同了，也许是沙汀自己的观念立场的改变，冯大生顺利地逃了回来，而弟弟却惨死在哥哥枪下，哥哥落得人不人鬼不鬼。等到冯大生到家之后，得到的是父亲的默许与母亲的热烈欢迎，并哀求他不再离开。冯大生的内心毕竟还是理亏，所以当罗懒王、徐烂狗等流氓用他的污点来威胁、践踏他时，冯大生首先选择了忍气吞声。但罗徐二人并非出于认为私自逃离部队是一种犯罪，是不爱国的可耻行为，才看不起他，欺负他，而仅仅是为了他们自己的贪婪的私欲。林檎沟除了冯大生，还有一个叫丁九麻子的逃兵“前辈”，现在却舒服安逸地在街上打饼子，无人问津。冯大生还专门去向他打听，以“展望”自己未来的逃兵生活。

乍看下去，无论是冯大生还是丁九麻子，他们之所以成为逃兵，主要责任都归结于军队的残酷、黑暗和无能。但是以上种种细节不能不提醒我们：在没有进行起码的启蒙运动的农村世界里，民族战争所引发的危亡局势只能短暂掩盖，不能彻底动摇封建主义，但急迫的民族战争又使启蒙运

---

① 沙汀：《兽道》，群益出版社1946年版，第89页。

动无法正常进行，让那些滞后性强烈的地区的封建主义招摇过市。所以无论是冯氏父母的支持，罗、徐二人的利用，还是丁九麻子、冯大生的麻木与抵触，表现出的不仅仅是爱国意识的淡漠，更是对绝对纪律、国家权威的一种轻视，或者说无意识，是一种未经启蒙的应受批判的带有封建小农意识的个人主义展露。故事发展到后半段，矛盾逐渐变成了农民与基层领导之间的斗争，弱化了逃兵的问题（只是冯大生最后出逃的动力之一），并且赋予了冯大生一个向好的结局。笔者认为作者放弃了深挖逃兵这条线索，是由作者的整体立场和主题指向——突出农民与土劣保长的对抗，强调冯大生日益俱增的顽强不屈的反抗能力——所决定的。

到了苏大个子（《苏大个子》），情况又和冯大生有了很大不同：

> 苏大个子的出征勉强可以说是自愿。因为他生性好动，又负了一身债，不卖壮丁，实在没有办法拖挨了。他在晋南豫中一带一直拖了三年，而在那次可耻的溃败之后，才又匆促开回四川，准备抢救广西。但才走到茶江，他病倒了。同时病倒的很不少，有的还未断气便被抬去埋掉。然而，凭了一向的信用，他却意外请准了病假；同时，也因为连长相信他不会好了，落得送个人情。[①]

他是一个“半自动”的逃兵，离开部队本就是半推半就，等到他康复后又一直寻思想要重新加入部队，和冯大生的拼死抵触迥然不同。这是为什么呢？虽然他和冯大生都面临着老婆的离开（死亡），母亲的强留的相似外在境遇，可单就自身来说，对参军打仗的态度就有根本上的不同。苏大个子在批评他的长官们的斑斑劣迹时，最后不忘点出这些行为最坏的地方是影响了战斗。同样，作为围观者的李长子又不同于罗懒王与徐烂狗，他不是利用他人之理亏来完成一些非法勾当，而是常常调笑地说：“杂种！亏了你这么一大筒呵，仗都没打完你就跑回来了！”[②] 虽然在苏大个子看来，李长子的这些话语多出于嘲弄，但不得不承认的这是代表了无论是李长子还是苏大个子，对抗日战争都已开始有了比较清醒的认识，并且达成

---

① 沙汀：《呼嚎》，上海新群出版社 1947 年，第 46 页。

② 同上，第 50 页。

了一种共识：即逃脱兵役是一种非常懦弱和丢脸的行为，更是一件败坏家风，令人抬不起头传千里的丑事！更与冯大生不同的是，在这些话的“取笑”下，苏大个子的反应很激烈，马上下定决心回部队，难道是因为大个子在部队里受到了优待吗？回答是：很难想象一个将未死的军人直接活埋，以减轻负担的部队是可以优待其他士兵的。难道是苏大个子在磨难中认清了战争的神圣性？他曾经表示：“我们还要包围日本人缴械呢——它妈的，糟害了我们这么多年，这个落水狗都不打吗！”[①] 这句话所表达的姿态，与其说是苏大个子有着清醒的爱国认识，毋宁说更像是一种复仇行为。因为他之所以愿意回到军队的关键，是在于战争胜利后军人可享受的丰厚优待吸引着他，所以他自信地表示：“打仗的时候是都苦啦！只要仗火停了，改编成国防军，待遇马上就要提高！大家双粮双响。”[②] 这是作为人最基本的也是最现实的诉求，也勉强可看作信服于兵役制度所代表的国家权力的威严性。苏大个子在沙汀的“帮助”下完成了部分的启蒙和觉醒，仿佛站在了冯大生的前面。但比较《苏大个子》和《还乡记》不难发现，前者的整体风格要明朗爽快许多，整个农村世界不再像我们熟悉的黑暗至极的没落王国。是因为弱化了人物之间的复杂关联与矛盾，大幅度地简化了阶级压迫和社会问题。也许是因为抗战胜利的大环境鼓舞了作家，使他削减了一些黑暗成分，带来一些直接鼓舞人心的效果；也许是为了折射出另一种可能性所带来的希望，“他在晋南豫中接触过的×××部队，××军，××军就不是这样的！司令官火夫一个待遇，像打啦，骂啦，这些事就没有”！[③] 同时也更加忽略了对“逃兵问题”的思考与批判。对苏大个子不再回部队的决定，作者持一种完全褒扬的态度，纵然这一份赞扬其实是一种对内战的反抗宣言。但单纯从“逃兵”这个问题来看，作者几乎放弃深入批判苏大个子自身软弱犹疑、模糊不清、功利主义的逃兵形象。

在抗日战争时期，我们一般称军政人员的至亲为抗属，其中以留在家乡、后方的女性所占比例最多。因为川地百姓的男丁少自愿参军，多通过被征用而成为壮丁（这一时期沙汀描写的几乎都是此种情况），所以她们又被称为征属。战争是盲目的，一旦爆发，无论男女都得承受。从传统意

---

① 沙汀：《呼嚎》，上海新群出版社1947年，第56页。

② 同上，第57页。

③ 同上，第54页。

义上讲，男人承担战场，那么女人就要承担男人所留下来的一切。但由于征属优待机制在底层环节中的失效，导致这些土生土长的川西坝子上的女人们，跌入了自己难以糊口（家人），又得不到应有的政府支持的悲惨窘境当中。

“在抗战初期，川省的征属优待，分为发谷和发钱两种。而根据川省的优待征属施行细则规定，发给粮食应就各县市征起积谷内，发给优待谷，其在稻谷缺乏之县，得以杂粮折代。对所需救济征属，每季应发给优待谷二市石，均以发足四季为限，必要时得由优待委员会酌量延长其应受优待之季数，而对于以金钱救济者，每季应发给优待金六元。”① 在顶梁柱离开的时期，征属最需要解决的就是温饱问题，她们一般都会靠政府发放的优待粮过活，但也会因为丁点优待粮引来大祸事。因为利益和美色是沙汀笔下没落王国各方势力的“兵家必争之地”。且看征属们能否在骇人的旋涡中争取到一口新鲜的呼吸？从中又体现出她们怎样的特点？

金大姐（《还乡记》）就是在冯大生走后，多次向保长罗懒王求取优待粮的时候被引诱的。聪明的罗懒王知道冯大生不易惹，自己又不安于一个女人，随后就将金大姐甩给了他忠实的看门狗保队副徐烂狗。其实，徐烂狗对金大姐的真心的程度要远高于罗懒王的，但他同样也把金大姐视为打骂、侮辱，为他劳作、服务的对象。说到底，在这种畸形的关系下，就不可能产生真善美的婚恋，更何况罗徐二人原本就是无赖人渣，令人生厌。可金大姐为什么又要和他们搅和在一起，甚至同徐烂狗保持同居关系呢？这是因为在冯大生走后，她与婆婆原本就不太好的关系恶化，在婆家待着很受折磨。三番五次去讨优待粮的行为就是婆婆硬逼着去的。当罗懒王利用了这个矛盾引诱了金大姐后，婆家就更容不下她了，金大姐变得无家可归。如若她正常地领取优待粮，或许还有不依靠任何人自己勉强生活的可能性。但事情并不会如愿发展。那我们不禁又要问，既然金大姐的这种境遇最初是因为冯大生的离开所引起的，那么当冯大生逃回林檎沟之后，为什么金大姐面临的僵局还迟迟不能被打破呢？与罗懒王的交媾，虽说是诱骗，但金大姐明白并没有完全反抗，所以她并不声张，还同意与徐烂狗在不拜堂的情况下行夫妻之事。这是她在面对自己的伦理道德观的审问时，

① 参见《四川省优待出征抗敌军人家属施行细则》，四川省档案馆藏，5—117/2号卷。

找到的寻求原谅与接受惩罚之间的折中办法。她是认同她的背叛行为的，但内心又想要反抗这层不公。所以当冯大生归来之后，金大姐首先是一惊（害怕冯大生知道她的背叛），然后努力的忏悔，试图与冯大生复合，但没能成功。冯大生因气急败坏和大男人的面子问题不给金大姐任何解释的机会，后来他试图通过正规途径——轮番向保长、乡长申诉——讨说法又相继失败。虽然冯大生暗暗原谅了金大姐，但复合在他们看来都是没有希望的。

造成征属金大姐悲剧的原因从两方面来看，作为农村妇女的她，没有知识和一技之长（除种田以外）来支撑她独立生活，完全处于社会食物链的最低端，必须依附着老天和男人的眷顾过活。虽然金大姐并不完全是逆来顺受，她试图利用自食其力和划清界限的办法来宣称自己对自己的主权：

> 翌日，她又约了两个人来换工。而且逢人她就声明，地是她的，做归她做，明年她不能让队附再支配粮食了。而凭着这个单纯信念，虽然依旧同他一道住起，她却过活得很志气，既不怕他，也不受他任何笼络。一般妇女们也全都同情她，认为她的做法不错。[①]

但这点皮毛功夫显然是非常不彻底的，距离自己身心的真正解放，金大姐还有很远的路要跋涉。“一般妇女们也全都同情她”，说明妇女们都只是怜悯她没跟着好男人，只是将金大姐的遭遇当作一个个案来看待，而并不质疑自己与金大姐相差无几的社会地位和生存境遇；“认为她的做法不错”，说明妇女们内心萌生着可以被启蒙的秘密种子（认为眼前运行的制度对她们不公），却毫无行动，因为身上背着比金大姐更为沉重的精神枷锁。

作为征属的她，应该了解这一阶段中国军人的神圣职责是保家卫国，征属的职责是全力支持他们的工作，金大姐原本应主动认识到这个特殊身份的重要性和光荣性。但她在落入虎口之后，竟然几乎忘掉了自己的这一国家委托于她的使命，默认了冯大生不再会回来的荒谬想法。所以她听闻

---

① 沙汀：《还乡记》，文化生活出版社1948年版，第231页。

归来消息时的一惊，除了怕被发现“通奸”外，其实还唤起她对征属身份的记忆。可惜唤得起身份，唤不醒意识，她对冯大生的逃兵行动没有半点质疑和指责，一门心思全都扑在男女关系的复原上。这同样是对抗战赋予的神圣职责的亵渎，是桎梏于传统封建的伦理观、男女观的狭隘性的暴露，是一种未经启蒙的，带有封建小农意识的个人主义的展露。

但从客观来看，金大姐之所以无法从主观上理解到抗属身份的重要性和光荣性，首先，自己的男人是走投无路才去当壮丁，一年多来杳无音讯，在家又被婆婆责骂，金大姐很难感受到自己是被赋予使命，或是被重看的。其次，整个林檎沟依旧是战前的那个污秽、黑暗的没落王国，没有彻底的革命战争，只有丛生的社会问题和权益斗争。试问一个原本应该受国家法律保护的抗属，不能通过正常途径，按时领取每月的优待，反被管理优待发放的国家公职人员借职位之便诱奸后抛弃。她该如何在这种随便抹杀法律和道德的地狱中，寻觅那份早已被践踏成碎片的属于抗属的自尊自爱与光荣呢？光是想要活下去就够她埋头挣扎的了，哪里有机会抬头看看远方呢！

《呼嚎》中的廖黄氏也是如此，她愿意放男人出去当兵，全因为乡民代表主席的担保，毫无爱国意识。在男人走后，她不仅没有得到征属应受的专门照顾，反而因维护自己的权利而被反复关禁闭：

> 在这一年半中，廖二老婆，过了些什么样的日子啊！起初还有嫂嫂帮着种几亩地，不到半年，那胖女人熬不住守活寡，又无子女，就嫁掉了。婆婆是老咳嗽，行动迂缓，毫无作为；女儿不到两岁，只会招来麻烦，于是工作的枷档，便落在她一个人颈项上了。
>
> 而且，她还额外碰到过多少的纠纷和屈辱啊！单拿领优待谷一事来说，她同保长吵过打过，同嫂嫂吵过打过，还坐过禁闭室。同嫂嫂争执，因为那婆娘改姓后还想领廖大的优待谷；而结果双方都未到手，暂由乡长保存。同保长口角，则因为那小领袖一再批驳她证件不足，随又谎称没有得到县长的批示。①

① 沙汀：《呼嚎》，上海新群出版社1947年版，第32页。

很明显，廖黄氏之所以在履行她抗属权利的路上迈得更为积极，并不是她感受到了比金大姐多的使命感和荣誉感，而是迫于几张嘴的最现实的生存压力。

毫不夸张地说，金大姐、廖黄氏作为抗属是幸运的，至少她们在夹缝中像杂草般生存了下来，求得了一口污浊的空气。可并不是所有的抗属都有她俩的运气。《兽道》中魏老婆子的儿子去打仗，两个女人在家毫无抵抗能力，坐月子的儿媳被大兵强奸后自杀，魏老婆子疯狂地喊出："我跟你们来哩!"惨绝人寰、荒唐至极让人不觉骨寒。《在祠堂里》里的太太，为追求自由的恋爱，最终被自己的连长丈夫装进棺材里活埋。《公道》里的那个军人遗孀，丈夫的牺牲让她变得脆弱又沉默，但没有任何人真正地关心她，抚慰她，而是为了她领取的优待粮纠缠不休，争夺不止。《堪察加小景》中的筱桂芬原本富农出身，哥哥被拉了壮丁后，她不但没有得到应有的保护，反被恶霸害到家破人亡，年纪轻轻就沦为游娼。从一个原本具有一定社会地位，被尊重的征属，堕入了被人唾弃的九流之辈。看来，征属这个称谓不过是一个空头支票，她用双重的陷阱提前透支了战争中女性的肉体与灵魂!

三、战争与和平

国共和平谈判失败后，政治问题只能以诉诸武力的方式解决，社会各界再次笼罩在战争阴影下，尚未愈合的累累伤口等待着再次绽裂。川西地区交通闭塞，消息滞后，许多百姓往往是刚收到抗战全面胜利的消息后随即又得知内战爆发。抗战八载，前方流血牺牲，后方毁家纾难，三千个昼夜的妻离子散，两千万同胞的阴阳相隔，最终换来的是惨胜。当大家以为终于苦难到头时，和平却又变成了政治利益的牺牲品，灾难再次平分到人民的颈项上。无论立场与阶级，大家几乎不约而同地认为备受欺骗。可许多人马上选择了抗日战争时所持有的处世态度来对待国共之战：明哲保身。当然也有另外少数的人敢对这场血肉之战持批判态度。范老老师就是其中之一。

范老老师名叫范纯嘏，是一个无论从感情还是认识上都以为内战一定打不下去的小知识分子。他笃信自己的判断，将"内战一定打不下去"当作是个预言。因为他相信："现在哪一界人不希望内战停止?""简而言之，老百姓不要内战！”[①] 所以当他听了牛皮客的胡吹后，对自己的预言更加深信不疑，提前让大家放炮庆祝。可惜不断传来的开战消息却与他的预判相悖。于是，老实的范老老师陷入了自我折磨的怪圈：明明是一介好人，明明认定了一件自认为绝对正确的事，怎么就在外人眼中变成了撒谎的坏人了呢？范老老师又不甘心又要痛苦反省：为什么老百姓不要内战，内战却还不停止？其实原因很简单，是因为范老老师错误地处理了“不要内战”和“内战停止”的关系。范老老师的逻辑是：之所以他相信内战要停止，是因为老百姓都不想要内战。单纯从字面意思上来看，这是完全成立的。但实际上是一个被架空了的逻辑关系，将其展开来说就是只要是不利于百姓的就该马上被淘汰，只要是被百姓所希望的，就应该马上变成历史的走向。范老老师是单纯的，他忽略了在政治战争中，老百姓的意愿是排在政治家的意愿之后的。也忽略了政治行为所引发的战争行为的影响力是有滞后性的，在短期之内很难看到它究竟的得与失。同时还忽略了历史和人生一样始终是曲折的，从来不会一步到位。

文章末尾时，范老老师被传变得癫狂起来，但这并不是真正意义上的疯傻。而是由自己的执念引起他人的不理解，进而排斥诋毁所造成的。文章最后说：“自然，即此说他是疯子的人也会有的，正如他们对付每一真理代言人一样。”[②] 这里“真理”的含义并不是字典里的解释，因为小说明显讽刺了范老老师不会变通的固执思维，而最难能可贵的，像真理一样重要的，是他对真善美的信念的追逐的那股执拗劲儿！“因为虽然只是一个信念，人也可以从它得到鼓舞。……但是最受他鼓舞的，是那批望眼欲穿的抗属。”[③]给人以生之希望的品德，这才是最值得褒奖的。

学生们也是不甘落后的。可惜他们多是手无缚鸡之力之辈，唯一能表示出他们对这场兄弟之战的抗议的方法就是参加学生运动。《两兄弟》和《意外》的男主人翁都是学生，都是因为参加学潮的缘故而遭了难，顾有才还被迫坐了几个月的监狱。李涛躲避在哥哥的住所，谋划出走。顾有才原本以为哥哥限制他行动是怕牵连了他自己，后明白是亲情使然，误会随即消除，弟弟同意了哥哥的保护。李涛为筹路费，与仰慕的同学王南低调

---

① 沙汀：《呼嚎》，上海新群出版社 1947 年版，第 16、22 页。

②③ 同上，第 30 页。

碰头，二人误将一群强盗认作逮捕学生的秘密警察，顿时滋生了绝望，真相大白后开怀大笑。作者以大团圆的结局（至少不是残局）写出了发生在两个反战学生身上的小事，笔调温暖，甚至幽默。这在沙汀的作品中是很少见的，说明了无论是学生还是帮助他们的人都是中国的希望，都应该受到肯定。也即是说反战的方式方法有很多，关键在于要有意识和信念。

八年的民族战争其实并未彻底唤醒多少底层民众，他们中的许多人对于爱国主义这个概念，自始至终都是不甚了解的。但毕竟听了八年的“爱国抗日”，而且日本毕竟是个外族，外族入侵就是对本族人的威胁，这个概念在有着械斗传统的农村世界是容易被接受的。所以多数农民属于心里明白日本人坏，可是很少主动做出实际的爱国行为。廖二嫂（《呼嚎》）同意让男人打鬼子，但仅限于打鬼子，当得知男人又被调去打内战时，她跑去同主席评理，还采用了“暴力”手段。最终被乡长关了禁闭。廖二嫂呼嚎道：“说清楚打平日本人就回来的！没有说过还要打共产党！”[①] 表面上看，廖黄氏纯粹是因为乡长予她的承诺不兑现而愤怒暴躁，但很难保证她不会下意识地认为对付日本人是勉强应该的，可对付自己人（共产党）就是莫名其妙的可能性。相较于廖二嫂，苏大个子（《苏大个子》）对内战的反对就更为直接和明确了。铁了心要回到部队上的他，当打探到回部队不对付日本人，反而要对付共产党后，产生了矛盾：

> 但他不敢相信，而若果相信了，他准备了那么久的重新回转部队的行动，就会发生动摇。因为当他还在河南山西驻防的时候，他和所有的士兵同志一样，早已弄清了对方是种什么样的武力，和他们打起来又会是啥味道：更重要的是认定了内战不是一件好事！[②]

当他彻底问明内战的消息后，就决定不走了，并且兴奋万分地讲述了关于共产党军队的坚强勇敢的感人故事。虽然《苏大个子》的功利性比较明显，但是瑕不掩瑜，大个子还是替许多百姓喊出了他们的心声：内战不是一件好事！

---

① 沙汀：《呼嚎》，上海新群出版社 1947 年版，第 45 页。

② 同上，第 58 页。

也许在有政治野心的人看来，百姓对战争的认识是肤浅的，但是正因为如此才显得真实，才是百姓对时代的最直接的反应。既然内战不会因他们的愿望而停止，他们就用自己的方法坚持抵抗，但愿有一天能换来真正的和平。

总之，沙汀在抗战后期的抗战小说创作，依旧延续30年代乡土小说的特色，将注意力放在川西坝子的城市、乡镇、农村中不同阶层的人群身上，兢兢业业地继续观察和守护着自己的一方园地，呈现战争环境下的川西底层社会图景之特立独行之处。但这并不意味着沙汀是个守旧又一成不变的作家，相较于抗战初期，沙汀将讽刺与阴郁的气质，更加成熟、自然、不露痕迹地融入自己的作品当中，并且开始有难得的温情的流露。即便如此，批判和讽刺依旧是沙汀最擅长的艺术手法。沙汀爱写底层政权圈里的尔虞我诈，这一时期将一部分注意力转移到了那些既得利益者直接压迫的农民身上，并且注意到了农民所背负的多重身份，其中“逃兵”和“抗属”特别具有战争性和时代性。沙汀让“逃兵们”承担更多的阶级斗争的责任，并未彻底就逃兵行为进行深入批判；面对“抗属们”时沙汀更从容不迫，用最擅长的手法将她们置于各种势力的牵制和压迫之间，写出了抗属因自我救助和政府帮扶的双重失效，而堕入悲惨的深渊。最后上升到对整个战争的态度，包括抗日战争、内战，以及战争多方（国民党、共产党、日方）的态度。明确地表现了老百姓对内战的否定，虽然其中有着藏污纳垢的理由，并非都是自觉意识，却是老百姓对战争是死亡和厄运的直接制造者这一事实的最直接反映。

第二节　描绘中华民族抗战烽火的历史全景：李辉英的抗战题材小说

李辉英是一位身跨现当代地跨内地与香港两地的著名抗战小说家。1932 年 1 月在丁玲主编的左联杂志《北斗》第 2 卷第 1 期上发表处女作《最后一课》，成为第一位发表抗战小说的东北作家。小说原名为《某城记事》，因在思想内容与写法上均受都德《最后的一课》的影响，故发表时由丁玲将文题改为《最后一课》。这篇抗战小说的发表，极大鼓舞了李辉英的创作斗志。第二年，他在丁玲的鼓励下，再次创作出版了反映东北抗战文学的长篇小说《万宝山》，一举成名。抗战后他从武汉来到重庆继续从事抗战题材的小说创作，仅就长篇小说而言，他就在重庆接连出版《松花江上》（1945）、《复恋的花果》（1946），抗战胜利后又在上海怀正文化社出版“抗战三部曲”之一《雾都》（1948）。1950 年他南下香港，于 1952—1972 年在香港出版“抗战三部曲”之二《人间》（1952）和之三《前方》（1972），为中国现代长篇小说特别是抗战小说的发展做出了应有的贡献。或许由于资料难觅的原因，李辉英的抗战小说长久以来鲜有人问津，以致成为李辉英研究的盲点，[①] 这不能不令人感到十分遗憾。本节对李辉英抗战题材小说的艺术特质做初步的探讨，以期对李辉英的小说创作有新的认识。需要特别说明的是，为了全面了解李辉英抗战小说的艺术特质，本节论述的时间节点延至李辉英 1949 年后创作的抗战小说，即对其“抗战三部曲”作整体的观照，以避免以偏概全之嫌。

一、李辉英与他的全景抗战小说

1911 年 1 月，李辉英生于吉林省吉林县（今永吉县），中学时受到有进步倾向的国文老师的影响对文学创作产生了浓厚的兴趣，虽然试写了一些作品，但都石沉大海。1931 年的“万宝山事件”是李辉英创作生活的转折点。如果说他之前的文学活动还仅是揭露黑暗社会的一种文学练笔，那么，“万宝山事件”之后的文学创作则是他抗日爱国热情的自觉喷发。他顾不得是否需要提高生活的积累与思想的认知，顾不得是否具备深厚的文学素养和长篇小说的创作才能，仅凭着一腔爱国的热情，就开始了抗日急就章的激情抒写。他仅用了八十余天就创作了同名长篇小说《万宝山》，表达了中国人民对于日本帝国主义不屈的反抗精神。他说：“作为生养在东北大地上的一分子，我不能放弃任何可以打击敌人的具体行动。执干戈以卫社稷，属于兵哲人的职责，我非武人，但因报国不容袖手，于是联想到纵然不能真刀真枪与倭寇拼个你死我活，目前应以手中掌握的一支笔，横扫妖氛，取得最后的胜利大有必要。”[②] 由于作者取材于历史事实，彰显

① 中国现代文学馆编、华夏出版社 1998 年出版的《李辉英代表作》，将《万宝山》的盗版《东北的烽火》视为李辉英的另一部创作小说，就颇能说明问题。

② 李辉英：《三十年代初期文坛二三事》，《长春》1980 年第 11 期。

抗日旗帜，在其出版伊始即因题材重大，倾向鲜明，社会效果显著而引人注目。1938 年底他来到重庆，参加了中华文艺界抗敌协会。1939 年 6 月随“文协”组织的“作家战地访问团”在王礼锡的带领下，由重庆出发经成都、汉中、宝鸡、西安，到河南洛阳。因王礼锡突患黄疸病去世，10 月，李辉英返回重庆，创作了一批反映抗战的短篇小说，以《火花》和《夜袭》为名于 1940 年在香港与重庆结集出版。在作品中，他刻画了勇敢无畏的英雄形象，如夜袭鬼子的蔡班长（《夜袭》），有果敢杀敌又鼓舞士气的小号兵（《小号兵》）等，令人难忘。1941 年春他赴郑州第三集团军司令部工作，1942 年，他又编选了《抗战文艺丛选》，收录了徐盈、东平、姚雪垠、艾芜、欧阳山、老舍等诸多名家的抗战作品，由中国文化服务社重庆分社出版。1943 年第三集团军解散后，李辉英又回重庆。此时，表达中国军民御侮抗日特别是东北义勇军不畏强敌浴血奋战的伟大强音仍是李辉英挥之不去的内在诉求。一曲东北义勇军为民族生存而战的时代壮歌《松花江上》就是他爱国主义激情的自然喷发。抗战胜利后，李辉英离开重庆，但他依然感怀于时代青年报效祖国的雄心壮志，继续创作出版了表现一代青年不甘平庸立志报国的《复恋的花果》，通过男女主人公情感的回归与行动的转变，提出了有为青年在国难面前所应担当的责任与义务这一时代诉求。1948 年，他又以陪都重庆为题材创作了表现大后方沉疴的《雾都》，对大后方腐败奢靡的另类生活予以了强烈的抨击。1950 年，李辉英南下香港，虽然面临新的挑战，但八年抗战生活特别是四川抗战生活的磨砺依然是他创作生涯中最为宝贵的财富。他先于 1952 年续写了大后方令人鄙视的腐败图景《人间》，之后又于 1972 年创作完成了中原军民不畏强敌共同御侮的历史画卷《前方》。这部 50 余万字的长篇巨制，以恢宏的气势全方位真实细腻地再现了中国军民坚持抗战、坚信胜利的信心与勇气，堪称李辉英长篇小说的代表作。也正如马蹄疾所说：“作品所展示的巨大的场面和引人入胜的细腻的、朴实的描绘，疏密有间的布局，都可看出作者的创作已进入成熟、老练的阶段。”① 至此，他实现了以百万字篇幅全景式地展现中华民族从抗战前到抗战后，从前线到大后方为民族而战这一伟

① 马蹄疾：《燃烧着的复仇的火焰——记东北籍的居港作家李辉英》，《李辉英研究资料》，春风文艺出版社 1988 年版，第 226 页。

大历史图景的宏伟意愿，为他的抗战题材长篇创作画上了圆满的句号。

阅读李辉英的抗战小说特别是长篇小说，给人印象深刻的还是作家所塑造的那些栩栩如生的人物群像。这里有毅然保卫自己家园的农民马宝山（《万宝山》），有为民族而战的义勇军战士王德仁、王中藩父子（《松花江上》），有国难当头，勇于担当责任与义务的青年知识分子方大洋、王蜀玉，假公济私、贩卖毒品的上校古一平（《复恋的花朵》），有贪图个人享受的黎将军、大发国难横财的经理罗子亮（《雾都》），玩弄女人的姜处长、利欲熏心的章院长（《人间》），也有统掌全局运筹帷幄的集团军申总司令、老辣敏锐的集团军汤参谋长、威猛善战的白师长、指挥若定的刘团长、舍生忘死的于副连长、奋勇杀敌智炸便桥的英雄王长海、坚贞果敢的二妮、深明大义的王大娘、乐天知命的王大金、汉奸孙老三（《前方》）等等，他们共同组构了一幅中国抗战历史的人物群像，为中国抗战小说的人物画廊增添了亮丽的一笔。其中，申总司令的形象最具有典型意义，堪称李辉英长篇小说创作中的重要收获。

作为镇守黄河郑州至洛阳段的杂牌军集团军总司令，申司令深知自己身上的责任重大。面对装备精良的日本鬼子，在敌强我弱的情形下，申司令一面竭力抵抗，一面又设法保存实力，这一相机抗战的矛盾心理为他日后被解除职务埋下了伏笔。然而，作家的贡献不在于刻画出他相机抗战的矛盾心理，而在于通过一系列情节真实而朴实地塑造出一个爱兵亲民的国民党杂牌军高级将领的形象，为中国抗战小说的人物画廊中增添了一个不可多得的具有典型意义的人物形象。排长王长海在琵琶陈战斗中独自炸毁敌人便桥为部队顺利转移到安全地带立下头功，申总司令特令全军嘉奖。当他得知王长海负伤落水后又被二妮救起并亲自送到部队时，立即安排最好的医护条件为英雄治伤，组织各级宣传部门利用多种宣传方式大力播扬这一军民互爱齐心抗战的典型事迹，使王长海成为家喻户晓的民族英雄。他亲自来到王长海与于副连长住的招待所与英雄同桌就餐，向他们敬酒并高度赞扬了他们舍生忘死、气壮山河的英雄行为。王长海的家里遭受不幸，他特令部队将王大娘和孙子接到军中居住，使他们母子团聚。看到二妮对王长海一往情深，他极力赞同他们的结合，热心地操办他们的婚姻大事，并作为证婚人为他俩举行了全军最高规格的婚礼，被当地军民传为佳话。之后他又升王长海为副连长并送他到军校深造，使其迅速成长为一个优秀的连队指挥员。对他的幕僚们，他也从不以势压人，而虚心听取他们的意见，即便是不同意也从不训斥。他老于世故，待人处事上他常常愿意多为人家设想，从不显露出对于对手的不耐烦或不敬，更不给别人以有伤自尊或难以忍受的感觉，即便是自己的老部下，他若不在极端必要的时候，也很少假以颜色。例如，他不喜欢简报主任的声音与方案，并不训责，而是默不作声地打开窗户以透新鲜空气的方式表达他的态度。他深知自己既无背景，也无靠山，工作尽心尽责但也处处小心谨慎，不求有功，但求无过。谍报处已探得曹会长有重大投敌嫌疑，他不动声色地稳住曹会长并将他软禁起来，还成功地将另一汉奸孙老三也抓捕归案。由于孙老三与军队上层关系特殊，申司令一边谨小慎微地向上呈报，一边忐忑不安地等待最终的结果，生怕造成误会使战区陆长官及葛参谋长心生他念，直到得到肯定的赞许才放下心来。他亲自为被冤枉的农民王金声赔礼道歉，补偿损失，又亲自将大妮安排在卫生队使她成为一名光荣的女兵。太平洋战争爆发后，他看到了胜利的希望，在礼堂里与大家一起低声唱起“打回东北去”，让抗战爱国的歌声激荡在万千爱国的军兵心中。正是这一系列的情节刻画，使一个有血有肉的国民党高级将领形象栩栩如生地站立在读者面前。申司令形象的成功塑造，在20世纪70年代大陆普遍将国民党军队漫画、丑化的时代，不仅难能可贵，而且彰显出现实主义精神的艺术魅力。

二、李辉英抗战小说创作的鲜明特色

纵观李辉英抗战题材的长篇创作，一个最为鲜明的特色是作品所高扬的爱国主义旗帜，对日本帝国主义侵略中国的刻骨仇恨和对中国人民不屈的抗敌精神的热烈颂扬。作为一名有血性的东北人——一名中国知识分子，面对日本帝国主义的侵略，以笔为戈，横扫妖氛，是李辉英义不容辞的时代选择。汉奸郝永德转手将地租给流浪到东北万宝山的朝鲜农民耕种，朝鲜农民开渠与中国农民引发冲突，进而导致中日两国间的利害冲突。表面看这是一场土地纠纷，实际上是日本帝国主义蓄谋已久的入侵中国的前奏（两个月后，“九一八事变”爆发）。李辉英奋笔疾书，将历史的真相与中国农民不屈服于强权的反抗精神展现在世人面前（《万宝山》）。这一强烈的爱国主义情怀也成为东北作家天然秉传的文学精神，生生不息

载于中国新文学史册。宁静的王家村被日本鬼子侵占并缴枪，激起了年轻人复仇的烈火，他们袭击了日本兵的住所并打死了一个日本兵，但也很快就遭到了日本人的洗劫，年轻人被迫趁夜色逃往重峦叠嶂的山沟。是抵抗还是屈服，是宁为玉碎、不为瓦全，还是忍气吞声、苟且偷安，在决定两种不同命运的关键时刻，王中藩决心成立义勇军，为民族的尊严而战（《松花江上》）。在全民抗战的时代，自己的同学古一平与昔日的恋人蜀玉却无动于衷。如何使他们肩负起历史的责任，是方大洋目前最为棘手的问题。经过一番思想斗争，在得知古一平因贩毒而被捕时，方大洋到乡下找到蜀玉，用同情与温暖唤起她青春的朝气，重新加入伟大的战斗序列中，共同谱写时代的壮歌（《复恋的花果》）。最集中体现李辉英这一爱国主义情怀的是《前方》。在这部表现中国军民浴血奋战的鸿篇巨著中，无论是那些奋勇抗敌的军人们，还是那些乐天知命的老百姓，他们朴素的思想里都天然地流淌着保卫祖国领土完整、捍卫民族尊严的精神血脉。他们对日本帝国主义的不共戴天之仇和中国人民以鲜血构筑伟大长城的坚强决心，在作者的笔下得到淋漓尽致的展示。

高昂的爱国主义情怀不仅体现在正面弘扬中华儿女不畏强敌、为民族独立而战的长篇创作中，也体现在侧面揭示与批判大后方腐败奢靡的“另类”生活的作品中。退伍军人黎将军一度拥兵自重现却赋闲在家，整日无所事事，吃喝玩乐就是他退职后在陪都的主要工作，即便国民党军队迫近河池的捷讯也不及他摸一手同花顺快乐，他所谓的收复失地打游击战也成为纸上谈兵（《雾都》）。50 多岁的少将处长姜处长大权在握，娶了 21 岁的红月为姨太太后，虽然虚情假意地保证不再心有旁骛，但每天的生活依然是寻花问柳。尤其令人发指的是，本性难移的他竟趁酒醉强占了“朋友之妻”红霞，为了掩盖真相，竟将红霞开枪打伤他谎称是自己开枪走火所致（《人间》）。章院长表面上是一个模范医院的院长，实际是焦太太的情人。他暗里利用职权，大肆盗卖药品，盗卖军粮，吃空饷，丧尽天良（《人间》）。整日为所谓革命工作奔波的政客胡委员，一心想创办《展望》杂志，但因经济窘迫与笔力不逮，一直停留在呼吁阶段。1944 年底“独山大捷”后，他曾想将杂志改名为《公论》《大捷》，寄希望于委托商行经理罗子亮投资出版，但罗子亮只将钱投资在交际花屈小姐身上，杂志只得胎死腹中。屈小姐知道罗经理垂涎她的美貌，便充分利用她的美色诱使罗经理不断地为她提供挥霍的资金，从而使她能够时常与她的好友王小姐混际于饭店、酒馆、茶楼、舞厅中。她甚至以订婚为诱饵骗取了罗经理一笔巨款，而罗经理为满足她的虚荣心，便不择手段地大发国难财，岂料屈小姐随后却与王处长在兰州结婚，罗经理最终人财两空（《雾都》）。作家客观而真实地揭示了抗战时期“前方吃紧，后方紧吃”的时代侧影，批判了这些社会的“另类”身处抗战这一伟大的洪流中，却全然没有国难当头，匹夫有责的责任感与使命感的丑恶灵魂。他们坐而论道，沉溺于享乐，崇尚个人主义，金钱至上等腐化堕落的卑鄙行径，无疑是民族的败类。这种独特的选材与创作视野，不仅彰显出李辉英高扬的爱国主义情怀，也使他的抗战小说艺术别具一格。

三、李辉英抗战小说创作的局限

不过，李辉英的长篇抗战小说在思想的穿透力上，时代氛围的营建上，以及人物的塑造上，还是遗憾多于收获。

早在《万宝山》出版之初，茅盾就指出作者缺乏深入的思考与观察，仅凭纸面材料为据导致思想直白且出现偏差。他说：“除了描写‘地方色彩’以外，作者并没有把久在日本帝国主义武力控制和经济侵略下的‘东北’的特殊社会状况很显明地表现出来。这是全书主要的病根！”“写东北的社会状况而忘记了日本帝国主义经济势力之独占的控制与深入，便是很大的错误！《万宝山》的作者也就在根本上犯了这错误！”“因此，作者就把郝永德勾结日本人来开垦荒地以前的万宝山写成了世外桃源似的‘乐土’，全书二百五十余面中简直没有写到日本帝国主义的经济侵略怎样早就造成了万宝山农民的不可挽救的贫困。全书给人的印象是：万宝山农民本来过的是快乐日子，然而郝永德勾结日本人来开垦荒地，这就糟了，所以农民要反抗。这是把读者引到了错误的认识。”由于“作者既已忘记了日本帝国主义的经济侵略，并且也忘记了东北军阀官僚对于农民的剥削。他把万宝山的农民写成了逍遥自得的自由民”。“这一个严重的错误，增加了《万宝山》这部小说的失败！”① 在之后创作的《松花江上》中，由于

① 东方未明：《“九·一八”以后的反日文学——三部长篇小说：三、〈万宝山〉》，《文学》1933 年第 2 期。

作家对敌我双方在激烈的民族矛盾斗争中各自不同的心理动机与行为方式缺乏深入细致的了解，对由之引发的文化冲突、阶级冲突、民族冲突等不同力量间的冲突内涵尤其是由对立向同路转化的内外动因缺乏有力的揭示，描写难免平面化与理想化。《雾都》与《人间》蕴含着作家对黑暗现实批判的寓意，人物的选择、环境的刻画以及人物命运的安排等，也体现着作家对这些“多余人”及其败类的批判立场。然而，作者批判的锋芒浅尝辄止。《雾都》只是一个浅显的展示，《人间》虽然增加了批判的力度，让那些蝇营狗苟者受到应有的惩罚（如姜处长死于车祸，章院长被捕入狱，焦先生死于乱枪），但作者并没有揭示出他们可耻下场的必然之由与必然之旅，仅是通过偶然性事故的描写及场境景叙说呈现他们走向死亡的结果，显然忽略了时代与历史的必然诉求，忽略了时代的主流与末流的冲突与张力，现实主义精神也在表相地点染出理想主义色彩的同时，见出浅表与浮泛。同样，时代的氛围在作家的作品中也较为薄弱，特别是对政治倾向性与时代氛围有着特殊要求的战争题材创作，时代气息的淡薄几乎可以说是战争小说的致命伤。阅读《复恋的花果》《雾都》《人间》等作品，你几乎无法感知这是一部表现抗战时期的战争小说，特别是《雾都》和《人间》，虽然作者着意描写的是大后方阴暗的一个角落，但读者很难从字里行间中捕捉到流溢其中的时代氛围，更无法令人想象这是陪都或西安抗战时的历史镜像，全书仅以偶尔表露的几个有关抗战的字眼暗示大后方极为淡薄的抗战氛围，不仅不真实也令人惋叹不已。在人物塑造上，虽然作家也塑造了一批性格鲜明的人物形象，但总体感觉上仍然是遗憾多于收获。例如，《万宝山》全书没有一个鲜明生动的人物形象，使得小说的社会意义大于文学意义。《雾都》中，除投机商罗经理稍显个性外，其他大多模糊不清，至于大学生张云青、张瑞珍以及记者徐小姐等被作者视为有为青年的刻画更是轻描淡写，读后几无印象。《人间》的清晰度虽有所提高，姜处长、红月、红霞以及焦太太的形象虽可感知，但缺乏有力度的情节刻画，依然难以鲜活地形象站立在读者面前。这些不能不说是李辉英抗战小说创作收获中的遗憾。

不过，作为一位身跨现当代地跨内地与香港两地的抗战小说家，李辉英的抗战长篇小说创作还是代表了他文学创作的艺术成就。他全景式地展现了从抗战前到抗战后，从前线到大后方中华民族抗战烽火的历史图景，塑造了上至总司令下至普通士兵、群众的人物群像，特别是集团军申总司令形象栩栩如生，堪称典型，为抗战人物画廊增添了亮丽的一笔。他作品中所弘扬伟大的爱国主义精神，成为中国作家天然秉传的文学品格并生生不息于中国新文学史册。虽然在思想的穿透力，文本的时代氛围等方面有些许遗憾，但作为一位抗战小说家，李辉英的文学贡献应予以充分的肯定。

第三节：抗战环境之下的人性观照与书写：刘盛亚的《夜雾》

四川作家刘盛亚的长篇小说《夜雾》是一部几乎被人们遗忘的作品。这部完成于抗战末期的长篇巨制不仅是刘盛亚的代表作，也是抗战文学中一部不应忽视的文本。小说以“九一八事变”爆发到20世纪40年代日寇在北平建立日伪政权大约十余年的时间中为背景与叙述起点，通过对伶人白丽英命运的多重书写，呈现了人性的多面性，在探究了女戏子（女性）在多重重压下，人性被严重扭曲导致生命陨落的悲剧的同时，抨击了残酷战争与黑暗社会对人性的戕害，表达了对象征人性自由发展之理想家园的“凤凰园”的执着追求，其所生发的人性之光不应被遗忘。

一、对人性多面性的多维呈现

《夜雾》全书分成上中下三部。上部写九一八前夕的北平，梨园老江湖白小福和妻子小桃红买进了一个姑娘，取名白丽英，加入他们的家庭戏班。其他成员有大姐白丽菊、二哥白丽良和三哥白丽雄。“九一八事变”爆发，北平城陷入混乱。丽菊服毒自尽，丽英得到捧场。美好的爱情在丽英和丽雄之间滋生出来。由于战局紧迫，小桃红带着三兄妹几经周折落户保定。期间丽雄同北平追来的姨太太私逃。随后，三人流落到中原的一个城市。丽英用纯洁之身换得名誉地位之后逐渐堕落。其间，丽英和丽良参加大型的抗日演讲活动，在血腥镇压中死里逃生。当丽英再次巧遇抗日大学生何更生时，鼓起勇气选择了出嫁。中部写丽英随更生逃到了其舅家，过上了上流社会的生活。两人成婚后更生被聘为A省的学督，由于能力有限，被属下老乌牵着鼻子走。丽英隐瞒戏子身份，在产下一女后，很快当上了小学教员，但因犯了常识性的错误而丢掉了工作。丽英很欣赏更生堂弟克文的革命反抗精神，常常予以帮助。就在此时，丽英重逢了“死去”的丽雄，二人重燃爱火，决议一起逃走，但由于家庭的羁绊，丽英最终同丽雄一刀两断。下部写更生在发现事情真相后，带着孩子离开了丽英。无路可走的丽英决定回到北平重操旧业。在宝鸡时，丽英巧遇穷困潦倒的小福、丽良二人，并得知了小桃红的死讯。回到北平后的丽英立马求助于已身居高位的汉奸潘一贵。丽英又变成了名角，同时也变成了潘一贵的情人。丽英被同行晚辈蓝凤凰报复下狱，最终悲惨地死在了狱中。

由此可知，《夜雾》是一部以人物性格为主，故事情节为辅来进行结构的小说，对人性的塑造是其重点，作者不但“在那个性不同的方面，写得可以说相当成功”①，而且进一步做到了对每个人物的不同方面的个性进行体察与刻画，将人性的多面性淋漓尽致地呈现出来。即是说，优质面和劣质面的简单二元分类已经不能满足作者对人性的理解，取而代之的是以不同程度、不同维度的表现为标准，对人性的优劣面分别进行的细化和多元划分，以及由二者交叉、混合所生发出的更为复杂的特殊类型。

展示人性优质面的先天性是作者的着力点，也是作品的首要方面。以丽英为例，首先她的本性十分单纯、质朴、善良，这在作者眼中即是人性优质面的先天性部分，也是基础部分。当她兴致勃勃地参与危机四伏的校场集会时，单纯、质朴生发出勇敢无畏，当她眼睁睁地看着一个反日小青年痛苦死去时，善良的本性升华为人道主义情怀，表现为对年轻生命的陨落所产生的极大的惋惜与痛心。在邹家，丽英别于有文化的邹氏姊妹们，非常乐于帮助克文进行反迷信和反日的活动，这就使善良、勇敢无畏上升为一种反抗精神和支持正义，热爱祖国的高尚品行。这里梳理出的就是不同程度的人性优质面。同样的，对不同程度的人性劣质面的书写也可以丽英作为分析对象。丽英在成角后沾染了一些戏子的不良习气，例如懒惰、贪图享乐等，从开始看来并无大碍。但由懒惰逐渐诱发出的可怕惰性，却直接导致其学习之路的结束，也截断了其人生的另一种可能性。以上人性劣质面的消极影响尚限于自身。而当丽英的贪婪、嫉妒和自私让她以牺牲他人为代价来保全自己时，消极影响演变为损人利己，人性劣质面也相应

① 王峦：《评〈夜雾〉第一册（上）》，《华西晚报》1943年4月5日。

上升为人性的恶质面。至于不同维度的划分主要体现在人性优质面上，如丽英练功时的刻苦，学习时的聪慧，以及传统女性的隐忍等都可作如是观。所以无论是优是劣，作者都给出了多层次、多侧重的多面刻画，而并非单一的以两面性处理。

纵观全文，许多人物都曾以优质和劣质相交叉、混合的人性面貌出现。例如白小福虽然强占了丽菊，但出于真爱的他也同时陷入了深深的自责与愧疚之中，兽性与真心的搏斗一直折磨着他，直到获得丽菊的原谅。又如对家庭、妻女长期不闻不问、无所承担的何更生，在面对生活在最底层的妓女赖八和老三时，却发出了深深的同情，流露出了善良的本性，以及些许的人道主义关怀。再如丽英一面攀附汉奸，做潘一贵的情人，彻底走向堕落，一面又竭尽全力帮助琴师王虎臣一家。如此矛盾的优劣面交织、缠绕在一起，正是作者对人性的真实样态的领悟，动态情况下，人性不可能以单一面或单纯的两面存在于世，而必以多层次、多维度的面貌出现。

作者几乎在塑造所有人物时都注意到运用这一人性书写的原则，他期望每一个人物都是立体、饱满且真实，都能从文本中直接站立起来行走在读者眼前。类似的例子在文本当中比比皆是，“在那个性不同的方面”和个性的多方面写得成功，最关键的原因是作者对人物的塑造符合人物的内在逻辑，也符合整个外在的时代的逻辑，是虚构中的真实书写。王峦先生曾评论：“我们可以推测小说的最大主题之一是写白丽英由天真烂漫到习惯浮华生活，再由习惯于浮华生活到因堕落而觉悟，走上人生正途。”① 从对主题走向的预判中，我们不难看出论者对女主人公形象塑造的期待，但实际情况却恰恰相反，在中下两部中，丽英不但没有走上人生的正途，反而完全跌入了悲剧的深渊。也许大家会认为这只是“预言家”和“小说发展”的一个小误会，但纵观整个抗战小说理论批评，对典型塑造的成功与否一直有一个重要的价值评判标准：作者在小说中是否体现出了典型人物在时代洪流影响下的积极转变，从低到高，从睡到醒，从堕落到幡然醒悟投身革命等，指向社会政治大主题的转变。有别于这一主流创作意识，刘盛亚坚持以人物的内在逻辑、历史的外在逻辑为标准，以对人性多面性的

① 王峦：《评〈夜雾〉第一册》，《华西晚报》1943 年 4 月 5 日。

透析为意旨，写下众多形象，确实不失为一种对创作操守的把持。但与其这么说，还不如说他只是看清了一条自己应走的道路——贴近人性的书写，会更符合作者的初衷。所有出发点是始于作者对那个时代中人性的全面的认识、理解和对其善恶美丑的包容，以及对人性的真实面的最大限度还原。这也就是丽英等终将走向悲剧而不走向革命的逻辑所在。如若没有这番努力，《夜雾》的人物形象断不会像今天呈现出来的那般具有窥探人性的多面性的价值。

二、为人性受戕害而悲哀、愤怒

《夜雾》是一部典型的人道主义小说，整部作品蕴含了深深的“人道主义的悲哀”①，拒绝以简单化的道德评判标准去把握各类人物，通过对人物命运的悲剧性处理，特别是对女性命运的关注，从整体上和根本上达到对黑暗社会和战争的彻底反抗。纵观刘盛亚的小说创作，对女性命运的关照与书写一直是其作品的重要主题之一，《小母亲》（1936 年）、《水浒外传》（1948 年）、《地狱门》（1948 年）等都可作如是观。而《夜雾》最具代表性。在《夜雾》中，作者先后安排了三次具有代表性的“死亡”，她们分别是丽菊之死、小桃红之死与丽英之死。显然，她们无一例外都是女性。事实上，在整部小说中，以死亡作为人生终点的只有女性，男性则全部“幸免于难”。那么究竟是谁、什么促成了她们各自的悲剧呢？作者的目的何在？

最初，丽菊被小福强占过后心中虽然有根，毕竟还对小福还抱有一丝好感。但小桃红痛下毒手，导致孩子流产，使丽菊的身心受到重创。自此之后，丽菊的人生才变得苍白，失去意义，也自甘堕落了。成角后的丽菊作为名贵权要的玩物，遭到百般蹂躏。这种折磨看似完全来自男性，实质是因了小桃红的压榨和自己的破罐破摔。最终，小桃红把丽菊逼上了绝路。可见，除开传统的源自环境与男性的伤害，女性对同性的人性迫害之残忍在丽菊身上得到了充分的体现。

小桃红并非生来如此。早年的她曾是个半红不紫的坤伶。在遇见白小福之后，毅然选择了爱情，同他到北平闯荡。可以说小桃红在她人生的前

① 洪钟：《评〈夜雾〉》，《大公报》（上海）1946 年 12 月 26 日。

半段里，虽在社会最底层，但因勇敢，在爱情、家庭的天地里争取到了属于自己的幸福和满足。后来迫于生计，二人买进了丽菊。随着后者的成名，小桃红被越来越多的利益所诱，变得利欲熏心、不择手段。自己的变化导致了男人的变心，她心生妒火，更变本加厉地压迫、折磨丽菊，最终酿成悲剧。小桃红在她人生的后半程里因事业的失去和爱情的背叛而导致了人性的扭曲，她变得极端自私，将自己的苦闷和怒火转化成对金钱的无耻追求和对他人的摧残。究其根本原因在于社会对她的不容和压迫，当她面临生存的危机时，极易变得唯利是图，放弃人性的底线。作者对小桃红之死进行了弱化的处理，并未交代任何具体细节，但正是这种处理的模糊化透露了作者的态度：像小桃红这一类受到社会摧残又去摧残他人的女性是必将走向毁灭的。前因早已讲明，后果自然如是。

丽英的一生可分为三个阶段。第一阶段的主要压迫者是小桃红，以及整个梨园江湖的游戏规则。不过在此过程中丽英只是染上了些许不良的习气，并没摒弃对自由和幸福的憧憬和努力。所以丽英勇敢地展开了她人生的第二个阶段。立足于家庭生活的丽英，首先受到了传统观念与旧式女性思维的挑战，这不仅让她失去了唯一的职业身份，还使她深陷于无聊贫乏的家庭生活，逐渐失去自我。甚至为了保全家庭完整的贞洁观而放弃了重获爱情与尊严的机会。最终却被其全身心投入的家庭和男人抛弃。丽英被自己追求的幸福“背叛”，一夜之间就变成美梦破碎，希望坍塌的被放逐者。这一系列的变故强烈地扭曲了丽英对现实的认识，改变了其对人生的态度，致使她悲哀地选择了“适者生存”。所以，在人生的最后一个阶段，迫于生存的压力，一个无依无靠的女戏子就只能通过自身肉体、尊严的出卖来换取生命的基本保证。不同于当初的是，曾经面对摧残的丽英还是反抗者，而现在却是顺从者。究其原因仍是期望的全盘落空与生存的残酷压迫致使其堕入麻木的境地，“天对自己太苛刻了，她不能像大姐那样有一个妈妈，又不能像王虎臣的女人一样有女儿，又不能得到王虎臣的女人有的一个有强盛爱情的男人”，丽英无法走出绝望的阴影，不敢相信还有另外一幅天地，也没有能力去辨别那个世界，懦弱地向命运低了头。丽英惨死在同性陷害之下的悲剧结局，即是顺应了那个生存环境恶劣，人与人相互厮杀的世界的逻辑。较之老舍在《四世同堂》中对尤桐芳的塑造，笔者以为作者对丽英的处理更符合文本逻辑，相比之下也更有悲剧意识和批判力度。

三位女性的悲剧实质上就是人性饱受戕害下所产生的悲剧。其原因可归纳为：第一，男性是间接迫害者。传统男权社会下的男尊女卑格局和事实上许多男性的外强中干产生错位，让饱受传统观桎梏的女性失去依靠，独自承担所有压力；另外，由男性带来的生理伤害往往会造成女性的严重心理创伤，导致人生观的扭曲。第二，直接迫害者是女性自身。具体表现在女性自身性格的劣根性与思想的封建性所带来的恶果，以及在男权社会下，因女性生存空间狭窄所导致的，为争夺生存基本权益而发生的，女性之间的直接残害。将自己的同类置于死地的同时却不知自己也将是下一个牺牲品。这是个很深刻的悲剧。第三，根本迫害者是战争环境之残酷和社会制度之黑暗。从故事表面看来，人们似乎是在自主选择下生活，但一方面受到战争压迫；另一方面又被战争所阻碍，所以在实质上人性是被扭曲，也毫无自由可言的。这就不同于一般的抗战小说对战争带来的家破人亡、妻离子散的直接描写，而是跃到另一个高度，以人性的健康和自由为基础，来批判一种非正常的战争状态所导致的人类集体的悲剧，是具有泛人类化意义的。另外值得注意的一点是，作者在文本中时常体现出他对文化知识重要性的强调。那个时代的戏子和妇女都是很难受到正规教育的，从而其人性不但不能得到健全的发展，反而要因无知而受到压制。而作者认为文化知识往往是决定着她们命运转折的关键，即是说，保证人性正常发展的基本条件得不到满足的话，女性就难有翻身之日。

三、对美好人性的执着追求

《夜雾》虽然类属抗战小说，但不同于描写英雄人物，宣扬积极的社会政治意义的作品，它以小人物为对象，以悲剧为基调，着眼于战争环境下人性的书写，类似于巴金的《寒夜》《第四病室》。全篇围绕幼时卖身为伶的白丽英展开，试图以一个女戏子在人生不同阶段的不同遭遇为基点，折射出抗日硝烟下从前线到大后方再到沦陷区的人事百态。作者巧妙地将“戏如人生，人生如戏”融入作品中，一面使戏子在戏曲舞台上的得意光鲜与在人生舞台上的失落暗淡形成强烈对比；一面又让戏曲中的某些悲剧情节与现实当中戏子的悲惨人生相互暗合、形成呼应，在虚实结合中迸发出充满张力的矛盾美与悲剧美。而将戏子的命运再卷入抗战洪流，则使得矛盾性和悲剧性呈现更加复杂的面貌来。作者想极力表现的人性不能承受之重恰恰就隐藏在这种复杂性之中，但是，对于戏子悲剧命运的揭示与批判仅仅是高潮的预演，整部作品虽以悲剧为主基调，可无论是对漆、赵二位抗日志士，章淑善与黄健两位抗日伉俪，秦琳等抗日学生的塑造上，还是对丽菊自杀、丽雄私逃、丽英出嫁等情节的刻画上，我们都不难看出，《夜雾》处处都在强调对勇敢追求自由的热烈赞美，对纯粹、美好的爱情的歌颂，对和平、安适的故乡的眷恋和向往，以及对理想世界的塑造和憧憬。而“凤凰园”正是这些具体概念的抽象集大成者，对“凤凰园”的书写象征着对人性的完整、健康和光明面的热烈赞美和执着追求，对利于人性发展的理想的社会环境的憧憬与期望。

“凤凰园”是丽英记忆中残存的故乡，在小说中反复出现，贯穿始终。“凤凰园”与丽雄这个形象交织在一起，经过分离、融合、超越三阶段，呈现感情的由弱到强、意义的由低到高、由简到繁的变化。丽英的“凤凰园”在文中大致出现过四次，以具体形象出现的是前三次。第一次出现于第一章，丽英与丽雄初识时。这时对于丽英来说“凤凰园就是我的家。家门口有一条河。很宽。但是看得着底下的石头，河里没有船。强盗来不了”。美好、安全的家和质朴、可靠的二哥，二者明显是分离的，这里只透露出“凤凰园”给予丽英的安全感。第二次出现在第十章，当丽英得知丽雄的“死讯”后，“凤凰园的流水。凤凰园的野艾香把她引诱到梦中，梦中她见到丽雄，那个有大胸脯，带着活佛送的小佛底孩子”。“死去”的丽雄变成男主角，但这个丽雄是个“合成品”：他有着小时候的质朴和老实，也有着成年后的强健体魄和男人味，并怀揣着对丽英的最纯粹的爱。这时的“凤凰园”因丽雄的加入变得有血有肉，不再是平面的记忆，而是有了艾草香的空间存在。丽英在潜意识中宣泄了对故土的憧憬以及对丽雄的思念和爱恋。第三次是在第二十三章，丽雄与丽英再次相遇，“凤凰园”因丽雄而再次出现：

凤凰园于她是熟悉，她把那地方记得很清楚。她立刻就见到那地方了，她眼前出现了明朗的晴空和美丽的景色。那地方她曾真正的见到，她也曾在回忆里和梦中见到。她又一次的见到凤凰园的清澈底流水，看见那浅浅的水下生着绿苔底石头，看见那些黑色的游鱼的影子。最使她高兴的是那野艾的香味因风送入自己的鼻子。

这一次不同于之前的回忆和梦境，丽英在去往城西的凤凰园的路上清楚地见到了“凤凰园”的模样，就像清楚地看见她和丽雄之间的爱。此时的“凤凰园”在丽英的认识中已与丽雄合为一体。在丽英看来，丽雄既然能“复活”，这份爱恋既然能从梦境走向现实，那个真正意义上的“凤凰园”离她兴许也不远了。这里有个很明显的变化，丽雄背负的不再只有爱情，而是混合了丽英对家与自由的渴望与憧憬。此刻“凤凰园”的意义蕴含量应是约等于丽雄的。“凤凰园”最后一次出现是在最终章，那时丽英早已远离了纯洁的爱情，并且濒临死亡。这时丽英是将两者又区分开来的。丽雄又回归了本体，“凤凰园”则代表了一种更高层次、更综合的象征。

我们可以将“凤凰园”这一象征进行既拆分又综合的理解，一是通过丽英对丽雄的感情所传达出来的对自然、质朴、纯粹的爱情的赞美与追求；二是通过丽英对“凤凰园”的感情所传达出来的对于隐匿在灵魂深处的自由、美好、和平、安适的故乡的眷恋和向往；三是将“凤凰园”放置于整个抗战大背景下，理解为作者因长时间面对国破人亡、背井离乡的残酷现实，以及他对尽早收复故土，重返和平的强烈期望，加重了其对具有乌托邦色彩的，伊甸园似的理想家园的塑造和憧憬，这个“伊甸园”包含着一切有利于人性良好发展的所有因素。即是说，“凤凰园”代表着一块能使人性得到最大化自由发展的理想之地，在此之上，人们才可以尽情地赞美、追求人性的完整、健康和光明面。虽然难以实现，但正如小说在结尾时反复强调的那样，“火车咆哮了，它带着许多人投向自由去，冲出浓密的夜雾之中”，这就是人类社会生生不息的追求之所在，也是《夜雾》主旨的核心之所在。

综上，《夜雾》通过人物形象的塑造，完成了人性的多面性的挖掘，以还人真实面貌为目的，给人性的多面化以肯定；又以女戏子的凄惨命运贯穿内容始终，呈现了一出出因人性被严重扭曲导致生命陨落的悲剧，发出了还人性以基本尊严的诉求；进而通过对“凤凰园”的分层处理将小说主旨逐渐升华，以悲剧的基调唱出一首渴望人性解放，自由、健康发展的希望之歌。由此可见，《夜雾》主要表达了战争环境下人性受压变形与不断反抗的基本主题，这是对五四文学传统中“人的文学”之精神的承续。虽然就作品来说，《夜雾》在艺术、思想上的水平造诣与一流作品还有距离，但凭着作者在当时与那股可贵的疾风劲雨保持了适宜的距离与自我，这种始终关注小人物的命运，坚持以呈现个人生命活动为己任，始终以人性为基点来反思时代的变化的创作理想，依然熠熠生辉。也正因如此，《夜雾》为现代抗战小说所做出的贡献不应被人们所遗忘。

第四节　其他作家的抗战小说

这一时期还有几位作家的抗战小说值得人们关注，这就是姚雪垠、严文井（1915—2005）和田涛。而我们之所以将这三位作家放在一起论述是基于如下几个原因：一、他们都曾在抗战后期在四川重庆出版了他们第一部长篇抗战小说；[①] 二、他们都曾在国民党部队中从事过抗日文化宣传工作；[②] 三、他们都曾创作过不同题材的文学作品并小有文名，但当他们转向抗战题材时，共同的生活阅历使他们在选材上不约而同地将抗战初期国统区爱国流亡学生在抗日的大潮中寻找自我，构建自我的心路历程为中心题材，表达自己对青年与时代、国难与责任、正义与邪恶、光明与黑暗之间的较量与思考；四，他们的抗战长篇小说自出版至今都未得到文学史应有的评价，而这显然是不公平的。

一、姚雪垠

姚雪垠是河南邓县人，1929 年开始发表小说。抗战爆发后，他先在北平参加抗战活动，后赴第五战区参加由钱俊瑞、曹荻秋领导的文化工作委员会，从事抗战宣传与创作活动。1938 年 5 月 16 日，姚雪垠在《文艺阵地》第 1 卷第 3 期上发表抗战小说《差半车麦秸》，轰动文坛。以至多年后茅盾仍这样回忆道：“《文艺阵地》的另一篇脍炙人口的作品，是发表在

---

① 其中，姚雪垠 1943 年初到重庆，田涛 1942 年夏来到重庆，他们都是直到抗战胜利后才离开四川。

② 其中，姚雪垠、田涛在第五战区长官司令部领导下的文化工作委员会，严文井在第一战区国民党八十三师战地服务团，后去延安。

第三期上的姚雪垠的短篇小说《差半车麦秸》。当时它引起的轰动不下于《华威先生》。所以，后来人们讲到《文艺阵地》，都要举这两篇作品为代表。”这是因为：“这是一篇写光明面的小说，但作者遵循的是现实主义的创作道路，他没有去写那些天兵天将式的英雄，他只写了一个普通农民的觉醒，然而却有着撼人心弦的魅力，使人们看到了抗战必胜的源泉所在。”[①] 1941 年 11 月，姚雪垠又发表中篇小说《牛德全与红萝卜》，[②] 继续进行“差半车麦秸”式的人性探索，只不过牛德全比“差半车麦秸”的思想与阅历更为复杂，转变过程更为曲折。与“差半车麦秸”王哑巴的不够数与不够聪明不同，牛全德是个农村流氓无产者，十几年的旧军队生活，使他身上沾满了封建落后的思想习气与作风。绰号“红萝卜”的王春富则是同村一个本分，胆小的农民。牛全德之所以参加游击队，与其说是一种直觉，不如说是出人头地的虚荣心。因此，他参加游击队后，吃喝嫖赌依旧不改，照样我行我素。他与王春富虽然有积怨，但关键时刻，他不仅保全了“红萝卜”和其他队友，自己还献出了宝贵的生命。《差半车麦秸》和《牛德全与红萝卜》，都着重表现觉醒中的中国农民形象，牛德全与红萝卜虽然较为成功，但还是与“差半车麦秸”有不少重复之处，也可以说前二者是后者的扩展。虽然在语言的大众化上作家做出了可贵的探索，但这对于永不停止艺术探索步伐的姚雪垠来说，还是感到了不满。

于是，一部在内容与语言方面都有所创新、有所突破的作品——《春暖花开的时候》则奉献在读者面前。[③] 小说写台儿庄战役前后，大别山下一群热血青年办起了抗战救亡工作讲习班，他们有不同的家庭背景、个人经历，有教师，有学员，但都怀着兴奋的心情，办壁报，搞演出，下乡宣传抗日。当中有三个少女——黄梅、林梦云、罗兰，她们性格各异，受到家庭习俗和政治的歧视、压迫。罗兰兄妹不顾父亲斥责他们“误入歧途”“男女混杂”“盲从共产党”，毅然走出阴森似古刹的封建家庭；诗人陶春冰主编抗日救亡刊物因意见与其他人相左，被排挤，在外漂泊并常有生命

① 茅盾：《在香港〈文艺阵地〉——回忆录（二十二）》，《新文学史料》1984 年第 1 期。

② 因印刷厂遭日本飞机轰炸，发表于《抗战文艺》第 7 卷第 4—5 期的《牛德全与红萝卜》为残稿，1942 年 10 月重庆文座出版社的单行本为全本。

③ 《春暖花开的时候》最初连载于重庆生活书店出版的《读书月报》，1944 年由重庆现代出版社分三册出版。

危险，回乡看母期间在讲习班授课，深深影响了几个女孩子，尤其是对林梦云，他即将离开时，用充满诗意与激情的话鼓励她，梦云内心受到巨大鼓舞，眼含热泪与他告别。并准备迎接新的斗争；战教团、讲习班以及别的几个救亡团体，因为不能得到当局的同意，始终不能趁着扒城的机会对民众展开工作，但他们没有退缩，想出种种办法突破封锁。在慰劳壮丁的事件中，了解到慰问品并不会真正下发到壮丁手中时，他们心情沉重，“一群火热的心，满眼冷酷的现实”，之后当局密电“查明取缔”战教团，讲习班也笼罩在被解散的阴影当中。在一起战斗生活过的人们风流云散，迎接新的艰苦和战斗。

小说之所以定名为《春暖花开的时候》，是因为：“我认为自从1929年大革命失败之后，这是第二次革命高潮。‘一二·九’运动是一声春雷，抗战开始后就进入春暖花开的时候。虽然会有疾风骤雨，但春天的来到毕竟不可阻挡。国民党右派势力对抗日青年的压迫和打击，会使抗日青年发生分化，但是主流继续前进，很多青年会锻炼得更成熟、更坚强，勇敢地投身民族革命的洪流。这就是《春暖花开的时候》所要表现的主题思想。”① 实际上，在作品中，作家也在不断试图表达青年男女对于春天，对于光明，对于未来的一种憧憬与信心。

姚雪垠以描写女性人物擅长，《春暖花开的时候》则更体现了作家在这方面的才能，特别是罗兰的刻画，栩栩如生，堪称典型。这位出身于封建地主家庭的大家闺秀，虽然只有十七岁，但不同于一般的高中女学生，读过很多闲书，《红楼梦》《西厢记》这些其他女孩不能接触的书，她读过并能领会一部分，因此她身上就有很多林黛玉的特征，浪漫，忧郁，善感，常常生发出无名的优伤且常沉浸于幻想，当处于恋爱当中时，就愈加鲜明地呈现出来，第七章中，大量的笔墨写这位“现代林黛玉”的孤独，凝思，浑身绵软，对人世的虚妄之感，以及顾影自怜之态，眼中的男子大都是“浊物”，少有顺眼的，但杨琦却让她心生爱慕，坐在教室听他讲课时，竟心慌意乱，心中既害怕又荡漾着幸福滋味，无法安心记笔记，只在本上记着他讲述中会时常带出的“所以”，因为羞怯而不敢抬头，画了许

① 姚雪垠：《学习追求五十年（三）——六、关于〈春暖花开的时候〉》，《新文学史料》1981年1期。

多双姿势不同的穿着皮鞋的杨琦的脚，到后来在心里写下一首情诗，“你知道么/我有一句话/也许仅仅是一个字/深深地藏在心底/尝试了一千次/没有勇气告诉你/我决定让这句话/沤烂在我的心里/等我死了/同我一起化成泥”。不写下来是担心旁人洞悉了自己内心隐秘的情感。罗兰插起了陈维珍送来杨琦新采的一束红杜鹃，置于鼻尖闻时挨着嘴唇，想到是杨琦所采，不觉心中一动，脸颊一红，立刻拿开。杨琦到寝室找她，她心里七上八下，“心中虽清清楚楚，身子不听指挥，四肢好像喝醉酒又好像受了惊骇似的”，杨琦离开后她又沉浸于无边的幻想里，想象属于两人的浪漫而“富于诗意的游击生活”。进而十分激动，在心中说：真是千年不遇的伟大时代，英雄史诗的时代，残酷的战地生活变成了浪漫的抒情，流连陶醉于幻想。这些刻画都是生动细致且极易打动人的，少女的爱情初体验，作为现实生活大书中重要的一章。

吴寄萍的形象也刻画得较为成功。吴寄萍是北平有名的私立大学国文系的高才生，一位乡间有进步思想的才女，曾投身于北平学生的抗日救亡运动，还和同学办了进步的文艺刊物，这个一心要为抗战出分力的女青年，命运多舛，患有严重的肺结核，又长期与上前线的丈夫胡天长分离，还有一个襁褓中的婴儿，身心俱损，这里显然有个人利益与民族利益的权衡，小家与国家的斟酌，吴寄萍显然是以牺牲个人，牺牲家庭为代价的，高尚的人格令人赞叹，悲剧的人生令人感慨。作家留给她一个看似光明的未来，陶春冰对她说：“寄萍，漫长的严冬已过，如今是春暖花开的时候。以后虽然还会有乍暖还寒的时候，但是春天的到来是没有人能够阻止的。像你这样读书较多，较有才华的女性不多，我衷心祝愿你在春天里开放你自己的鲜花，散出你自己的芳香!”他们热情握手。吴寄萍在心中说：“在这春暖花开的时候，我不能悲观绝望，必须恢复健康，投身于历史洪流。我要健康地活下去，开放我生命的鲜花!”这也是点题之笔，充满寓意与希望。

作品中的其他女性人物，如黄梅平实，泼辣，勇猛，从不轻易对任何人服软；林梦云活泼，明快，但缺少吃苦精神；罗家大儿媳李惠芳忍辱负重，应付自如等，大都个性明了，除了黄梅的前后转变稍显突兀生硬。

小说情景交融的艺术描写，也令人称赞不已。小说第十六章“太阳·月亮·星星”，写得极富诗情画意，阳光通透，山谷静谧，溪水潺潺，野花幽香，蝴蝶翩飞，黄鹂歌唱，春光醉人。罗兰在春色中幻想着与英俊王子的童话世界，沉浸于虚幻的想象之中，林梦云则凝望着阳光下的油绿原野唱起了《春暖花开曲》中最美的一段，“描写各种花儿在百鸟的歌声中睁开眼睛，在软软的暖风中打着哈欠，在阳光的爱抚中绽开笑靥；随后她们在一阵细雨中洗了一个痛快的澡，用早晨的清露滋润了喉咙，开始把自己打扮得娇艳动人，随后各种小草向她们祝贺，各种小虫为她们狂欢舞蹈，而蝴蝶和蜜蜂都做了她们的使者，兴奋地、忙碌地、到处传达着她们的甜蜜心意，替她们散布着春天的消息”。小林的歌声像一根极长的金色细丝，在空中飘荡，发光，又娇嫩得像花草的嫩芽迎风微颤。后来，诗人陶春冰讲起了自己正在研究的三种少女的性格类型，说代表着三种基本性格，一个姑娘也可能具有两种性格，或三种都有一点，但总有一种是占主要成分的。他为了说得简要清晰便用比喻来说明，“如果拿天上的东西作比：第一种是太阳；第二种是月亮；第三种是天际闪烁的一颗寒星。拿地上的东西作比：第一种是奔腾的江河、瀑布或山洪暴发；第二种是山脚下、稻田边或肥沃而静谧的平原上，一道清浅的溪水，在明媚的阳光下，永远唱着欢快的调子，活泼地缓慢奔流；第三种是清秋时节的一泓潭水，它是那么清澈，那么幽静，充满诗意，使你觉得它深不可测，而且可能会很快地凝结成冰，但只要一丝微风吹过，一片落叶飘下，都会激起来一阵涟漪……”若拿文学作品来打比方，说是第一种是散文，第二种是韵文，第三种是密不示人的情诗。这让人想起茅盾写于 1928 年 12 月的小说《诗与散文》，写青年丙面对表妹和同居女子桂的不同情感体验，“诗样”的永久是空灵，神秘，细腻缠绵，“散文”样的却是十足现实，丑恶。陶春冰又用《阁夜》的一联名句“五更鼓角声悲壮，三峡星河影动摇”指第一种性格，用杜甫《夜宴左氏庄》里的两句：“暗水流花轻，春星带草堂”指第二种性格，杜甫的《佳人》中的“天寒翠袖薄，日暮倚修竹”指第三种性格，后因为罗兰认为第三句的佳人十分不幸，陶春冰又改为李商隐《锦瑟》中的“庄生晓梦迷蝴蝶，望帝春心托杜鹃”。接下来，围绕着类型与典型，陶春冰几乎给大家上了一节唯物辩证法的哲学课。这一章很自然地从整部小说中凸显出来，也是作家“用力求好”的部分，只是太过用力略有失却自然，显得刻意、概念化、公式化还有卖弄炫耀之嫌，也略游离于主题之外。不过，它却受到了大量青年读者的欢迎。

在情节展示上，作家以故事套故事的手法推动情节的发展，很好地烘托与渲染了小说的艺术氛围。红灯笼的故事，是整部小说中最为精彩且富于内涵的章节。全书末尾部分第二十五章《红灯笼的故事》，这个故事最初刊于1939年的《文艺新闻》，同年又以《红灯笼故事——部长篇小说中的片断》为名，发表在《抗战文艺》上，后收入长篇《春暖花开的时候》，就是一个关于古老民族衰败的著名寓言。作家从增加故事容量和艺术趣味性着眼，利用他对汉民族神话和上古历史传说的知识对这一章进行了改写。千呼万唤中，陶春冰终于在欢送战教团的晚会上要求将灯烛吹熄，只留颤动着暗弱黄色亮光的煤油灯，讲出了这个故事，具有浪漫而沉痛悲怆的气息。讲的是洪荒时代，充满灾难与斗争，中国大地上不断出现拯救世界的伟大英雄，上古文明有了很大发展，又经过许多代，人类在中国大陆上到处繁衍，有了原始的民族雏形。并形成部落，有一个便是“红灯笼的故事”的部落，这个有十分光辉历史的强大部落经过了长期太平安逸的岁月，人民慢慢地在懒散中失去了进取精神，终于到了走向毁灭的日子，苦战三天三夜后，庞大的部落被联合的强敌毁灭了。老酋长死战突围，逃到很远的荒山，等待他的儿子，等待他的古老部落重振的机会。每逢一个季度的最后一个昏暗之夜，老酋长都会独自爬上山头，把一只红灯笼挂到一株高树的最高枝上。而两个被俘去的儿子也一直寻找时机去找那一只红灯笼。十年后，小儿子率领忠实的同伴逃出敌人部落。心中怀着找寻那只红灯笼，重振古老部落的信念一往无前，却遭遇种种险阻，小英雄被毒箭射伤，而射手正是失散多年的兄长，他们并不曾相认。老酋长依然呼唤着两个孩子，悲哀如巨石压着他。离山口十几里远地方，兄弟俩厮杀起来。老酋长用生命看护红灯笼，最终骑上马背与两个已经相认的儿子共同加入击退敌人的战斗中。“红灯笼是民族觉醒和进取精神的象征，或者说它是民族精神的灯火。”① 这个故事中的故事充满了深刻的悲剧性，可以理解为民族危亡来临时对于内部的不团结，出现的“内斗”“私斗”的慨叹，故事中的红灯笼，“比血还红，比珊瑚还红，比银朱还红，比五月的石榴花还红，比带雨的夕阳还红”同时表达了对于先祖传下来的“红灯笼”这一民族精神的热切憧憬。

---

① 杨义：《中国现代小说史》（第3卷），人民文学出版社2001年版，第87页。

《春暖花开的时候》出版后曾引起轰动，成为国统区的畅销书。小说第一次印刷是一万册，不到两星期售空，不得不重印。从1944年开始出版到1946年，《春暖》共印了四次。茅盾认为：小说的第一分册太多了小儿女（都是救亡青年）的私情蜜意，有点像春暖花开的时候一群小鸟在枝头跳跃，啁啾不歇，这是惹人喜欢的，而作品之“好销”，这也是最大的原因。[①] 作家自己认为：“小说自始至终写生活，从生活写人物，它给读者真实的生活感，也塑造了一些有血有肉的人物形象。这一特点，在那个时代说来是比较突出的。它在出版后能成为畅销书，这恐怕是主要原因。”[②] 另外，作家在修订版前言中引用了新加坡作家严晖一九七九年十二月六日在《星洲日报》上发表的《姚雪垠及其〈春暖花开的时候〉》一文的摘要。“《春暖花开的时候》写抗日战争时期在大别山的一群青年男女的抗战工作和生活动态。当时相当轰动，大后方的青年读者很羡慕那种生活，觉得既新奇又很有意义。曾经过那种生活的读者，好像重温旧梦，又思念起那一段活泼生动的日子，即使抗战结束多年，仍有一种亲切的感觉。”作家认为这段话说出了《春暖花开的时候》能够受到读者欢迎的主要条件。而小说中所写的女性的三类型，即“太阳、月亮、星星”也成为各地读者的热烈话题，还影响到了香港以及新加坡。

当然，小说的出版还引起了一些争鸣。1945年春，胡风主编的《希望》杂志载文，批评该书是娼妓文学、色情文学、市侩文学。同年5月，茅盾发表文章，他认为：“第一册显然落入了‘抗战不忘恋爱’‘也有抗战，也有恋爱’的俗套，而在二三册中当儿女私情退居次要，就提出一些问题。罗氏兄妹对于家庭的反抗，地方封建势力对于抗战青年的进攻，战教团的被压迫，民众动员问题，政治民主问题。作者终于把这部书挽救过来，不使成为抗战红楼梦。”[③] 但总体上，茅盾认为“写得潦草”，在结构，人物等方面都有所体现。这个评价即使在今天看来也是颇为肯綮的，尤其是整体结构，由于写之前没有一个整体的计划，且边写边发表，“且排且写，病在急就”，各章节实际上缺乏有机的线索，相互关联起来。总之，作家的十分用力，或者说用力求好，分明显露出刻意，“读者感得者乃不

① 姚北桦等编：《姚雪垠研究专集》，黄河文艺出版社1985年版，第452页。

② 同上，第249页。

③ 同上，第452—453页。

及半耳”，也就同时失去了文学作品应有的自然与浑然。不过，这却为作家后来创作长篇小说《李自成》积累了经验。

二、严文井

也许是由于抗战后期漫长的煎熬与胜利的曙光并存，四川大后方小说的内部，总是存在着客观冷静叙事与主观情绪抒发的冲突。战争加深了人们的不安定感，初期热烈地歌颂抗战神圣的热情冷却下来，对战争、民族、国家和人性的思考反而充满了生活的血肉感，反映了活在战争中的一代人的心理状态，呈现一种对于人的心灵的直视力量。严文井的《一个人的烦恼》就是一部青年知识分子在抗日战争的洗礼中的心灵蜕变史。

严文井原名严文锦，湖北武汉人。1934 年开始以“严文井”为笔名发表作品。正当其在文坛上初露锋芒的时候，卢沟桥的枪声响起，在抗日烽火中他离开北平，经山西辗转奔赴延安，成为抗日军政大学第四期学员，1939 年在延安鲁迅艺术学院文学系任教。1940 年创作了自己在抗战期间（也是一生当中）唯一的长篇小说《一个人的烦恼》。

《一个人的烦恼》原名《刘明的苦闷》，初刊于 1941 年 2 月在重庆出版的《文艺阵地》第 6 卷第 2 期，1943 年茅盾为这本书写了序言，为了避开国民党当局忌讳的“苦闷”二字，把书名改成了《一个人的烦恼》，1944 年初由重庆建国书店出版单行本。小说故事发生在 1937 年“七七事变”后的武汉，主人公刘明本是北平一家报馆的助理编辑，是一个富有热情却又敏感犹豫的知识青年，因为北平沦陷逃到武汉，寄居在表兄杨昌华家，结识了石端、天谛等朋友，后奔赴山西前线，参加了“战地抗日演出队”。但由于性格敏感阴郁，和周围人合不来，不得不“废然而返”，“发现自己是处在一种无意义的，没有生气的景况下过活着，对于什么都没有行为，也没有希望”。

《一个人的烦恼》的题材选择显然是受到了当时自四川大后方“十万青年十万军”的青年知识分子从军热潮，据统计，当时全国共有 15 万多人登记从军，而严文井自己就是一位投笔从戎的热血青年，他曾有一段时间工作于国民党八十三师战地工作团，主要任务是书写标语、编写传单、教唱救亡歌曲等，后来因为工作团要改成政治处，才与几个同道结伴去了延安。小说中的青年们也都是受此知识青年从军热潮的影响，积极投身前线开展救亡活动。

小说情节虽不复杂，却真实动人，线索清晰，情节连贯，虽没有惊心动魄的大场面，但对生活琐事的描写却非常细腻生动，真实再现了那个时代的生活原貌。艺术上最为成功的，便是塑造了“刘明”这一典型的知识分子形象：富于热情、敏感多疑、自负虚荣。《一个人的烦恼》集中笔墨书写这样一个没有深刻思想却个性强烈、不甘平庸却又没什么大作为的小人物，甚至连书名都是“一个人的烦恼”，在当时如火如荼的抗战文学环境中显得十分“另类”。

关于这部小说的创作动机，源自于他决心与过去曾摇摆不定的自我告别。他说：“我要为一群软弱的，虚浮的，还没有定向的小知识分子立传，描绘他们那些形形色色的，实际是大同小异的肖像，窥测他们在不同的道路上可能面临的不同命运。我选择了刘明作为主角。因为这个对个人荣辱和得失十分敏感的人虽然易于冲动，然而对于究竟应该朝哪一个方向走，既缺乏深思，也必然缺乏果断，抗拒不了生活对他的愚弄，他必然要走长长的一段弯路。我并不是为了嘲笑他，而是想通过他这一段不幸的挣扎过程来勾画一些不同的讨厌的面孔，揭露一些生活的侧面，暗示我的理解和怎样得到一个人的自由。”[①] 他认为：“延安的生活自有不同于国统区的地方，艰苦，紧张，充满活力和希望。但这里也不是没有问题，有些人的为人作风就是很讨厌。”与严文井在武汉、山西（也包括北平）见到的大同小异。“这些弱点不消说与时代不相应”，也令严文井很看不惯，“他企盼跟它们告别的心情愈来愈迫切”。“积习告诉他，告别的最佳方式是写一部小说。理智也提醒他，他只能把这些弱点放在国统区的青年知识分子身上，而不能涉及延安。这就是这本小说产生的原因，也是这本小说的情节始于武汉、终于山西的原因。”[②] 不过，“这本书没有宣扬理想，没有渲染美。理想的东西和美的东西有那么一点点，或者是隐藏着，或者是作为淡淡的影子存在于远方”。[③]

从小说来看，刘明的“烦恼”实在是非常琐碎，他既烦恼于想摆脱家庭却不得不依附的尴尬关系，又烦恼于寄人篱下的窘境，甚至要烦恼于失

---

① 严文井：《一个人的烦恼·再版前言》，中国文联出版公司 1983 年版，第 2 页。

② 谭宗远：《严文井的〈一个人的烦恼〉》，《博览群书》1995 年第 6 期。

③ 严文井：《一个人的烦恼·再版前言》，中国文联出版公司 1983 年版，第 4 页。

眠一类的生理问题。他的“性情很古怪，如果他有做得不如意的事，他一定从中找出一个道理，一个令他自己满意的道理，然后再根据这道理来判断事，而且用来在自己权力所及的范围内做实验，希望他所关心的人不再遇到这些不如意的事”。他懂得团体的温暖、懂得青年应报国的道理，当天谛、李秋虹和鹿金等人认为自己作为知识分子不一定需要上前线时，他说：“……在这个时候，我们不好意思说自己是特殊的……”虽然奔赴前线的很大诱因是好友石端的刺激，但是文中也写道：“刘明笑着说：‘……我的走是为了这后方的生活使我太苦闷，主要的是为了这苦闷。’不知不觉他说到了一点什么真正重要的东西，情感有点激动。”

苦闷，而且是大后方的苦闷，才是刘明真正烦恼的东西。严文井以略显得慵懒、拖沓而冗长的笔触极为精细地描述刘明生活中的各种琐碎的矛盾，字里行间竟充盈着大后方闲逸、散漫的生活气息，宛如四川盆地缓慢的生活节奏。

在这缓慢的大后方生活里，刘明接触的第一个进步团体是天谛等人的剧团，当他随石端到“小小剧团”时，看到的是凌乱的家具，有人在排练，有人在唱京调，有人在嗑瓜子，有人在弹风琴，还有人在玩扑克，男女团员之间打闹调情。刘明的反应是拾起一本《电影周刊》，“悄悄走到窗子前，面对着外面看起来”——“悄悄”“对着外面”的描写很有意思，这既是刘明的性格使然，却也表现出刘明对于这个进步团体的小小失望。

而在刘明离开后方，奔赴前线的战地抗日演剧队后，从桂德山的口里，我们知道了演剧队的队员们过的日子相当清闲——“这里时间很多，不吃，就没有事做。你看，平常只排几个戏，人多，一个人干一点儿，还可以有人闲着。嘿，其实这里是不错，我看大家差不多都是成天唱歌和散步玩儿过去了，相当快活。”可是即使这样，刘明对救亡活动还是很有激情的。他说：“人不到前方就不知道好多事情，我对于抗战，从前有时心里还免不了有点那个，现在我来这里以后，能亲眼看见一些东西，心里就觉得光明，乐观多了。”然而随着时间的推移，对演剧队闲适生活的厌倦和排斥充斥了刘明的头脑，他自己也很矛盾：他想为救亡贡献自己的力量，却发现周围的人们都在庸碌度日。到最后，刘明简直是为了保持自己的“特立独行”，才最终选择了离去。

这样，《一个人的烦恼》就同众多青年抗战小说区分开来——刘明并不是因为不投身救亡运动、贪生怕死或是感情受挫而离开革命队伍，而是为了不变成与其他人一样而离开。尽管他“废然而返”，却坚定着不再回去的决心。

这是一个人对自己的心灵、生活和未来做出的选择。

在“十万青年十万军”的抗战精神感召下，自四川大后方开始到全国各地，全国的有志青年都在积极战斗，严文井这部向过去诀别的“个人宣言书”似乎显得有些不合时宜，连严文井自己也说：“我为当时的胆大妄为感到惊讶。我的行为近乎怪诞。”原来这怪诞的行为，正是严文井内心的真实写照！

当时只有二十几岁的青年严文井，在辗转了多个地域之后，最终在延安明白了为什么“自己是处在一种无意义的，没有生气的景况下过活着，对于什么都没有行为，也没有希望”，因为他的感受并不是由不同的政治环境造成，无论是国统区大后方还是延安，都有着“大同小异的肖像”，他的无望是源自“软弱的，虚浮的，还没有定向的小知识分子”的本质，他以为环境可以改变人，事实上却于事无补。要摆脱这种无望、这种敏感犹豫，只能从自身出发，不能单纯依靠环境的改变——这，才是严文井塑造“刘明”这一人物的主要目的，他批评刘明，等于反省自己，也同样是寄言同志，无论“刘明们”是在国统区还是在延安。

严文井的“告别”，并不是向从前在国统区时的迷茫道路道别，而是向自己“软弱的，虚浮的，还没有定向的”敏感犹豫道别；他的“宣言书”，也并不是划清政治立场的宣言，而是在延安发现那些“大同小异的肖像”之后的顿悟，是一份要将自己从这些“肖像”中挣脱出来的决裂宣言。严文井在完成这部小说以后，即刻把笔触伸向一个新领域，开始一心一意地创作童话，也许这就是他找到的一条最适合自己的独特的道路。

严文井从青年抗战小说的模式中脱离出来，细腻地描绘自己在抗战救亡运动中的心灵成长和成熟领悟，以《一个人的烦恼》来作为自己“成长”的告别式，虽然书写的是“一个人”的故事，但映射的是那个时代青年知识分子在抗战中的普遍心态！因此我们说，严文井对战争、民族、国家和人性进行了非常个人化、独具特色的思考——青年知识分子们纷纷投身抗战前线，但他们并非任潮流推动、任世俗诱惑的机械人，他们在面对充满困境的现实与多种选择道路时，会进行深刻而细致的思考。相信《一个人的烦恼》在重庆出版时，也让青年们在战争的滚滚潮流中保持了自己作为一个知识分子、一个人的纯真心灵，不至于被漫长的战争磨平自己的锐气。从这个角度说，严文井这部唯一的表现流亡爱国青年心灵蜕变的长篇小说，应在四川抗战文学史中占据不可忽视的重要地位。

三、田涛

田涛原名田德裕，1916 年 3 月 9 日生于河北省望郡县。小学毕业后，在班主任王唱卢老师的资助下，考取了北平市立师范学校。在这里，他开始大量阅读文学作品并对创作产生了浓厚的兴趣。中学期间，他多次参加爱国学生运动，表现出一个热血青年应有的爱国热情。1934 年春，他以“田涛”为笔名将他的中篇小说《债》投给了《北平新报》，报社决定采用并开始连载，这无疑坚定了他从事文学创作的信心。这也是他的处女作。1935 年，他离开师范学校，住北平沙滩公寓继续从事文学创作。这期间，他先后在《国闻周报》《大公报》等报刊上发表了《利息》《吝惜》《旗手》等多个短篇，并在投稿过程中结识了沈从文、萧乾等著名编辑，开始进入人们的视野。1936 年 10 月，田涛在《文学》第 7 卷第 4 期上发表了短篇小说《荒》。这篇借麻雀之死以批判人性之恶的作品刚一发表，就为沈从文和郑振铎等慧眼相识，联名推荐入选赵家璧编辑的《二十人所选短篇佳作集》，1937 年由上海良友图书公司出版。《荒》是田涛初期小说创作的代表作，也为他赢得了文名。抗战爆发后，田涛加入抗战的洪流中，先后在“第五战区战时文化工作团”、中华全国文艺界抗敌协会等工作，辗转于冀、豫、鄂、湘、桂、川等地，为抗战贡献着应有的力量。他先是以战地速写的笔法创作并出版了《黄河北岸》（1938）、《战地剪集》（1938）、《大别山荒僻的一角》（1940）等几部报告文学集，真实记录了在日本侵略者的铁蹄下，中国百姓所遭受的痛苦与灾难和中国军民奋起抗争的历史画面。随后，他又整理并创作出版了短篇小说集《荒》（1940）、中篇小说《子午线》（1940）、长篇小说《潮》（1942—1944）、《地层》[①]（1944）等，传递出他对战争环境下人与时代的命运思考。抗战胜利后，田涛离开重庆前往上海法学院万县分院任教，同时继续写作。出版有短篇

① 1946 年大道出版社北平分社出版时，改名《焰》。

小说集、长篇小说、中篇小说《流亡图》（1948）等，拓展了他对时代与社会的艺术表现力，成为新文学文坛上一位引人注目的抗战小说家。

田涛生活在中华民族御敌抗侮的光荣时代。作为一个有良知的中国人，他义不容辞地参与到这场捍卫民族尊严的伟大斗争中，速写报告集《黄河北岸》《战地剪集》《大别山荒僻的一角》等，就是他对中国抗战初期悲壮历史的真实绘影。在这里，他记录下了日本鬼子的血腥暴行，记录下了战地艰苦恶劣的抗敌条件，记录下了中国军民不屈的抗战意志，但他同样也用铁的事实告诉人们：虽然日本侵略者给中国人民带来了深重的灾难，使他们流离失所，家破人亡，但中国人民没有绝望，不断高涨的抗日洪流与中国人民奋起抵抗的行动，就是最好的证明。当然，他的抗战小说创作更能体现他的抗战文学成就。

1940 年 5 月，田涛出版了中篇小说《子午线》，承续了中国军民在艰苦卓绝的困难环境下依然顽强抗战的崇高主题。军队被日军包围，李团长且退且战，最终率队突破了敌人的包围圈，而留在山里的士兵和伤员则隐蔽在其间打游击。难民们虽然妻离子散，家破人亡，但他们中的许多人还是不愿做亡国奴而加入军队当中，成为抗战队伍中光荣的一员。小说不重在写出了军人的本色，而在于写出了底层民众家国同构的觉醒意识。正是他们的觉醒，才显示出中国人民不甘于屈服外来势力的内在力量，显示出中华民族御侮抗敌的历史必然。更进一步表现底层民众大规模自发地组织起来保家卫国的小说是《地层》。这部 1946 年再版时改名为《焰》的长篇小说，将中国军民抗日烈火如熊熊火焰般燃烧的寓意直截了当地昭示出来。小说写鬼子的不断进犯，迫使王大爷组织起全村的抵抗力量，在鬼迷沟利用地形与鬼子进行殊死的搏斗。他们先是筹粮，后是想利用庙会时攻打敌人的火车站，却都因汉奸的告密而失利，虽然除掉了汉奸，但后来又在保卫麦收的战斗中，勇敢的周七与银存献出了年轻的生命。小说热情讴歌了抗日游击队员英勇无畏的高尚品质，但也真实揭示了游击队勇猛有余而计谋不足，松散有余而纪律不足，自发有余而自觉不足的弊端给游击队造成的不应有的损失，既反映了抗日战争的严酷性，又指出了抗日游击队亟待引领，亟待科学化军训的历史必然。

1944 年 10 月，二卷本的长篇小说《潮》由重庆建国书店出齐。如果说，《子午线》和《地层》重在展示民族危难之际战斗在抗战前线英雄儿女的不屈意志，那么，《潮》则重在揭示不拿枪的热血青年在流亡过程中何去何从的心路历程。1937 年 7 月，胡珈航到北平寻找父亲，不料刚到北平就赶上“卢沟桥事变”爆发，于是他就同平津流亡学生一起逃离北平。在逃亡中，胡珈航对山鹰产生了好感，山鹰也喜欢胡珈航这位文质彬彬的大学生。加入“冀察游击宣传队”后，两人的感情日渐升温，但在一次撤退转移中，胡伽航失散，山鹰被司令部参谋董子逊强奸。之后，他们在郑州相遇，但胡珈航却得知山鹰与他竟是同父异母。他无法接受这个现实，精神错乱，不久死亡。拒绝董子逊的求爱后，山鹰接受了队员穆楚的追求，可当穆楚得知山鹰所生的孩子不是自己的亲生骨肉而是董子逊的孩子时，他不顾孩子未满月的山鹰虚弱的身体，决然离开了她。最终，女婴病亡，山鹰也在洛阳孤独悲愤地死去。显然，作家通过胡珈航与山鹰的悲剧命运欲意想表达的是：在抗日大潮的感召下，流亡知识青年应该树立自己的远大理想，积极投入时代的洪流中去，为国家为民族做出自己应有的贡献，而不是只沉溺于个人的情感之中，虽然战时的环境可能会使他们中的一些人感到报国无门，人性的阴暗面也会改变弱者的人生轨迹，但如果有着坚定的目标和奋斗理想，就能理性地面对自我，妥善处理个人命运与国家前途的关系，重获新生。这才是流亡知识青年应有的屹立于时代潮头的伟岸丰姿。当然，由于作者在这里人为地编织了一条同父异母的胡珈航与山鹰的恋爱线索，又过多地给予主人公以同情，使故事的中心显得有些凌乱，主题也显得有些模糊，影响了小说的艺术表现力。作家意识到了这一问题，在之后的《黑玫瑰》与《流亡图》的创作中，将这一主题表现得更为清晰。“黑玫瑰”是一个体格健壮的女队员的绰号，因面皮黑而得名。她不满整日在机关里单调、死沉的誊写工作，毅然与他的男友一起奔赴重庆。临行前，她赠给友人一句话：生活就是战斗！《流亡图》则写张贺轩、聂士儒、杨志苇、余明秀、潘琪一行五人坐上了从天津去西安的列车，途中因感情纠葛，张、聂这对情侣临时在洛阳下车，加入了洛阳演剧队。不久，张贺轩认为后方演剧队不是他的理想所在，遂和聂一起先行离开这里，去沦陷区参加抗日游击队。随后，杨志苇和余明秀也选择了离开，只剩潘琪一人孤单地过着报馆编辑的死灰般的生活。不甘碌碌无为，积极投身抗战热潮，当然是一个爱国青年责无旁贷的职责，只是这与本人是否在前线、后方并无本质的区别，关键在于是否有一颗爱国的心。作家将二者对立化，多少有些急切与偏颇，但他呼吁流亡青年要树立正确的人生价值观，积极地响应祖国与时代的召唤，投入民族解放的洪流中来，与时代同脉，与祖国同在，彰显出“国家兴亡，匹夫有责”的爱国主义情怀，跃动着奋发自强的时代旋律，也使小说洋溢着崇高的责任感与使命感。

总之，田涛的抗战小说真实地再现了抗战年代中国军民所遭受的不幸与他们的不屈精魂，揭示了战争的邪恶本质以及它给中国军民带来的精神创伤，暴露了人性中最丑恶的一面，呼应了中华民族不畏强暴，浴血奋战的历史心声，弘扬了中国人民宁死不做亡国奴，誓死御敌的崇高品德，描绘了爱国流亡学生在抗日的大潮中，寻找自我，构建自我的心路历程，塑造了一批可歌可泣、真实可感的英雄人物，如《地层》中的周七、史连科、陈宝财等，为那个时代留下了形象的侧影。虽然流亡学生的塑造显得有些单薄，但他对流亡知识青年心路历程的探寻，为抗战文学增添了新的质素。

第五章　抗战胜利后的四川抗战小说

引　言

1945 年 8 月 15 日，随着日本天皇的一纸降书，八年抗战正式结束。赤裸裸的血腥杀戮戛然而止。不过，对于抗战文学创作而言，抗战的结束并不意味着创作抗战的结束，恰恰相反，作家们反而能更为清醒地重新回味这场刚刚过去的战争带给人们的思考。所以，要还四川抗战小说史真实和完整的面貌，就不得不考虑抗战文学的余音阶段，也就是本文所指涉的 1945 年 8 月至 1949 年 9 月这一期间的抗战创作，而不是简单地以政治的时间划分或切断这段历史。

抗日战争全面爆发后，随着国民政府西迁重庆，大批知识分子也陆续聚集到四川。他们或是跟随自己的党派，或是跟随就职高校，或是以个人身份汇聚到了这一新的文化、文学中心地。虽然在抗战胜利之后，他们当中的绝大多数都重返故地，或是去了战前的文化重镇上海、北平、广州，但四川抗战时期的生活无疑给他们的创作打下了深刻的烙印，许多战时的创作都“遗落”在了余音阶段，其中不乏不仅能代表四川抗战小说的最好实绩，还能代表整个抗战小说之巅峰的扛鼎之作。毋庸置疑，余音时期的小说与前四个阶段的作品都有一个共同的主题——抗战建国，当然，在整体上也呈现主题的多样性和独特性。大体而言，此时的四川抗战小说可归为以下三类。

一、表现战争环境下流亡知识分子的抉择与命运。

大规模的迁徙、流亡是战争年代特有的社会现象，八年的战乱让作家们都习以为常。辗转漂泊让他们无法持续工作，来到四川后，他们或多或少拥有了相对稳定的环境和时间，大家都不约而同地将这独特又熟悉的经历作为素材进行创作。这些故事的主人公往往是作者从亲身经历和体验他者中提炼出来的人物，所以多为青年知识分子，这些“处在时代思潮尖端的青年知识分子经历了爱情与祖国、个人与人民、过去与未来的强烈的精神矛盾和苦恼中的突进”，[①] 所以，小说中主人公在流亡过程中的人生转折，往往是由他们在精神矛盾与苦恼中所做出的选择来推进的，包括对爱情、家庭、事业以及政治、信仰等的选择。路翎的《财主底儿女们（下）》中就塑造了蒋纯祖这个流浪的知识青年形象，他从家乡南京一直流亡到四川，看到了生灵涂炭的大地，经历了肉体和灵魂上的双重的生死考验，书写了一部抗战时期青年知识分子的精神受难史。丁易（1913—1954）的长篇小说《过渡》则是以出身于富裕家庭的大学生方仲明为主线，写他从江南老家到北平求学，又在抗战爆发前夕回到老家办学。家乡沦陷后，好友郭志太选择留在家乡打游击，而他则辗转西安进入临时大学的抗敌后援会，与苏婷因志同道合而相爱。有别于许多进步同学到前线参战，方、苏二人决心前往大后方从事教育工作。田涛的《流亡图》就描写了来自北方的知识青年们的流亡生活。与之类似的还有艾芜的中篇小说《江上行》，讲述了高越之、陈克明、罗辉、赵德娴等青年知识分子，坐船从南京转移到汉口的过程中所发生的故事。他们就爱国道路、人生信仰等问题进行了激烈的争论，许多人的内心产生了变化，导致了下船之后不同的人生道路。蹇先艾（1906—1994）的《古城儿女》就讲述了一群青年学生在沦陷前后的北平所进行的爱国抗敌活动，以及在这一过程中大家产生的分化。他们因不同的遭遇和信仰，或是前往内地寻求出路，或是加入游击队，甚至壮烈牺牲，还有的成为卖国贼。除此之外长篇小说《引力》（李广田）、《金色的蛇夜》（无名氏）、《艺灵魂》（赵清阁）以及《夜雾》（刘盛亚）等；短篇小说《两个流浪汉》《王炳全底道路》（路翎）、《流浪人》（艾芜）等，都试图通过表现青年知识分子和底层老百姓在热血的自救与救他过程中的迷惘、矛盾，来反观和思考整个复杂、动荡的时代思潮。

---

① 杨义：《中国现代小说史》（第三卷），人民文学出版社2005年版，第45页。

二、反映抗日战争环境下的不同人物的悲剧命运。

当然，余音时期的战争小说是多样化的，除了书写流亡故事外，还有大量作品是反映抗日战争环境下的各种社会问题，例如政治、经济、家庭等。本时期反映社会政治命题的小说大体分为描写、揭示领导层或基层的权力斗争、贪污腐败以及抗敌态度。后者更为重点和普遍，其中集中火力描写的是最能体现巴蜀地域政治特色的保甲制度，代表作家当然是沙汀。此外，艾明之（1925—）的长篇《雾城秋》讲述了抗战爆发后，热情正直的知识青年何德宗从上海沦陷区来到重庆，经过自己不懈的努力当上了某保的干事。本想做出一番事业的何德宗，却必须面对阴险狡诈、心狠手辣的副保长童大爷，眼睁睁任其趁着霍乱中饱私囊，却无计可施。日本投降后，他与高中生叶素芬坠入爱河，最后叶素芬凄惨自杀，何德宗遭到排挤。小说表现了充满希望的新生政治力量被川地如黑洞般的基层政治圈无情摧残和吞噬的悲剧。

从家庭、家族的视野书写人物悲剧命运的代表作毫无疑问当属《寒夜》和《四世同堂》。前者“探讨了一种熟悉的处境，那便是中国尚有许多家庭，并没有完全摆脱传统的生活方式。……在《寒夜》里，巴金从这三个常见的角色间，编织出一出动人心弦的戏剧来”。[①]《四世同堂》是一个三部曲：《惶惑》《偷生》和《饥荒》。其中第三册并未能在这一时期出版，但考虑到连续性的缘故，放在一起讨论。《四世同堂》写北平小羊圈胡同里，以祁家为代表的各种人物在抗战期间的遭际，主要表达了两个主题，第一是中国人（或者说北平人）的隐忍，第二是带有民粹主义的爱国主义。放在抗战的特殊背景下来看，是非常具有时代性的。除此之外，还有刘盛亚的长篇小说《地狱门》，丰村（1917—1989）的中篇小说《烦恼的年代》等。《地狱门》讲述了“九一八”前后。女大学生吉蕙奉哥哥之命嫁给留学归来的富家子弟何洁群，吉蕙说服自己与之结合、相爱。随着小蕙、小群的出生，何洁群投敌当汉奸，二人之间的矛盾越发明显。流氓胡奎五的出现彻底扰乱了吉蕙的生活，吉蕙随之堕落，跟着胡奎五过上了衣食不保的“自由”生活。后小蕙、小群悬赏寻母，胡奎五企图抢劫，阴

① 夏志清著，刘绍铭等译：《中国现代小说史》，香港中文大学出版社2005年版，第327页。

差阳错中吉蕙为救儿女命丧刀下。《烦恼的年代》描写了因父亲不愿沦为汉奸，梅庄、梅琴、梅汉三姐弟从北平逃到重庆后饱受蹂躏的凄惨遭遇。

三、表现军队生活与战斗场面

表现这类题材较有影响的是川籍作家萧蔓若（1908—2008）的《解冻》。《解冻》一共分为三部，第一部写秘书吴涛第一次被派到了前线嘉定留守处。但因为害怕不停歇的炮轰而失眠。同时还要和胆小怕事、爱享受的舒心寒，染有性病的廖恒通，粗犷耿直的梁仲宣，一心想当军官却只是个司书的雷华等人相处。同时，钟处长在崑山被指示组织宣传队，但由于想独吞经费，迟迟不愿开动。第二部写新宣传员罗静报到，因为才貌双全而引起舒心寒的喜爱和雷华的仰慕。梁仲宣与舒心寒为宣传队长之职位起争夺，吴涛任命了梁仲宣。同时发现钟处长形同虚设，毫无能力，叹息自己的政治抱负无处施展。三位所谓上海文化界的知名人士（苟而已、高尚涵、邹戈）来会见钟处长，称愿意到前方来做点更实际的救亡工作，三人的因性格迥异而际遇不同。第三部写大场失守后，全线总退却。罗静告诉雷华准备离开的打算，让伤心的雷华助他一臂之力。雷华在钟处长的责骂下，一走了之。邹戈决定回太湖边的老家，借复杂地势打游击战。在苏州，吴涛为不解散宣传队据理力争。后在南京火车站遇见了已经成上等兵的雷华。雷华并没有遇见罗静，但是相信总有一天会相遇。《解冻》写出了前线环境的动荡险恶，以及部队内部，军人之间权利和爱国真心的较量。除此之外，《财主底儿女们》涉及了一些正面描写作战场景的地方，例如徐道明带领下的小船队在芜湖遭遇敌军的危机场面；汪卓伦在马当指挥自己的小舰队与轰炸机对抗等。另外还有艾芜的长篇小说《山野》，周而复的短篇小说集《第十三粒子弹》、丰村的短篇小说集《望八里家》等均涉及对敌后游击战的描写。

表现军事间谍的故事也是军事小说的重要内容。徐訏（1908—1980）的《风萧萧》与仇章的《香港间谍战》可视为代表作品。虽然两部作品的风格、艺术手法迥然不同，但都为我们呈现了一个处于灰色地带的隐秘而又伟大的世界。

由于战事结束，使得这一时期的作家将视野更多地投向战争影响下的人与事，也有更多的精力与时间去追求小说的审美本性，这也为四川抗战小说出现力作，出现足以传世的扛鼎之作奠定了基础。

第一节　战争语境下的文化反省：老舍的抗战小说

战争是一种特殊的非常极端的生存环境，在这一语境下，丰富的人性内涵、历史内涵和文化精神被深刻地呈现与表达，爱国主义和正义被弘扬，真善美的文学追求更为深入。抗日战争，就是现代文学书写的一个重要场域。怀抱强国富民理想的文学家们在这民族存亡的时候更是激进。对老舍而言，抗战时期，是他爱国主义精神表现得最为饱满高涨的时期。

老舍是一个传统的儒家知识分子，以修身、齐家、治国为人生理想，尽管在中西文化对比中对中国的传统文化不断怀疑、反思、批判，甚至加入了基督教，但是他依然深深眷恋着传统。抗战，使他重新认识了传统文化的凝聚力和伟大爱国精神。他说："我们的不大识字的军民，敢与敌人的机械化部队硬碰，而且碰了四年有余，碰得暴敌手足无措。"这是因为他们"有一种深厚的文化力量"。[①] 他因此开始歌颂宣扬传统文化的精华，激发国民的爱国意识，保家卫国。而在这以前，从《老张的哲学》《二马》到《猫城记》《离婚》等，都是在揭露中国传统旧式教育、婚姻、家庭、政治体制、观念等对于生命的戕害，对于人性的束缚，痛心疾首地批判国民的劣根性，甚至表达出深深的绝望，以及那种要亡国灭种的危机感。"'中国人'这名目要消亡"乃至"中国人要从'世界人'中挤出"的"大恐惧"。[②] 但是，在抗战中，他发现他所批判的普通国民如赵明德、常二爷等"没有文化知识的人，不会写'国家'二字的人，可能视死如归地为国家牺牲性命"，"不认识多少字，他可是晓得由孔夫子传下来的礼义廉耻"。[③] 因此，他开始兴奋地热情洋溢地讴歌、挖掘传统文化的精华，看到了国民的力量和国家未来的希望。因为抗战的缘故，使老舍更加理性深刻地认识到传统文化的复杂性，既有坚韧的生命力和极强的凝聚力，也有腐

① 老舍：《大地龙蛇·序》，《老舍全集》（第9卷），人民文学出版社1999年版，第376页。

② 鲁迅：《热风·随感录三十六》，《鲁迅全集》（第1卷），人民文学出版社1984年版，第307页。

③ 老舍：《四世同堂》，《老舍全集》（第4卷），人民文学出版社1999年版，第429页。

朽的落后性，由此，他开始在战争语境中全面反省传统文化，“在抗战中，我们认识了固有文化的力量，可也看见了我们的欠缺——抗战给文化照了‘爱克斯光’”。[①] 也因此，老舍的抗战小说中的文化反省凸显了前所未有的力度和深度。

这种反省是“五四”新文化运动以来中国知识分子对于传统中国文化的又一次新的认知，跳出了西方文化坐标，开始寻求中国传统的自身内在现代性发展动力。可以说，抗战使这一代知识分子精英视野更加广阔，思考更为理性，对自身局限性反省更加深入，为后来对革命话语的接受打下了基础。

一、老舍的人生和艺术观

抗战改变了老舍的人生和艺术观。

“七七”抗战前，老舍已经辞去“山大”教职，过着职业作家生活，悠然自在，但抗战爆发后，有着“以天下为己任”的传统意识和“报国欲死无战场”的忠义观念以及基督博爱牺牲精神的老舍知道自己有“保家卫国”的义务责任。他深知民族气节的大义，担心济南沦陷而自己被逼变节做汉奸，所以，他必须早点离开。“国家利益”成为老舍衡量一切的最高价值尺度。“今日的中国，没有一件事比抗日救国更伟大更神圣的；我们的团结便是要在这最伟大最神圣的战争中各尽其力；这是你我的一切，此外什么也没有”。[②] 于是，他忍泪离开弱小妻儿，只身来到武汉，投入了抗战。

他明确表示：“我不是国民党，也不是共产党，谁真正的抗战，我就跟谁走，我就是一个抗战派！”[③] 当老友吴伯箫告诉他要到陕北去时，“他热情支持，但他自己却抱定无党无派，宣传抗战第一，国家至上”。[④] 他积极参与筹备成立全国文艺界大团结的组织“中华全国文艺界抗敌协会”，并被推选为主持全会工作的总务组组长，而且一当就是 7 年，他克服了种种困难，呕心沥血，为抗战鞠躬尽瘁。他成了发动抗战文艺，团结全国作

① 老舍：《大地龙蛇·序》，《老舍全集》（第 9 卷），人民文学出版社 1999 年版，第 377 页。
② 老舍：《我们携起手来》，《老舍全集》（第 14 卷），人民文学出版社 1999 年版，第 126 页。
③ 关纪新：《老舍评传》，重庆出版社 1998 年版，第 304 页。
④ 吴伯箫：《作者、教授、师友——深切怀念老舍先生》，《北京文艺》1978 年第 7 期。

家一致抗日的旗帜。茅盾曾感慨道，“如果没有老舍先生的任劳任怨，这一件大事——抗战的文艺界的大团结，恐怕不能那样顺利迅速地完成，而且恐怕也不能艰难困苦地支撑到今天了。这不是我个人的私言，也是文艺界同仁的公论”。[①] 整个抗日战争时期，老舍几乎都在重庆度过。

老舍不但领导了文艺界的抗日民族统一战线工作，开展了卓有成效的抗战活动，而且在创作上，他也取得了卓越的成就。他说：“在这时代，才力的伟大与否，艺术的成就如何，倒似乎都在其次，最要紧的还是以个人的才力——不管多么小——而艺术——不管成就怎样——配合着抗战的一切。”[②] 为了服务抗战，老舍积极投身于抗战文学的写作，甚至去尝试他所不擅长的通俗文艺。这种创作尝试的背后反映出他文学思想上的变化。20 世纪 30 年代初，老舍曾强调文学为“自我的表现”，认为“文艺作品的成功与否，在乎它有艺术的价值没有”，“以文学为工具，文艺便成为奴性的”；[③] 而抗战爆发后，他的观念却转向了完全不同乃至相反的方向：“在抗战期间已无个人可言，个人写作的荣誉应当改作服从——服从时代与社会的紧急命令——与服务——供给目前所需——的荣誉，证明我们是千万战士中一员，而不是单单的给自己找什么利益。”[④] 他从强调个性的表现到忽略个人的表达的转变，使他的创作从表现个体到表现群体，从《骆驼祥子》之类对个人命运的书写转到《四世同堂》对群体的塑造。他开始肯定文艺的宣传作用，指出：“有时候宣传的力量且比兵力更强一些。”[⑤] 而以前在大学教书的时候则认为“以艺术为宣传主义的工具，以文学为革命的武器”的做法“不管所宣传的主义是什么和好与不好”，是“叫文艺受损失的”。[⑥]这种功利主义文艺观的形成自然是因为在抗战特殊语境下，国家利益至上观念而带来的。“我们必先对得起民族与国家。有了国家，才有

---

① 茅盾：《光辉工作 20 年的老舍先生》，《新华日报》1944 年 4 月 17 日。

② 老舍：《这一年的笔》，《老舍全集》（第 14 卷），人民文学出版社 1999 年版，第 151 页。

③⑥ 老舍：《文学概论讲义·第三讲 中国历代文说（下）》，《老舍全集》（第 16 卷），人民文学出版社 1999 年版，第 37 页。

④ 老舍：《写家们，联合起来！》，《老舍全集》（第 14 卷），人民文学出版社 1999 年版，第 96 页。

⑤ 老舍：《保卫武汉与文艺工作》，《老舍全集》（第 16 卷），人民文学出版社 1999 年版，第 558 页。

文艺者，才有文艺。国亡，纵有莎士比亚与歌德，依然是奴隶。”[①] “救国是我们的天职，文艺是我们的本领。”[②] 可以说，老舍已经将自己的笔当成了抗日的枪，把自己当成了抗日的战士。

二、老舍创作转向的得与失

当作家开始功利性书写的时候，能够平衡兼顾审美艺术性与国家功利性吗？

老舍在抗战初期，在 1938 年一年就集中创作了《蜕》《一块猪肝》《浴奴》《人同此心》《兄妹从军》《敌与友》和《一封家信》等多篇小说。《蜕》是老舍于抗战全面爆发后创作的第一部长篇小说，于 1938 年 2 月 16 日开始在《抗到底》第 4 期连载，至 1939 年 3 月 16 日《抗到底》第 23 期中缀，总共只发表了十六章和一个“题解”，约 10 多万字，是老舍抗战时的第一部小说。这些作品反映出作者急于宣传抗战的爱国激情。此后，由于宣传抗日救亡的需要，老舍包括其他进步艺术家都牺牲纯文学而转向老百姓喜闻乐见的通俗文艺创作了。直至 1942 年后老舍才又开始小说创作。《不成问题的问题》《恋》《八太爷》《一筒炮台烟》《火葬》和《四世同堂》都创作于这一时期。

通俗文艺喜闻乐见，容易被文化程度不高的大众接受，更容易发挥宣传作用，所以老舍等作家都积极投入大鼓、评书、戏剧等创作中了。虽然对通俗文艺和话剧全心投入，但老舍并不擅长于此并感到“说真的，写这种东西给我很大的苦痛”。“口已被塞紧而还勉强要唱歌”，[③] 说明了这种受限制的难受。随后又在《制作通俗文艺的苦痛》里，倾诉在这种创作中的困境。直到 1941 年元旦，老舍终于按捺不住自己的小说创作欲望，《在民国卅年元旦写出我自己的希望》中表示“也许写一两篇小说”，同日的《三年写作自述》以及三月发表的《致西南的文艺青年书》，也都传达出他要返回小说阵地。然而，“抗战文艺，谈何容易！……这可就给作家找来

① 老舍：《努力，努力，再努力!》，《老舍全集》（第 14 卷），人民文学出版社 1999 年版，第 208 页。

② 老舍：《大时代与写家》，《老舍全集》（第 16 卷），人民文学出版社 1999 年版，第 531 页。

③ 老舍：《保卫武汉与文艺工作》，《老舍全集》（第 16 卷），人民文学出版社 1999 年版，第 560 页。

麻烦。战争是多么大的一件事呀！教作家从何处说起呢？他们不知道战术与军队的生活，不认识攻击和防守的方法与武器，不晓得运输与统制，而且大概也不易明白后方的一切准备与设施，他写什么呢？怎么写呢？”① 因为这种不熟悉，老舍清醒地知道书写战争的不易，但是为了抗战，他还是努力地用自己擅长的小说创作来表现时代主题。他没有逃避，认真地履行一名文艺工作者的责任，记录战争，检省历史。

《火葬》是老舍重新开始小说创作的第一部长篇。《火葬》取名蕴含着中华民族在“涅槃”中求得新生之意。“它要关心战争，它要告诉人们，在战争中敷衍与怯懦怎么恰好是自取灭亡。”② 这是小说的主题。小说讲述在北方一个城市，当地有一个受人尊敬的王举人，受汉奸刘二狗的操纵，在沦陷期间协助日本人维持秩序。他的女儿梦莲被刘二狗喜欢，但梦莲的喜爱之人丁一山早已参加了国军，回到市里进行抗日工作，和石队长一起领导了一支抗日游击队。刘二狗千方百计地捕杀抗日队伍，游击队在石队长带领下，发动民众抗日，奋勇杀敌，歼灭日军150余人，王举人、刘二狗等汉奸也罪有应得，但石队长引火自焚殉国，梦莲则被老佃户搭救逃出投奔抗日队伍了。小说歌颂了石队长、丁副队长为首的抗日武装队伍和百姓的抗战英雄事迹，揭露日寇杀人的滔天罪行，也愤怒地谴责了以王举人为代表的民族败类的无耻卖国行径。

这是一部正面描写战争的战争题材小说，很好地表现了平民觉醒的过程。在战争到来前，文城的民众对文城根本没有明显的感觉，战争来了，人们从“炸弹与枪炮”中开始有了基本的战争概念，“人们开始感觉到吃饭喝茶，生儿养女，喂猪，卖（或买）豆腐而外，还有些更大的责任与工作。他们须设法保卫自己的城池”。③ 军队来了，他们“心里都暗自盼望；快打吧！快打吧！把日本鬼子打败！从文城把日本鬼子打败”！④ 随着战事的蔓延，文城的百姓突然“感觉到文城的可爱”。在“大炮将要打碎他们的城，他们的家，与他们的性命”时，百姓只有一个信念：“文城必须守

① 老舍：《火葬·序》，《老舍全集》（第3卷），人民文学出版社1999年版，第335页。

② 老舍：《我怎样写〈火葬〉》，《老舍全集》（第16卷），人民文学出版社1999年版，第225页。

③ 老舍：《火葬》，《老舍全集》（第3卷），人民文学出版社1999年版，第357页。

④ 同上，第359页。

住！”因为，“文城与他们和他们所有的一切是不可分离的”！[①] 从这里我们看到了中国百姓的觉醒。战争可以激发起平民的爱国热情。

然而，这部小说在艺术表现上不是很成功的。老舍深知《火葬》的失败，他甚至直接用“要不得”概括它，说“像《火葬》这样的作品，要是搁在抗战前，我一定会请它到字纸篓中去的”。[②] 夏志清则直接指出老舍：“天真的爱国主义，才是全书真正的致命伤。”[③] 确实，因为缺乏战争经验，导致了描写的肤浅概念化和人物的类型化。因为不熟悉战争，老舍就尽可能地运用大篇幅的描述来塑造人物，比如石队长，是军人硬汉的典型形象：身材高大威猛，面容坚毅果敢，一双大脚跑起来飞快，有胆有识；对待战友和百姓，“以诚相见”；对待敌人，他“毒辣”“恨恶”。加上作者的大量旁白说明，使人物成为标准化的英雄，缺乏生动真实性。但是，老舍熟悉的人物就写得非常成功，显得立体丰满，具有可信度。比如王举人，王举人是个受封建传统文化熏陶很深的胆小文人，但自私、怯懦，为了保住自己的性命、家产，出任日本人的“维持会会长”，投敌虽非自愿，却帮日本人损害同胞。他内心悔恨矛盾但无法回头。老舍准确地把握了这个旧式文化人矛盾而复杂的心理，比起那些概念化的人物显得丰满很多。

在情节上，小说表达也有些牵强，比如丁一山这个少爷为何走出家门，如何成长为一名抗日战士，文中交代不清，在第一节就死了，好像他的出现只是为了铺垫梦莲走上抗日之路的后续情节。梦莲则是富家小姐的代表，天真、浪漫、任性，战前，她无知无忧，抗战发生后，她突然一下子就领悟到抗战的伟大和人生的意义，于是积极地投身到抗日队伍中去。她爱国的觉悟没有什么思想过程，只是借助亲人的离去就急转过来，这种牵强的情节安排正是老舍追求教化作用的功利主义创作态度的急切表现，它使人物丧失了艺术真实性与审美感染力。

尽管《火葬》在艺术上并不很成功，人物类型化、情节牵强、战争场面缺乏真实性，但是老舍在小说中表现的炽烈的爱国激情和昂扬斗志，在当时却起到了鼓舞抗战的效果。

---

① 老舍：《火葬》，《老舍全集》（第3卷），人民文学出版社1999年版，第369页。

② 同上，第335页。

③ 夏志清著，刘绍明等译：《中国现代小说史》，香港中文大学出版社2001年版，第315页。

中国现代作家的抗日小说，很少关注战争本身，也许这是因为抗日战争或者解放战争在书写者看来敌我之分非常明确，正义与非正义非常清晰，无须思考，而主要关注于战争中的人，表现战争语境下的人的生存、人的精神面貌、人的追求等。老舍笔下就是如此，《四世同堂》《火葬》都是反映战争状态下沦陷区人民群体的命运和他们的抗争，用战争透视中国文化传统，在生与死中考验人性。因此，几乎所有的抗战小说都突出了战争的正义性，歌颂杀敌英雄和舍生取义志士，而缺少对于战争本身的深层思考，不太关注战争对于人类的价值、意义、得失。而老舍作为一个爱国者和文化批判者，经历了为宣传抗日牺牲艺术性的创作痛苦，创作了并不成功的《火葬》之后，开始寻求一种兼顾艺术性和宣传功用的创作之路，最终写出了抗战巨著《四世同堂》，其成功之处就在于写出了战争深层的市民文化内涵。在这些抗日小说书写中，无论艺术上成功与否，老舍始终关注的就是中国传统文化，表达了作者对于战争的关注点不仅仅在战争，更在于国民性改造上，就是在战争中苟且偷生心态的文化根源，文化批判的姿态在战争小说中是非常鲜明的。

三、老舍抗战小说的艺术特质

纵观老舍的抗战小说，可以看到鲜明的爱国激情，更可以看到小说中在爱国力量的感召下对中国传统文化的深深反省。战争爆发了，一个千年文明古国被日本侵略了，我们要抗争，但是为什么会发生这样的事情？如果不思考其深层原因，历史还会重演。我们国家积贫积弱，而国力衰弱的原因和富强之路正是这一代知识分子始终在思索探求的问题。从“五四”以来，知识分子就对传统文化进行了声势浩大的批判，从鲁迅到老舍，都以其独到的小说艺术表达出对国民性改造的努力。老舍的抗战小说更是深刻地在战争语境中把传统文化的积极和消极价值呈现出来。《四世同堂》就是典型代表。

《四世同堂》分三部共 100 万字，以《惶惑》《偷生》《饥荒》为名，《惶恐》连载于 1944 年的《扫荡报》，《偷生》连载于 1945 年重庆的《世界日报》，并都在 1946 年出版了单行本，《饥荒》是在老舍访美期间完成的，前 20 段发表在 1950 年的《小说》月刊，后 13 段没有发表，原稿遗失，是 1982 年马小弥从 1951 年美国出版的英译本翻译过来发表在《十月》上的。版本并不完整。这部小说是作者1944—1949年历时整整六年完成的，过程极其艰难。在这部小说中，老舍把自己对于北平市民阶层的爱和认知深深地投入其中。

小说把战争和历史事件作为生活流程的底色背景，而没有直接描写惨烈的战争和战场，避开了自己不熟悉的内容，从“七七事变”开始，到抗战胜利，虽然记述了一个个真实的历史事件，如“七七事变”，淞沪会战、太原会战、台儿庄大捷、汪伪政权建立、珍珠港事件、日本投降等，但这些事件都是通过人物的活动、所见所闻和思想来叙述的，具体而言，就是通过平民的日常生活细节性的状态来书写宏大历史，产生了一种具有可触感的艺术感染力和审美效果，使宏观的文化反省在具体细节中表现出来，将人性、传统文化、日常生活等都置于“战争”框架中审视，从而使社会、历史、文化、人性等都呈现非常极致的形态，产生了一种反观效应，将战争从文学、文化的角度进行了认识和剖析反思。其实，这也是老舍擅长熟悉的市民世界在战争中的表现。

小说以抗日战争时期沦陷的北平为背景，描写了小羊圈胡同中的住户在沦陷八年间屈辱偷生的生活遭遇、家庭变故和人事沧桑。其中以四世同堂的祁家为中心，以祁家长孙祁瑞宣的心路历程为主线，表现北平民众在日寇铁蹄下的挣扎与抗争。透过老北京祁老人从一个目光短浅的自私老人一步步被逼成了反抗者，表现了国家民族的命运和普通市民日常生活的关系以及文化的改变，描绘出市民社会的封建理想家庭模式：四世同堂，在民族灾难到来之时崩毁的过程，由此对以北平所代表的中国传统文化从中国社会基层组织家庭、胡同社区、邻里群体等单位结构深入剖析家庭与国家、个人与民族、生命与自由等问题，对民族文化进行了深刻的反省，剖析了国民性的弱点，具有明显的民族图存意识和社会批判意识。“祁家”这个复杂的封建大家庭，在某种意义上成为中华民族文化的具体象征。可以说，小说延续了抗战前老舍对于国民性的反思，进入一个更为宽广的、深入的、理性的反思境界。

“四世同堂”的小说题目，明确表明了其反封建礼教家族文化的批判姿态。在战争冲击下，对家国关系进行了生动诠释，鲜明地指出“没有国就没有家”的真理。“国家”和“家”产生紧张的冲突时，对“小家”的过分执着，导致对国家利益的麻木与漠然。可以说，《四世同堂》是抗战文学中对家国关系进行诠释的代表作品。

小说首先是描写祁老人和韵梅走出“小家”上升到“国”的立场的转变历程，阐明了没有国家就没有小家的道理。“四世同堂”是传统中国家族理想，是儿孙满堂的幸福家庭模式，也是祁老人向他人夸耀的资本，因此他尽一切可能去保持这个家庭的完整，对其他社会事件的发生都无动于衷。他经历过八国联军进京，清帝退位，军阀内战。无论怎样乱，他仍然保留着中国的古老传统和风俗礼节，“逢年他要过节，遇年他要祭祖”。他“什么也不怕，只怕庆不了八十大寿”，他的最高理想就是安度晚年和全家太平。他认为“北平是天底下可靠的大城，不管有什么灾难，到三个月必定灾消难满，而后便诸事大吉”。卢沟桥炮响后，他让孙媳妇韵梅准备三个月的粮食和咸菜，认为很快就会过去，甚至可笑地认为日本侵略中国，大概是“看上了卢沟桥”上的“狮子”，因为日本爱占小便宜。直至儿子因受日本人的侮辱含恨自杀，孙女被饥饿夺去幼小的生命，最后忍无可忍才站起来向日本人发出愤怒的呐喊，然而抗战刚刚结束，他又很快忘掉了自己所遭遇过的苦难，对他的重孙小顺子说，“只要咱俩能活下去，打仗不打仗的，有什么要紧！即使我死了，你也得活到我这把年纪，当你那个四世同堂的老宗”。家族文化就是这样一代代沿袭下来的。这样一大批“祁老人”，“他们的不放心处只在自己与家小的安全，只求个人与家属能趋吉避凶，其他的事情可以一概不问”，[①] 保守自私，不关心国家大局。这样，“家”成了“国”的羁绊，传统的大家族礼教，保守封闭，束缚了人的个性和自由，让人逆来顺受，苟且偷生，养成奴性，如祁老太爷，善良、忍让，在敌人面前甚至懦弱，向抄家的便衣微笑鞠躬，“和蔼”地领受训斥，“当文化霉烂的时候，一位绝对善良的七十多岁的老翁是会向‘便衣’大量的发笑，鞠躬的”。对于邻居钱默吟被日军凌辱，他怕受牵连而不敢去探望。这种苟安心态让“爱和平的人而没有勇敢，和平便变成屈辱，保身便变为偷生”。这些思想行为反映了传统平民守旧、愚昧、怯弱的特点。此外，我们从祁老人的长孙祁瑞宣，从李四爷、小崔、孙七、刘师傅、程长顺、方六这些劳动者身上，同样可以看到市民

① 老舍：《是的，抗到底!》，《老舍全集》（第14卷），人民文学出版社1999年版，第100页。

性格的缺陷，他们为了自己的生存，各自以不同的方式在惶惑中偷生。封建家族礼教文化让人成为家族奴隶失去了自我的生命活力。老舍借人物之口说：“应当先责备那个甚至于把屈膝忍辱叫作喜爱和平的文化。那个文化产生了静穆雍容的天安门，也产生了在天安门前面对着敌人而不敢流血的青年！”小羊圈胡同的另一部分人，在战争文化环境中，因为民族国家意识的淡薄，暴露出自私、怯懦、顾小利忘大义、出卖国家利益等，没有民族大义，只有现实生存，如冠晓荷、大赤包之流，迅速沦为汉奸。这些人物身上都深深烙有传统文化印记，极易丧失人格和道德力量，在战争环境中有着悲惨的命运。如果不改变中国人奴性文化心态，打破四世同堂式的家族礼教，中国人不论怎样地大物博，人口众多，最终也只能做毫无意义的示众的材料与看客。是战争强化了他们的国家意识。

老舍自己曾说：“反封建使我体会到人的尊严，人不该作礼教的奴隶；反帝国主义使我感到中国人的尊严，中国人不该作洋奴。这两种认识是我后来写作的基本思想与情感。”① 正是基于这样的批判意识，老舍对民族性的关注尤为深刻，对侵略者的罪行尤为痛恨，笔下处处流露出国家残破的刻骨之痛。也正因为这种文化反省，才有了对众多小人物屈辱、悲惨的经历以及抗战中惶惑、偷生、苟安的社会心态细致的描写，也才有了对文化重建的期待，再现了这些人物在国破家亡之际缓慢、痛苦而又艰难的觉醒过程。

战争消弭了平民的生活和国家的命运之间的距离，把每个人都卷了进来。祁瑞宣是小说中重要角色，始终在彷徨中矛盾着，一面是民族大义让他应该离开家庭投身抗日；另一面却是家庭的责任，孝道义务使他不得不在沦陷区屈辱生活，当抗战爆发后，血与火的洗礼才使他深刻地理解到了国家对个人、家庭的意义时，他接受了地下党的任务，成为了抗日志士。还有独善其身的诗人钱默吟，战前吟诗作赋，苟安懒散，但儿子的牺牲、自己的被捕以及周围人物的遭际激发了他的爱国情结和民族情感，一身正气，不甘忍受屈辱，即使被捕、坐牢、被严刑拷打，也绝不失节，开始从

① 老舍：《“五四”给了我什么》，《老舍生活与创作自述》，人民文学出版社 1982 年版，第 300 页。

事地下抗日工作。清朝侯爷的后裔小文夫妇、汉奸女儿高第、姨太太桐芳、里长李四爷等都被迫从自己狭小的世界走出来，也开始敢于同侵略者相拼，宁愿站着死，决不跪着生。这些表明了北平市民的觉醒，在抗战炮火的洗礼中，他们不断清除精神上的积尘污垢，摆脱了传统思想观念的束缚，开始了新的生活，在残酷的现实面前，逐渐觉醒并发出强烈的爱国热情和民族自尊心，最后，表面上毫无英雄气概的人们成了胜利者，他们宁死不屈，顽强抗争，迎来了胜利。《四世同堂》还通过对祁瑞全等理想新人的描写，表达了作者对战后重建现代民族国家的希望和想象。祁瑞全这一代人的国家民族意识已经和老一代人完全不同，勇敢坚定，打破了传统家族观念，而将国家的荣辱存亡当作他的生命价值之所在。这些具有民族国家意识的中国人都是抗战的脊梁。老舍的结论是：中国人民觉醒了，中国大有希望。在抗战期间，中国的一般民众成为了真正的民族主义者。这才是八年抗战的历史胜利意义。

这种文化剖析和反省，是充满爱，充满民族正气、现代意识和自我批评精神的。这是一种在否定旧传统文化后积极重建新文化的努力。需要指出的是，老舍的抗日，是属于市民阶层的抗日，他描写了他们的善良平和、他们的软弱和痛苦、他们的苟且偷安等性格弱点和局限，也写出了他们的抗争、觉醒。他述说了一个民族在战争中，在侵略压力下，被迫逐渐认识自我，反省自我，走出千年古国的梦魇开始觉醒，开始反抗，最终在血腥的侵略战争的长期抵抗中，觅回了个人的以及国家民族的尊严——中国人终于站起来了。相对于他在写《猫城记》时对中国的绝望，此时的老舍没有了悲观心理。老舍知道，中华民族传统文化中的积极因子具有巨大的精神韧性和民族凝聚力，在抗战时期，它便是为国牺牲，保卫国家独立与尊严的反抗战斗精神的来源。他的抗日小说，是反省中国现代市民的国民性的一种极致表达，也是中国现代民族解放斗争的一面镜子。

第二节：大后方小人物的精神困境：巴金的抗战小说

读过巴金的人都了解，伴随他整个文学生涯始终的一个“主义”，毫无疑问就是人道主义。它以仁爱、忠实、友谊为核心，是巴金思想的基座，亦是创作的据点。[①] 人道主义的中心是人，人之所以为人的关键是人性，人性之体现在于精神。从巴金开始接触虚构文学起，对精神困境的开凿挖掘的线索就从未中断过。1923 年，巴金离开成都，带着对一切不合理的反叛与对人类的爱、激情。1941 年，巴金重新踏上故土，少年时稚嫩的爱沉淀得更为博大而厚重，当初拥抱人类的冲动与激情已内化为洞察人间世事的一双明眸。他敏感地发现战乱后期的这片故土之上，有着别样的人性之精神的生存景观，能够将自己漂泊在外积蓄已久的能量和实力点燃。巴金手握一把博爱与人性之尺，丈量着他最为熟悉的凡人凡事，在抗战余音时期，相继裁剪出《火》（第三部《田惠世》）、《小人小事》、《第四病室》、《寒夜》。试图以成熟平稳的心态去接近最真实最现实的大后方小人物的精神困境，表现基督教徒田惠世的理想主义世界的坍塌，探讨战争在汪文宣、汪母以及第四病房的病人们心灵上留下的深刻创伤，以及灵魂在面对恶劣的战时条件下，美质与恶质的博弈。

一、理想主义的坍塌

从一般意义上来讲，理想主义强调一种基于信仰的精神追求，两者像是一对亲密的双生儿，总是伴随着对方的出现而出现。田惠世是一名基督教徒，也是一个典型的理想主义者。与那些不懂真谛，执拗地执行教义，以及为了不下地狱而虚伪信仰的基督徒不同，他对基督教的笃信是执着又思辨的。我们不能说他是纯粹的理想主义者，因为他总是想从教义中获取支撑他精神的动力以及指引他前进的方向。我们也不能说他是完全的理想主义者，因为田惠世在行动上同样是一个巨人，无论是在医学界、商界还是教育界，田惠世都游刃有余。可世俗的磨砺并未让他失去理想主义的光环，“出淤泥而不染”的他像个孩子一样，向上帝不断地索取精神上的玩具。田惠世的理想主义表现在三个方面：对“爱”“乐观”“牺牲”的执着追求。战争的悲剧性和现实的残酷性让他的理想主义受到了现实意义上的致命打击与摧毁。

作为人道主义者的巴金，对爱与平等的倡导可以说是其精神理念的核

① 陈思和、李辉：《巴金研究论稿》，复旦大学出版社 2009 年版，第 11 页。

心。这一点恰恰与田惠世从上帝那儿得到的指示——“抓住的只是一个清清楚楚的‘爱’字”[①] ——不谋而合。可惜田惠世从上帝那儿获得“神谕”后不久，冯文淑就借《沙宁》批判了基督教的“爱”（倡导妥协让步，以及幸福的幻影）与抗日战争的主旨（需要坚决的反抗与斗争）的水火不容。田惠世陷入了苦恼，因为他一面承认教义的内容确实如此，一面却又不承认事实全都如此。所以转化性地“用牺牲代替前辈、伪善的说教，用爱拯救世界，使慈悲与爱怜不致成为空话，信仰不致成为装饰，要这样做，基督教才能够有将来，才能够战胜人类兽性，才能够把人们引进天国”[②]。其实就是自我精神对教义的一种修正式的领会的体现。那么是否可以用爱来拯救世界呢？也许《北辰》的出版和发行，证明了爱是可以为抗日救国出一份力的，爱是可以成为一股很持久又强劲的动力的。但爱并不是万能的，爱并不能拯救一切，至少爱不能解决一切。例如《北辰》在内地出版时所遇到的困难，只能依靠时间和金钱的关系，而并不能依赖于“爱”，又例如世清的死亡。世清可能是这个世界上最了解田惠世的人了，他敬爱甚至疼爱着他的爸爸，而爸爸也同样爱着他。但上帝并不眷顾这一对彼此深爱的父子，干脆利落地夺去了世清的生命。在见到世清棺木那一刻，田惠世是怎么也不愿相信爱的无所不能的，并且对他的“主”产生了深深的质疑：“难道这是在焚烧罗马城么？主啊，为什么要流这些血？为什么不放过这个天真的孩子？难道这是公平？难道这是你的意旨？明示你的仆人吧。”[③] 至此之后，田惠世对爱的执着变得越来越勉强，直至作为“爱”的物质载体的自己，在残酷的战争环境中被剿杀，走向死亡。用爱来保护自己的亲生骨肉都难以实现，用爱来拯救世界的这个理想随着田惠世的离世而彻底幻灭。

田惠世在一开始是从基督教教义里析出了“乐观”的态度，并且坚决地相信和执行她，微笑就是这一“乐观”姿态的外化表现。所以当冯文淑初次和他见面时，田惠世是有着“孩子似的笑着的嘴唇”。当冯文淑与他发生争论时，他也总是“带笑打岔”，“忍不住嗤笑起来”，“微笑着”。即便是论点触及了他的信仰原则，引起了自己的恐慌，他也同样泰然自若地

① 巴金：《火》（第三部），开明书店 1947 年版，第 45 页。

② 同上，第 74 页。

③ 同上，第 260 页。

报以微笑，悲观意识总是像薄雾一样一吹即散。在后方遇到空袭警报时，他也处变不惊地微笑应对，单纯地相信拥有了上帝的眷顾就不会被死神选中。所以就连世清也说：“这就是爸跟别人不同的地方。他即使在寂寞的时候，在人面前还是笑嘻嘻的。他碰到最大打击的时候，还是很乐观的。”① 可仔细想想，田惠世的这种无处不在的乐观，对于普通人来说其实是不正常的。饮食男女都有七情六欲与喜怒哀乐，面对寂寞、打击和危难时都会保持一如既往的乐观的人，应是出现在新中国十七年小说中的典型的概念性的革命英雄人物。那为什么田惠世可以做到呢？这就正好说明了追求和保持“乐观”是他理想主义的表现。也即是说，为了坚持或达成他的这个理想主义的目标，他一直在进行一种自我催眠和暗示，就是去相信“我就是乐观的”，即便内心有所疲惫和怀疑，也要继续执行这个“我就是乐观”的预设程序。可惜这个世界上本来就不存在先知，可以预测每一个人会在下一刻遭受怎样沉重的打击。所以当田惠世确认世清的死亡之后，便再也不能在世清之死这件事上乐观起来，每每提到都伴随着唉声叹气。对凡事都持乐观的姿态，伴随着对爱的失望，对上帝的质疑而开始走样变形。虽然田惠世在病中仍强颜欢笑，仍表现出积极乐观的态度，但很难不流露出面对死亡时的恐惧与焦虑，从来都很温和谦逊的脾气开始有了焦躁的痕迹。因为世清的死亡和自己即将走向生命终点的事实，对他乐观面对一切的理想主义宗旨是具有毁灭性打击的。田惠世离开人世时，“脸上仍还留着平和的微笑”。这是他曾经为理想主义奋斗与挣扎过的证据，他自己是满意的。可是他又不得不承认，他的“乐观”是被击碎了的。

田惠世通过对爱的创化理解得到的：“在你劳力不息的时候，你的确在爱了生命：从工作里爱了生命，就是通彻了生命最深的秘密。”也就是说，田惠世认为为了要更好地实现上帝交予他的“爱”，应该将这种玄虚的精神力量化作最实际的具体行动，而他能做的就是为促使抗战胜利的工作而献身。以一种殉道者的精神，不惜牺牲一切地去工作。当他在创办《北辰》时，田惠世吃了不少苦头，经历了重印、火灾、缺少人手，以及被经理敲诈的事件。但他始终以一己之力，顽强坚持着。“我是预备奋斗到底，就是说预备苦干到底。弄到卖掉衣服，我也要把我的《北辰》出下

① 巴金：《火》（第三部），开明书店1947年版，第157页。

去，就是销路减少到五百、一千份，我也不停刊。”[①] 为了这个“淘气的孩子”，一切与刊物有关的事，田惠世都要事无巨细、亲力亲为，不愿放掉自己的任何责任，做好了随时为工作牺牲的准备。他不仅这样要求自己，还以同样的标准要求别人，例如一有警报大家就跑，在田惠世看来是不敬业的表现，认为不到万不得已的关头都应该奋战在自己的岗位上；又如，他宣称人人都应该在这个时期认识到为工作而牺牲的重要性，并以此为目标，整个社会的效率才能提高。可是在旁人看来，这种要求未免过于荒唐和幼稚，但这恰好体现了田惠世对“为工作而牺牲”这一个信念的理想主义追求。那么田惠世最终有没有完成自己的这一“执念”呢？田惠世健康恶化的开端确实是由办刊过度劳累引起的，但将其推向死亡深渊的并不是工作，而是另有其二：首先是世清的突然被炸身亡，对心理造成不可逆的打击，以致加速生理上的病情恶化；其次是过度服用西医刘亨利开得沙尔法（一种抗生素），直接导致生理机能遭到破坏，病痛走到无法挽救的地步。世清的意外说明了战争的残忍和荒诞，庸医的误诊说明了战时的无序与混乱。所有的这些都是来自外界的不可控力量，在这力量的利刃下，原本相信这力量可控（上帝控制）的田惠世“为工作而牺牲”的理想主义追求被活生生地斩断。当然一并被现实击倒的还有“爱”与“乐观”。

二、战争镌刻的伤痕

20世纪40年代后期，战争危机和严重的社会危机肆虐，生活和精神都苦不堪言。康永年读完《寒夜》后曾含泪写道：“我想愤怒的吼叫，我想尽情地痛哭，我想向谁去控诉，为着书中的主角，为我自己，为生存在同时代受着苦难磨折的伙伴。”[②] 毫无疑问，汪文宣就是他最为典型的“伙伴”！汪的事业与家庭在战前可谓是积极美好的，可随着战争的降临，战事的推进，一家四口不得不避难重庆，从事教育事业的梦想顺其自然地被打破。在山城，他当上了校对员，整日面对“似通不通”的文章和虚伪蛮横的上司，让这份工作显得无聊且毫无进取意义，但是物价的飞涨又不允许他丢掉这一份工。所以从事业上来说，汪文宣是失败的，战争使他从当

① 巴金：《火》（第三部），开明书店1947年版，第120页。

② 康永年：《寒夜》，《文艺工作》1948年第1期。

初希望、理想萦绕左右的蜜境跌入终日白白消耗生命的灰暗泥沼。福无双至，祸不单行，汪文宣不但事业不得意，后院萧墙还起火。同样作为知识分子出身的曾树生不安于战争爆发所导致的“花瓶”身份，更不安于像汪文宣一样逆来顺受，借着婆婆对她不满的推力，与深爱他的汪文宣渐行渐远。所有的这一切既像慢性毒药又像当头棒喝，不停地侵蚀和捶打他原本健全的人格。让汪文宣不时闪现出某些类似神经症人格的特征。

《寒夜》一开场是跑警报的场景，虽然生活在大后方早已掌握了跑警报的技巧和节奏，但无论如何也是一件性命攸关的事，不能不集中注意力。但汪文宣似乎有点恍惚，他还沉浸在妻子离家出走的麻烦之中：

> 他低声对自己说：“我不能再这样做！”
>
> “那么你要怎样呢？你有胆量么？你这个老好人！”马上就有一个声音在他的耳边反问道。他吃了一惊，掉头往左右一看，他立刻就知道这是他自己的讲话。他气恼地再说：
>
> “为什么没有胆量呢？难道我就永远是个老好人吗？”
>
> 他不由自主地向四周看了看，并没有人在他的身边，不会有谁反驳他。①

“低声”“吃了一惊”“气恼”“不由自主”，简单的几个动作就暴露了暗藏在汪文宣潜意识当中的紧张、焦虑和自我防御意识。警报解除后，汪文宣奢望地等待着妻子连同母亲一起的归来，不尽人意的结果和母亲责备、嘲讽的话语让他陷入一场持久的噩梦。梦中遭遇了敌军的袭击，妻子带着孩子强势地说服他直接离开，他央求妻子找到母亲后一起走。可是母亲、妻子和儿子都从他身边消失，他似乎被推推攘攘上了一艘受着大浪颠簸的船。不难看出，这个开篇不久出现的梦境正是关于汪文宣的一个寓言，他所信赖和依靠的至亲“没有人真正关心到我！各人只顾自己。谁都不肯让步”！并且最终都将离他而去。在我国民间文化当中，素来有将登船回家暗作死亡之意；更确切地来说，这艘颠簸的船象征着战火飘摇的中华大地，而推挤的状态象征着他被黑暗社会剥蚀正酣下的焦灼情状。

① 巴金：《巴金选集》（第六卷），四川人民出版社 1982 年版，第 211—212 页。

卡伦·霍妮在《焦虑的现代人》中称："恐惧与焦虑都是对危险的适当反应，但是在恐惧的情况下，危险乃是一种可见的、客观存在的情况；而焦虑不安的情况，其危险则是潜藏的与主观的。也就是说，焦虑的强度随着处境对个人之意义而增加，同时对于他会如此焦虑不安的理由，他自己则根本一无所知。"① 虽然汪文宣的焦虑并不完全等同于霍妮所指出的那种真正意义上的神经症人格所引发的焦虑，但他确乎又表现出了异于常态的对家庭关系的恐惧：连续几晚都做了类似的荒唐之梦。其实，这些梦并不荒唐，这些"类似"恰是汪文宣焦虑之症结所在，可它为什么又是"荒唐"的呢？那是因为我们主人翁并未意识到这些梦的意义所在，换言之，汪文宣并不清楚其焦虑的真正缘由。他隐约地感觉到内心的这份焦虑，但是，他并非麻木不仁，相反，他是一个富有激情，内心敏感且脆弱的知识分子。所以，汪文宣没有选择对其进行合理化、否定、回避自己，而是选择去尝试解决这份焦虑。他认为家庭关系和爱情、物质生活一样，只要能相互忍耐、迁就，再坚持一下就能好起来。可现实是在家庭关系上汪母和曾树生互不退让，只有他幼稚地认为还有希望，所以一再顺从两人的潜在欲望，压抑自己所有的需求，甚至以自我牺牲为代价。但自己的牺牲只能换来母亲对树生的加倍怨恨，和树生对自己无能的叹息，导致灵魂焦虑加重。在爱情上，汪文宣随着中国的沦陷自己也陷入委曲求全的依附地位，曾树生对他的任何关心在他看来都是对他莫大的爱的恩惠，因为他其实是在运用乞求怜悯的方式来获取爱情，这"表示他具有先入为主的信念，即自己无法以任何其他方法来获得爱"，② 越是谨小慎微就越难获取有尊严的爱，在无形之间戕害了他的人格。实际上，这一切的悲剧真正来源，是因为战争打破了整个家庭的平衡状态，使一家四口人最本质的特征和需求都直接暴露在了一种特殊的极端环境下，并且被扩大，乃至失真。而这一切恰恰又是汪文宣无力去改变的。所以他灵魂的焦虑来自于特定时代的不可逆的因素，正是战争年代的悲剧性因素又不可逆地剥蚀和蹂躏着他的人格。

战争留在汪母人格上的刀痕也是非常明显的。她原本是"昆明的才

---

① ［美］卡伦·霍妮著，叶颂寿译：《焦虑的现代人》，上海译文出版社2013年版，第31页。

② 同上，第109页。

女”，是受过教育又有一定地位的旧知识女性。由于抗日战争的爆发，汪母失去了她倚仗的物质条件和社会地位，沦为了“二等老妈子”。现实的苦难使“才女”应有的涵养逐渐剥落，敌对意识开始出现在她的脑海当中。但现实又如同一个无形的对手，让她这个老太婆无处着力进行还击，面对大时代的错误她只能选择压抑她的愤怒，促使人格开始变形。长久压抑的愤怒会因为外在的对抗因素（以儿子为媒介，将树生作为假想敌）而强化。于是她将旧时的“辉煌”作为尊严和武器，自我安慰的同时以攻击曾树生来换取强大怨气的不断释放，人格随着这一突破口走向病态化。另一方面，汪母将儿子作为其最后的财产进行过分的守护，也是一种伦理关系失常与人格异常的表现。她宣称自己的所作所为都是为了儿子的最终利益，却根本不从儿子的立场出发，汪母不但不能将自己的温情正确地传达给汪文宣，还亲手扼杀了儿子的婚姻。究其原因，战乱和不合理的制度几乎夺去了她的所有，她要想尽一切办法，甚至不择手段地守护她仅剩的财富。

与此同时，“第四病室”也上演着战争对人性的残害的故事。他更像是一个大餐盘，将形态各异的残缺人格纷纷呈上桌来。1. 麻木不仁、幸灾乐祸型。代表人物是三床、八床、九床。他们将十一床迟迟不能大便当作护工老郑的恶作剧；当十一床异常痛苦，需要灌肠时，八床又发出了刺人的笑声；十一床在临终之前曾有过长时间的绝望挣扎，在八床、九床的建议下，老郑将十一床像犯人一般绑住，让十一床失去了身为活人的最后一点尊严；十一床咽气后，又从八床、九床传来了熟悉的调笑。死亡像是与他们毫不相干，不能对他们产生任何威胁，哪怕就发生在身边。换作和平年代，这种“超然”的态度是多么不可思议！但他们生活在尸横遍野的战争年代，这种对生死的调笑态度是不足为奇的。2. 消极悲观、胆小如鼠型。代表人物是第六床的朱云标。他刚刚进入第四病室时，只是一个手关节骨折的患者，但他却充满了悲观的论调，认为他自己的伤很难治愈。虽然他非常惧怕死亡，却不对医生和护士报告真实的病情，因为“我说‘好’说‘不好’，还不是一样。他总是不管你，站一下就走开啰”。[1] 他对医患关系的不信任，归根结底是对他自己未来的绝望。他时常念叨不该

① 巴金：《第四病室》，上海晨光出版公司1946年版，第139页。

出来混迹，而应留在家乡陪伴母亲，乍看像是孝心爆发的忏悔。实则朱云标对八年抗战的失望内化为人格当中无可救药的悲观与胆怯。3. 唯钱是图，渴望尊严型。代表人物是护工老张。老张因为金钱的缘故不愿为十一床拿大便盆，在“我带了点恳求的调子微微笑着说出”“请”字之后，“我看见他的脸部表情在变化。他的厌烦没有了。温和的微笑在他的方脸上散布。他站起来，说：‘我就给他拿去。’我觉得对付这个人我的方法收效了”。[①] 战争和阶层将老张、老许“逼”上了唯利是图的道路，但人性本善，他们也同样渴望被尊重，但是除“我”之外仿佛无人意识到了这一问题。老张、老许们的人性之“恶”由时代造就，因人们对他们的误解而“升华”。

三、恶与美的较量

巴金的这一时期的作品中，还有一些人物体现了极端环境下对人性的自我把持的一个过程。他们不断往来于美质与恶质之间，行走在良心与野心的边缘，让奉献精神与私欲进行残酷博弈，演绎了一出出戴着镣铐的精神舞蹈。

曾树生几乎能算得上是一个手握生死牌的人物，就算我们说汪文宣的死是大时代注定的悲剧，但是你不得不承认她的催化剂作用。树生是自知自己对于那个家庭的重要性的，若不是汪文宣将重心都放在了自己身上，汪母也不至于如此不依不饶。树生原本可以一走了之，可是她并没有，而是为我们留下了一条清晰的人性挣扎路线图。第一次是她因负气离家出走，汪文宣去咖啡馆与她谈心，希望她能回家，她断然拒绝了这个请求。当他问及“第三者”时，她忧郁而冷静地说出了“第三个人可以说有，也可以说没有”。说明人生分岔路的诱惑早已出现在了树生面前，而她在这一阶段选择了冷处理，搁置了会引起变故的欲望，满足了眼前保证生活品质的基本需求。并且从她送醉酒的汪文宣回家可以看出，虽然这一阶段她对汪文宣的感情已从爱滑向了怜悯，但内心深处的某一个角落还埋有回归家庭的残火。第二次的波折将曾树生直接推向了选择的十字路口，一方面陈主任抓紧时机进行了表白，并邀请她赴甘肃一起工作和生活；另一方面

① 巴金：《第四病室》，上海晨光出版公司1946年版，第58页。

汪文宣主动劝说她离开他的身边。曾树生并没有走，汪文宣带病坚持工作只因想为她买生日蛋糕的行为彻底软化、感动了她。女人面对甘愿为自己不顾性命的男人，谁会不动心呢？因为汪文宣过分的“好”让她的良心受到了前所未有的拷问，灵魂当中的负罪感和责任感敌过了对私欲的追求。树生虽然留下来了，不过，如此留守的保质期是短暂的，因为感动过后是难以逾越的家庭障碍和生活困境。所以树生离开的那天终将会来：

> “我会——”她刚刚说了两个字，忽然一阵心酸，她轻轻地扑到他的身上去。
>
> 他连忙往后退了一步，吃惊地说：“不要挨我，我有肺病，会传染人。”
>
> 她并不离开他，反而伸出两只手将他抱住，又把她的红唇紧紧地压在他的干枯的嘴上，热烈地吻了一下。她又听到那讨厌的喇叭声，才离开他的身子，眼泪满脸地说：“我真愿意传染到你那个病，那么我就不会离开你了。”①

相信树生是真心愿意“传染你那个病”，“就不会离开你了”。因为这句话的潜台词是：现如今只有死亡才能将我留在你身边了。试想你深爱的人将留在你身边视为与坟墓相伴，这是何其残忍。曾树生人性当中羸弱的一面终于占了上风，无法抛弃小资产阶级的生活，她发出了“我也是女人”的既像借口又最真实的呼声。当她再次回到重庆时，丈夫已死，婆婆和儿子不知去向，她终因灵魂的懦弱而尝到了现实的苦果。

可我们不禁要追问，留在这个家庭当中，对曾树生真的有好处么？汪文宣是如此软弱的一个人，在这样的社会不仅无法立足，更无法形成反抗。在家中不能保证树生享受简单的家庭快乐，难道女人就靠着“你对我太好了”就能过活吗？要知道她不过是一个平凡的，追求物质生活和精神愉悦的资产阶级知识女性。

《第四病室》中的“我”对于“第四病室”这个炼狱来说，既是观察者又是参与者。“我”的人性标准难免不成为评价这一房人灵与肉的出发

---

① 巴金：《巴金选集》（第六卷），四川人民出版社1982年版，第408页。

点，这就意味着当“我”在丈量病房里的所有人时，读者一方面借“我”眼观察他们；另一方面也在比较中对“我”进行观察，很容易就发现了“我”的人性的阴暗与光明面在此期间的肉搏。

“我”对麻木不仁、幸灾乐祸的人格是否定的。起初听到十一床的野兽般的哀号，“我”的心想“为什么没有人给他帮一点忙，减轻他这痛苦？为什么大家听着，看着，笑着？我想，我或者可以去为他找到老张”。①“我”果然去找了老张，帮助了十一床。可逐渐“我”也开始失去了行动力，人性中怯懦、自保的一面开始抬头。一次，第三床的苏先生因为金钱问题讥讽第十一床时，“我听着，心里很不好过。我觉得寂寞。我又有点惧怕。真的，那个人就在我脚下，和我隔得这么近。要是我处在他的境地呢……我不敢往下想了”。② 又一次，看着老郑绑十一床，“我”只是同意了生气的朱云标的言论，实质上是默默无言地接受了这个事实。“我”不相信护工们都是金钱的奴隶，并用自己的行动证明了他们对尊严的欲望。可“我”还是给了剃毛护工五十元的“小费”，仍用四百五十元换来了“那个永远板着面孔粗声讲话的工友居然带着谄媚的微笑向我道谢”。③ 人性的强硬不得不服从这战争年代的生存法则。“我”对第六床朱云标的态度也很好地印证了人性强弱面的此消彼长。一开始“我”对他很是友善，但他郁郁寡欢、患得患失开始让“我”不太喜欢。“我”规劝过他，但是他反而恼了，这使“我”闭口不再多言。后来他病入膏肓，“我”越发开始同情他，就连杨大夫多次让“我”转床位（朱云标患上了传染病），“我”也拒绝了。“我”像是对他有责任，又像是在对整个病房宣告：“我”同你们不一样，“我”尊重生命，畏惧死亡，但是绝不谈虎色变！可是“我”又偷偷将饼干还给他。最终，我为敷衍对待他回光返照时留下的遗言而感到无尽的遗憾和后悔。

当黑暗和寒冷来得太浓烈时，人性的力度和硬度就显得非常脆弱，特别是当这个人形单影只的时候，逐渐会失去巩固防备与反抗的能量，被黑暗同化。这时，人性的保守、自卫的一面就会转向对美好人性的简单倾慕与渴望，像是孩童对母亲的原始爱恋一般，希望获得温情，受到庇护。这

① 巴金：《第四病室》，上海晨光出版公司1946年版，第57页。

② 同上，第79页。

③ 同上，第247页。

也是在极端恶劣的环境下，人性自持与自我拯救的一条道路。无论是田惠世、汪文宣、曾树生还是“我”，都通过抗日战争进入了人性与爱的秘密世界，不过有的人找到了通往天堂的道路，而有的人却堕入了无尽的深渊。但巴金在这条路上的探索才刚刚起步。

综上，巴金在余音时期的抗战小说之灵魂依旧是人道主义，围绕着忠实、仁爱和友谊展开。从《火》（第三部《田惠世》）、《小人小事》、《第四病室》到《寒夜》，巴金的视野逐渐由特殊转向最普通、最平凡，试图以爱的眼光洞穿小人物在战争大环境的“拨弄”下精神上的悲剧性。田惠世作为一个基督教徒领会到以“爱”来关照这个世界，并由要“爱”也要“行动”的宗旨衍生出为人“乐观”，要为事业而“牺牲”的价值观，原本是极好的道路。可惜战争的无情与沉重将他的理想主义追求碾压成碎片，他的肉体也随着精神的幻灭而殆尽。为了审美，要首先学会审丑，巴金在《第四病室》中将灵魂的“美质”与“恶质”放在一起较量，试图展现人在极端环境下内心的最隐蔽处。同时，也写下了一个博爱的寓言。《寒夜》的故事代表了中国最为普通的四口之家被刻上的最为深刻的精神悲剧。巴金只是将他内心最为真实的体会娓娓道来，没想到却勾勒出了抗战背景下千千万万家庭的精神变异史。不过巴金始终提着“爱”的医药包，为这道伤痕涂上温情的药剂。之所以评论界公允了这一时期是巴金文学创作的一个顶峰，是因为他致力于以成熟、平稳、真实、细腻的心态去爱与同情大后方小人物的精神困境。

第三节　抗战小说的巴蜀视野：艾芜的抗战小说

纵观艾芜的小说创作，“似乎存在着两个迥然不同的世界，奔涌出两股互相冲突的激情。有时候，他是那样的豁达开朗，热情洋溢，一言一笑都流露出纯真的赤子之情；可在另一些场合，他却又满怀悲愤，故作平静的脸色掩饰不住心底的忧伤，他对人物内心隐情的挑剔是那样透彻，简直像一个老于世故的讽刺家”。[①] 后一种情绪世界反映的即是进入 20 世纪 40

① 王晓明：《沙汀艾芜的小说世界》，上海文艺出版社 1997 年版，第 198 页。

年代以后艾芜多数的作品状态，以余音阶段的长篇抗战小说《故乡》（1947）和《山野》（1948）为代表。除此之外，这一时期围绕着抗战的主题，艾芜还先后发表了短篇小说集《锻炼》（1945）、中篇小说《江上行》（1945）、短篇小说集《我的旅伴》（1946）、《艾芜创作集》（1947）、中篇小说《我的青年时代》（1948）、短篇小说集《烟雾》（1948）、中篇小说《乡愁》（1948）等作品，以写大后方知识分子、乡镇人与农民的战争生活之磨难为主。其中，在《山野》里首次长篇幅地正面描写了敌后游击战生活，虽然这个小小的吉丁村并不在艾芜的故乡四川，但是艾芜却用独具巴蜀意蕴的文化性格来刻画了这一天一夜的敌后之战。发现“回水沱”般的环境和心理，阻碍了《故乡》和《山野》中抗战生力军的突围。这一时期，艾芜笔下诞生了两类人物形象，他们都是大后方特有的人物形象。第一类是军人：荣誉归来的正规军、负伤潜逃的士兵、民兵以及年过半百的女兵等；第二类是难民：一种是从城市涌向乡村的小公务员，一种是从乡村逃往城市的战争遗孀与遗孤。这两类人物交织在一起，为我们网络出了一个笼罩着战争阴影的悲惨世界。

一、用巴蜀文化气质书写山野游击战

四川盆地和成都平原独有的地理特征决定了巴蜀人自给自足的农耕生活模式，并给予了相对富庶、宽松的生存环境，同时四面环山的地理环境在无形中阻隔了国家权力、国家文化对巴蜀地区的渗透与束缚。可以说在相当长的一段时间之内，巴蜀文化和其经济模式一道在国家文化（儒家传统文化）的边缘地带自给自足地蓬勃发展。这就势必会形成一种安逸闲适、自由散漫的生存景观。被批评者概括为“文化性格上相对保守、封闭，缺乏努力创新之激情的特点”①。但燥辣、耿直的“西部性格”，少受礼教纲常桎梏而可以较快接受新奇事物、文化的特点，又使四川人往往敢于冲破盆地的封锁，去追求和获得更为广阔的视野与价值观，并以之作为逻辑基点来反观、自省本土文化之优劣。所以，一面是安逸闲适与自由散漫，一面是耿直燥辣与爱拼敢闯，共同组成了巴蜀之地的文化气质之特点。《山野》与《故乡》的动笔时间几乎一致，也是因环境的不允许，艾

---

① 李怡、肖伟胜主编：《中国现代文学的巴蜀视野》，巴蜀书社2006年版，第18页。

芜带着《山野》走过了桂林、重庆、上海，直到 1947 年才完成了这三十多万字的内容。那么，小说是怎样体现巴蜀性格的书写呢？从整体上来说，前一种性格主要体现在叙述者对整篇小说时间上的控制：通过插入停顿、重复叙述、倒叙等手段，改变文本时间时长，给人以速度和节奏的缓慢之感，与巴蜀之人的性情相投。后一种性格主要体现在叙述者对战斗精神的把握上：只用了简单几个人物就勾勒出了一场耿直燥辣、爱恨分明，充满激情的山地战。

《山野》的故事是描写吉丁村在一天一夜里的抗日游击战生活，看上去像是短篇小说的题材，竟让艾芜写出了三十多万字，五百多页（1948 年版）的“长篇巨制”。那么，叙述者是怎样控制文本时间变形的呢？第一种方法就是穿插停顿。例如在 16 章结尾处，写美珍和阿栋离开“军营”，开始返家。21 章写阿岩与村长韦茂和失和，气愤地夺马，准备和阿龙离开吉丁村。到了 23 章的时候，刚才在 21 章骑马离开的阿岩和阿龙就遇上了 16 章末尾从“军营”往家回的阿栋和美珍。也即文章的第 17—22 章就是一个信息量很庞大的穿插，利用的就是美珍和阿栋从“军营”返家的这段时间（16 章到 23 章），这段回家之路在文本中完全没有提到，也就是没有情节的，全部作为其他事件的穿插。对于文本设定的一天一夜的总时长来说，这一段“返家时间”所占用的比例是很小的，但所叙述出来的情节却是非常丰富的。当然还有一个不能重复计算的 21 章到 23 章之间的小插入。同样的例子还有，第 22 章末尾写徐华峰提出与韦茂和同去黑虎关查看，25 章开篇他们就到达了黑虎关。中间的第 23 章就是一个插入（24 章为倒叙，不算在内）。从 26 章开始直到 28 章（第二部结束），都是描写吉丁村的民兵与敌人作战的场景，第 27 章交代阿劲、阿树受困，第 28 章交代徐华峰生死未卜，第三部的 29 章、30 章（部分倒叙内容）、31 章、32 章（找到阿劲、阿树和徐华峰之前）就又是一个多内容的插入，直到在 32 章的“下半阕”三人分别被阿龙找到。中间省去了阿劲和徐华峰是怎样脱困，阿树是怎样死亡的情节，取而代之的是美珍与美玉去前线的情节。除了对时间的利用关系外，可能与原本艾芜就毫无战争经验，凭空想象的原因有限相关。

除了插入停顿外，第二种方法就是倒叙，倒叙也是节约时间，填充内容的好办法。从第 5 章伊始，叙述者先用了一个不太标准的技术性重复，即运用韦茂廷的视角简要重复了第 4 章韦茂和与长松见面的事件，随后就引起了他的倒叙，讲解他和长松、长桃两兄弟的过节。第二处明显的倒叙发生在第 11 章长松给美珍和阿栋介绍矿工队的历史。还有一处是第 30 章倒叙美珍从野猪岭回来以后办托儿所的事宜。倒叙所起的作用就是补充历史信息，让情节或人物像在开始叙述之前就真实存在，一直延续到现在一般。同时也省去了花费正叙时间去描述不太重要的补充信息。

如果是没有穿插和重复或是倒叙，完全按线性时间来叙述的话，《山野》会因为没有起承转合，没有悬念设置，没有欲扬先抑而变得味同嚼蜡，难以下咽。这是与巴蜀之地重趣味逸致的文化性格不符的。当然这里所指的是结构上的趣味逸致，而并非基调上的。艾芜费心地运用叙述手法讲述了一个原本并不复杂的故事，目的就是想将各种人物及其之间的友爱与利害网络编织在一张抗日网上，以小见大。首先，体现了四川男人所特有的事无巨细的细腻性格；其次，体现了一种盆地意识带来的影响，故事要讲“圆”“满”。为什么不选择一气呵成、淋漓尽致地挥斥方遒呢？为的是突显战争生活的漫长与煎熬，重点还是放在正面战场背后的群众斗争之上。

那么，又是怎样体现耿直燥辣、爱恨分明的性格气质的呢？战斗开始的时候，阿树和阿劲正准备去巡逻，原本指望着阿岩带领队伍打响伏击战，但由于日本鬼子出现太快，阿岩的队伍正在陈家镇截击另外的敌军，吉丁村的民兵们，其实具体描写的只有阿劲、阿树、阿寿和阿栋与敌人展开了近身战。阿劲、阿树、阿寿去了把守金兰仔常走的右边险隘。不久阿寿牺牲，剩下两人因经验不足，阿树被击中手臂暴露了位置，陷入与敌人的肉搏之中。千钧一发之际，阿劲顾不得浑身的划伤，从死亡线上将阿树救回，这就是一种在十万火急的情形下，本能地爆发出的耿直侠义的精神。随后，阿劲考虑到阿树的伤势以及心理创伤（差点被敌人扼喉管致死），让阿树赶紧离开，留他自己与敌人抗衡：

> 阿树听见阿劲这么说，便又不忍地低下了眼睛。
>
> “那么我也不走了！”
>
> “不可以的，你带伤了！”
>
> 阿劲坚决要阿树走开，一面还抬头往上面瞧了一瞧。阿树抬起头

来在惨痛的神色中，竭力鼓起勇气说：

“没相干！我右手还可以用手枪打仗。”

“不成！”阿劲迅速地摇一下头。“你一定走吧！”接着又指一下阿树手里拿着的手枪，“你这点子弹打完了又怎么办？快点走了吧，你留着，倒使我担心！”①

阿劲和阿树既是战友又是朋友又是兄弟，他们互相体谅，粗中有细，又互相角力，敢爱敢恨。虽都不言明，但是早已将生死置之度外，愿意为朋友为国家牺牲。像是两个耿直仗义、充满豪侠之气的孤胆英雄。

仗义豪侠的孤胆英雄还得算上小知识分子徐华峰，当他得知阿劲、阿树和阿寿身陷险境，又被阿栋拒绝援救后，一怒之下带着另外三名战士前去支援。徐华峰只是一介从未玩过枪杆子的书生，在危难关头不计后果地自告奋勇，这就是一种慷慨激昂的英雄主义气概。拥有这种耿直精神的还有阿岩，因为贫困，阿岩是一直被吉丁村许多人物所排斥的，他几乎是半逼迫着离开吉丁村投靠长松的矿工队的。但他还是愿意救吉丁村于水深火热中。由此可见，作者是将深植于心的巴蜀大地的生存体验、川人特立独行的文化性格融会贯通在他笔下的正面人物灵魂当中的。

二、“回水沱”：抗战生力军的巨大阻碍

“洄水沱”的意象原本出自重庆作家陈翔鹤的小说《古老的故事》，象征着封闭落后、沉寂阴郁的巴蜀生存状态与景观。② 引申为表面上缓和平静，实则暗流汹涌、潜藏杀机的意思。从环境和心理上阻碍着抗战生力军们，让他们陷入困顿的旋涡，挣扎自拔。

在余峻廷的“故乡”，各界“名流”都打着爱国主义的旗号，办实业、办教育、办报刊，实则为发国难财，满足一己私欲。教育局长徐松一与邮局局长陈洁林互相包庇，各取所需；地主土豪龙成恩与县长串通，霸占雷志恒家后山的官司势在必得；荣归军人廖进伯周旋于各种势力之间，八面玲珑，坐收渔翁之利。各方又因私欲膨胀而拉帮结派，暗中角斗。小学校

① 艾芜：《山野》，文化生活出版社1948年版，第310页。

② 参见李怡《现代四川文学的巴蜀文化阐释》，湖南教育出版社1997年版，第36—37页。

长余峻城拉拢商界龙头蔡兴和，掀起挤兑风波，击碎徐松一的“实业”梦；优华中学校长周铭湘因办校款项与徐松一暗生芥蒂；龙成恩与廖进伯为办报之事产生不快。在前线社会状况动荡不安、水深火热，国人们或流离失所或身陷囹圄之时，大后方的“故乡”却依旧保持着麻木不仁的死水状态，并且这不是一个人的停滞和僵化，而是整个“故乡”小社会里，上至庙堂下至百姓的集体停滞与僵化。从中可以清楚看到历史遗留的痼疾，也可以发现大众启蒙不足与腐朽中安于现状的心态所造成的阻碍。

更可怕的是，“故乡”这个“洄水沱”不仅自身藏污纳垢，还形成淤泥沼泽陷住一些充满希望的抗日生力军。雷庆生因钦佩当年驻扎过的红军老表的魄力，一心向往“故乡”以外的游击队生活，可怜哥哥雷吉生不但自己要逃兵役，还要听命于父亲，再三阻拦雷庆生的出走。害得雷庆生只能通过打猎来排遣打鬼子的心理冲动与愿望；雷志恒是有勇气和强力的印刷工人，从前线归来是为了“尽孝”，若不是执拗的雷老金倾家荡产与龙家打官司导致生活困窘，雷志恒早就奔赴前线英勇杀敌。但蹚过“故乡”的浑水过后，雷志恒更是放心不下父母，驻足不前。直到因挤兑风波中父亲冤死而大闹衙门，才不得不像梁山好汉一般从“故乡”逃亡。余峻廷的家庭衣食无忧，但他一方面屈于母亲的淫威，一方面又乐于“故乡”安逸的乡绅生活，并幼稚地将抗日宣传计划的施行寄托在他人身上，几乎一事无成。在雷志恒深陷危难之际，还被廖进伯引诱一同游山玩水，将朋友的嘱托抛在脑后。最后若不是因为好友志恒、庆生的遭遇让他内疚并看清事实，余峻廷绝不会下定决心离开这块正在吞噬着他的“洄水沱”。

“回水沱”的象征批判了一个封建残余深厚，文化落后，麻木、停滞伴随着自大、自得，绝大多数人的国家、民族意识未被启蒙，终日秉着实用主义的心理过活的“故乡”。《故乡》的直接取材地虽如作者所说在湖南宁远，但其主题所关照的却是抗战语境下，中华民族大地上所有近似于“洄水沱”的地域。试想这一地理位置上更靠近大前线的宁远尚且如此，那么，作者真正的“故乡”，偏安一隅的巴蜀之地的生存景观又将是如何呢？前面已经说过，“一个具有现代意识的现代作家必然会痛感于故乡的压抑和停滞”，[1] 当他几乎出于责任感试图掀开“心灵的重压”时，必然会

① 李怡：《现代四川文学的巴蜀文化阐释》，湖南教育出版社1997年版，第46页。

选择去剥视自己最熟悉的家乡，由于客观条件所限，只能通过“洄水沱”的意象来指涉。反观那些直接描写四川的抗战文学，“洄水沱”的意象是层出不穷，其所呈现的复杂程度更是有过之而无不及，如沙汀“三记”中所描绘的川西平原上平静的风暴就是典型代表。所以，《故乡》的主题在这一层面上与巴蜀文学、文化形成了契合。

如果说《故乡》的“洄水沱”意象主要表现在对社会整体状态的象征，那么《山野》当中的“洄水沱”更多地体现在个体人物身上。“故乡”小城相对封闭的地理环境提供了其成为一潭“死水”的客观条件，然而，位居于南方“山野”的吉丁村就没有“故乡”那么幸运了。故事开始时，整个吉丁村就已经陷入战时状态，时刻提防着日本人的进犯。乍看上去，似乎整村的男女老少都意识到了只有抵抗才会获得争取自由的真正机会，但实际情况并非如此。村中最富有的地主韦茂廷有着丰厚的还未被掠夺的家产，逃难到亲家的徐德利称日本人的侵略为“劫数”，前者希望投降保全家产的愿望与后者的亡国论不谋而合，一同找吉丁村抗日作战总指挥韦茂和商量投降事宜，被身为一村之长的韦茂和拒绝。因为茂和在镇上的织布厂、染房、米店、房产都在前次日本人进犯时化为了炮灰，出于为自己化为泡影的产业复仇的缘故，他开始组织村人进行武装反抗。就同他大女儿韦美玉所说的那样：

> 他只踏踏实实做有利的事情，他不喜欢哪个拿大帽子给他戴的。你默倒，他如今打仗，是为了想得爱国那些好名声么？全不是的，一点也不是的！他只为了他的财产和地位，他从几十亩田挣到了几十万家私，他从摸锄头的种田佬爬到了镇里的大商家，人家一下把他干光了，想想吧，他会甘心么。①

也就是说，茂和之所以一开始拒绝议和坚持反抗，只是因为咽不下财产散尽的那口气，支撑他的动力只有复仇。所以当战况急转直下，韦茂和发现不仅不能复仇，反倒性命堪忧时，他唯一的动力消失了。这时，韦茂廷早已逃之夭夭，徐德利又来吹耳边风，韦茂和不仅同意了议和，还企图

① 艾芜：《山野》，文化生活出版社1948年版，第143页。

让韦茂廷经手，好为自己事后推脱责任留后路。作为抗敌领头人的心理觉醒程度尚且如此，那些直接面对刺刀机枪的村民们的内心可见一斑。阿栋参加抗战首先是为了保住自己的产业，再是不愿他人瞧不起自己。同辈的阿寿代表了更为普遍的心理，为了保护自己的财产而不得不战，内心的空虚又使其无法获得战斗的勇气和动力。从村长韦茂和到村兵阿寿，他们或是干脆逃跑，或是倡导投降，或是被动抗战，都不约而同地体现出了小农意识和实用心理所造成的痼疾。他们表面都不动声色，但内心各自敲着肮脏、落后又冷血的小算盘。对当前的局势认识混沌，对自我觉醒毫无意识，更别提爱国或爱民族。哪怕大敌当前，在乎的也只是自己埋头看见的巴掌大的利益。这种普遍的心理状态与"洄水沱"所象征的停滞落后、封建腐朽如出一辙。

那么，那些有着爱国、抗敌自觉意识的人物又是怎样体现出"洄水沱"式的心理状态的呢？知识分子代表徐华峰一向主张坚决抗日，大力宣传并鼓动阿岩、阿龙、阿劲投身战场。妻子韦美玉一心扑在保全自己的小家庭上，不断劝说其放弃吉丁村逃往大后方，不惜利用徐内心的软肋（在战争状态下，文人没有用武之地）来刺激他，引发出自己内心的自卑感，发出"可惜自己不是一个武人"[①] 的感慨。这一心理顾虑一直折磨着他，让他总想在村民面前做一个思想的领导者，却又始终自认在"武人"面前说不起话。连想救深陷敌人包围圈的同伴的想法，最后也演变成"让我下去！我就要下去给他看！"[②] 的证明行为。在外人眼中，韦美珍绝对是以大胆泼辣、倔强不驯著称的，但内心依然乌云密布。她是惧怕未知的战争的，她去为驻守前线的伤员看病，很大程度上是出于一种逞能、好强之举。所以当她听到沿途村民的不理解声，看到煤矿队战士的油滑和冷漠时，她收获的全是灰心和失望。就连抗敌英勇的阿岩、阿龙也有"二心"，想要离开吉丁村，投靠长松的挖煤队，"那样一心一意地打仗，活得痛快些，省得在这里，命拼了，还要看他们的嘴脸。受他们的气"![③] 而阿龙劝说阿岩之所以还不能放弃村子，不是因为至亲、故里的关系，而是"我们

① 艾芜：《山野》，文化生活出版社 1948 年版，第 146 页。

② 同上，第 325 页。

③ 同上，第 213 页。

留着村子，我们是要留着粮食呀”！“我们就得要使他们高兴给呀！”①

从以上的分析不难看出，徐华峰和美珍虽有自觉的爱国意识，但对抗战和自己的认识和定位还不够清晰，加之性格的一软一硬，造成了隐藏在积极抗日表象下的内心旋涡。而作为阿岩、阿龙这一类只管拼真刀真枪的战士，其自觉意识是不够强的。他们靠的是天生的血性和野性和隐蔽在他们的内心深处，因为历来贫贱而希望通过拼命保卫村庄得到尊重，获得农田和地位的单纯愿望。当他们发觉期望在很大程度上会落空时，内心掀起了愤怒的波澜。这一类人都是暴力反抗敌人的支持者，但内心都有着或大或小的泥沼，让他们不时迷糊了双眼，就像“洄水沱”表面看似平静，其中却暗藏矛盾与危机一般。

“洄水沱”式生存景观是古老中国给“归来者”的第一印象，但令人惊喜的是“我感到生活在古老封建，文化落后的地方，却又十分新鲜，令人惊异。觉得沉沉入睡的国家，已在逐渐苏醒了。新和旧的分化在逐渐分明起来”②。

三、艾芜笔下的民兵、荣军、逃兵与难民

抗战胜利前后，艾芜以左翼文学家的身份积极学习了从根据地传来的《讲话》，朝着自己理解的“今日文学的方向”开始了创作实践。由于明确了文艺为什么人服务，艾芜让知识分子的形象逐渐退出了他笔下的舞台，也不再醉心于细细刻画由多层次、多线索的矛盾串并而成的大画面，转而将他的激情投注在了发掘战争环境下，底层人民在饱受压迫和历经挑战时，或选择反抗或走向灭亡的主题之上。通过《乡愁》《都市的忧郁》《胆小的汉子》《石青嫂子》和《一个女人的悲剧》等，开掘出了两类人物形象：军人和难民。

民兵是一种群众性的，不脱离生产的人民武装组织。这一系列的形象来自《山野》。吉丁村的民兵都是当地的农民，他们没有精良的装备，也没有受过正规军的素质训练。时代的巨轮将他们推到了最前线，只能放下锄头，扛起刀枪，保一方水土。所以，一般性的民兵都带有很强的功利目

① 艾芜：《山野》，文化生活出版社 1948 年版，第 214 页。

② 艾芜：《艾芜文集》（第四卷），四川文艺出版社 1986 年版，第 599 页。

的——确保自己的土地、庄稼、房产、妻儿不受侵害，爱国主义意识较为淡薄。例如自私自利的阿栋，做任何事都喜欢权衡得失，不愿意承担任何责任，更不愿意冒风险牺牲，是一个聪明的投机主义者。同时，他还对读书人抱有敌对意识，认为他们又狡猾又有脾气，不值一提。在吉丁村的民兵组织中阿栋是个小领导，他趋炎附势也不团结其他战友，只在确保自己利益不受损的情况下，完成可以讨好的工作。游击战打响时，他的第一反应就是撤退，在徐华峰需要他协助去解救被敌人围困的同伴时，他却自私地拒绝了。但是他又不同于老一辈的韦茂和、韦茂廷的言和意识。阿栋也算是个有血性的汉子，内心尚有一点爱国意识。老实巴交的阿寿，他代表了民兵很普遍的一种恐惧战场的心理，其实就是人对死亡的恐惧。由于内心的空虚，阿寿始终处于无奈、被迫与惧怕之中。刚开始作战时的阿寿非常害怕，可不久就被敌人激发出了混合着爱国主义和英雄主义的大无畏气概，最后英勇牺牲。阿劲是民兵中的尖兵代表，沉着冷静，有勇有谋，爱国且个人英雄主义倾向浓烈，但人物形象不太鲜明。阿岩在吉丁村算是“零余者”，意义在于表现村中的阶级压迫与反抗，可惜在军人形象的塑造上的着力较少。韦长松是属于德智兼备的民兵领导，是吉丁村民兵组织与外来武装力量联系的桥梁，也是让吉丁村从封闭走向开放的一个破墙者。是一个具有象征意义的民兵形象。

《重逢》中的潘雄辉是个外强中干的荣归军人，凭着运气没在战争中丧命，因得了一笔款子才有了底气。他没有荣归军人本该有的尊严和自律，反而因为有钱打点马上投入了鲁德清为他安排的享乐，没想到饭局中招来的陪酒女里，竟有自己的老婆芸香。他气急败坏，大打出手，最后统统被宪兵抓走，上演了一出让人哭笑不得的悲喜剧。军人丢失了自己的气概，像个无耻流氓；抗属无人照顾，沦为娼妓，可悲可怜。大家重逢在一个黑白颠倒的世界。《故乡》中的廖进伯，曾经一度带兵打仗，现在因事归乡，是一个有一定眼界和思想的荣归军人。所以他在“故乡”，既是一个实力派，也是部分青年的思想领袖。随着时间的推移，廖进伯的私欲和野心逐渐显露。他舍弃了军人的威严开始施展他八面玲珑的交际手腕，假装批评和关心各界问题，其实是在拉拢利益集团。他用他自以为是的处世之道，经营着他的归乡生活，试图掩盖着他的虚伪和狡诈。同样是荣归的军人，陈杰威（《故乡》）的情况又有所不同，他一心想要上前线抗敌，却因为老母亲希望他回家生养后代而退出军队，终日卖酒为生十分痛苦。试问一个堂堂正正的抗日军人，在大敌当前时，却因为伦理关系的羁绊而放弃了保家卫国，这难道不是外强中干、窝囊至极的表现吗？

《田野的忧郁》中的吴占魁是个从部队跑回来的“兵大爷”，他什么也不怕，带着乡人去抢军饷。他既不因逃兵的身份而畏畏缩缩，不敢见光。也不怕打劫军饷丢掉性命。他怕得是割不到谷子，让倚仗他的村民们活活饿死。可惜他不仅行动失败，还被密探追捕，并且也无力阻止梁大嫂和三个十多岁的孩子自杀而亡，变得进退维谷。光靠一个还带有封建残余的人的力量，显然无法改变广袤黑暗的乡村世界。《乡愁》里的陈酉生因受不了军队非人的生活而逃脱，但没料到回到家乡却又掉入另一个左右为难的“陷阱”。陈酉生曾说：“老实说，我就怕医好了又弄你去，叫你吃不饱，睡不好，苦得要命，到头还落得这一下场。你默倒我还怕打仗么？飞机坦克，大炮机关枪，这些人他们还见得少？他妈的，只要有想头，火里水里，狗养的才不敢去！”[①] 由此可见，军队不光对他们实施严重的虐待，还让他们彻底地失去希望。纵观艾芜这一时期的作品不难看出，这个“想头”不仅指向物质报酬的匮乏，还可以理解为老百姓对内战的消极反对，对战争的疲倦与厌恶。八年抗战好不容易熬到头，谁人愿意再次卷入一场窝里斗呢。再者，为抗战而牺牲的将士们至少享有民族英雄的美誉，为了手足相残而拼命，许多老百姓都很难理解其逻辑基点。更何况，陈酉生早已被潜在的对手——共产党的“对穷人好的”品质所打动，决心冲出天罗地网后去投靠他们。艾芜对吴占魁和陈酉生的逃兵行为基本持褒奖态度，倾向于赋予他们一种耿直仗义的大无畏的梁山好汉的气魄。《胆小的汉子》里的张大哥光有逼上梁山的行动，没有梁山好汉的魄力，因为躲避壮丁而举家逃跑，惶惶不可终日，弄得心理都生了病。

难民是指因为种族、政治、经济和自然灾害等原因，无法在原有土地上生存，被迫离开故土，流落异乡，形成了一种强制性的迁移的人。由于大后方是我军统战区，所以巴蜀之地并没有真正意义上的大规模迁徙的难民群（只有迁入川地的大量难民），只有混乱无序地迁徙在城市与乡村之间，像在荆棘上盲目来回的蚂蚁。难民原本应是一个特殊群体，但是在抗

① 艾芜：《乡愁》，上海中兴出版社1948年版，第13页。

日战争中，他们却“海纳百川”，各有不同。《小家庭的风波》是都市公务员阶层难民的代表。屠家因承担不起都市的生活花费而搬迁到乡村，可一再高涨的物价让他们的农村生活也变得困难起来，孩子们终日饥肠辘辘让屠太太下定决心像村妇一样开始卖小菜。可村里人认为屠先生明明有份体面的工作，太太居然卖小菜，完全是来抢他们的饭碗。生活的真相和城市人面子的冲突让屠家愁眉不展，坐如针毡。《都市的忧郁》中的袁大娘因为男人抗战牺牲，在农村无法过活便来到城市谋求生计，勤俭节约地攒钱只为能再回农村过自己原本的生活，仍旧是物价控制不住的飞涨让她希望幻灭，濒临死亡。《石青嫂子》中，地主吴大爷将内迁学校留给石青嫂子的田地“视如己出”，要求她缴纳土地交押金和租子，先是派人来威胁，后又派甲长来好言相劝，石青嫂子始终不从，最终一把火烧了她的家。石青嫂子只得拖着五个孩子离开家乡茫然地落难到城市中去。《一个女人的悲剧》中周四嫂子的命运与石青嫂子如出一辙，不同的是石青嫂子的离开还带着坚毅和丁点希望，而周四嫂子还没来得及成为难民，就凄惨地结束了自己的生命。《胆小的汉子》中的张大哥，他被抓壮丁的威胁吓得举家逃到城市中来，改名易姓不说，还像逃逸的罪犯一般担惊受怕，惶惶不可终日。变成了一个名副其实的心灵上的难民。无论是迁入农村的都市人，还是涌入都市的农村人，都在食不果腹、衣不蔽体的生命线上挣扎着，他们的迁徙就像被打散的蚂蚁们在胡乱地寻觅返巢的路。他们脆弱平庸，是战火岁月最深刻的体验者，也是人类求生本能的象征。

从拥抱世界到拥抱故乡，艾芜经历了身份的转换，但不变的是他始终积极的心，始终愿意为人类探索出路的意愿。哪怕是在最黑暗的战争时期，他也不卑不亢地写出自己对巴蜀大地，乃至整个大后方的观察与理解。虽然一些作品难免有拖沓之弊，但不能影响它们在四川抗战文学史上熠熠生辉。

抗战胜利后期的艾芜相较于沙汀更为多产，作品也更显多样性。除了转向对农民的大力书写外，还是保留了对战争环境下的知识分子的考察。但是主要的内容还是围绕乡镇人与农民的战争生活之磨难展开。其中在《山野》里，艾芜首次尝试正面描写敌后游击战生活，特别是对战斗场面的描写，虽然把握较为吃力，但具有突破性。有趣的不止如此，无论是《故乡》还是《山野》都不是以四川作为背景来进行创作，却能读出其中所包含的巴蜀视野。例如艾芜将独具巴蜀意蕴的文化性格融进了对吉丁村游击战的书写当中，以缓慢的速度描写了一天的紧张的游击战生活，形成一种特殊的张力；又将巴蜀典型的耿直侠义的性格赋予吉丁村的民兵们，显得格外亲切。同时，艾芜还发现，无论是“故乡”还是“山野”的整体风貌都能用独具四川特征的“洄水沱”这个意象来概括。表面死水微澜，实则旋涡重重，不仅自身藏污纳垢，还形成环境和心理上的淤泥沼泽，陷住抗战生力军们。艾芜和沙汀都是底层社会的忠实观察者，所以两人不约而同地都注意到了大后方特有的几类人物形象。不同的是艾芜的网撒得更广，囊括了荣誉归来的正规军、逼上梁山的逃兵以及形形色色的民兵，甚至是女兵等；同时还创作了大量徘徊在城乡之间的物质、精神双重难民。这两类人物交织在一起，为我们网络出了一个笼罩着战争阴影的悲惨世界。

第四节　盆地困兽的灵魂挣扎：路翎的抗战小说

1937 年，抗战爆发后的第一个冬天，路翎跟随全家入川，在重庆一待就是八年。路翎从小敏感早熟，桀骜不羁又心怀天下，对全民抗战充满了热情与勇气。早在抗战爆发的时候，路翎就希望成为一名飞行员，到前线奋勇抗敌。所以，1938 年创作的第一部短篇小说《空战日记》，就是以一名空军飞行员的爱国故事为主题。可惜，事与愿违，路翎不但没能成为一名飞行员，入川之后，路翎先后经历了失学，担任了小公务员、图书馆助理等职位，始终与戎马生涯无交集，对于在小学就参加过童子军的路翎来说不能不是一个遗憾。路翎三岁时，生父服毒自杀，“路翎曾经遗憾而又痛苦地表白：‘我没有父亲，我不知道他是什么样的人，长子或矮子，快乐的或是愁苦的’”。[1] 其实他在说这段话的时候母亲已经嫁给了继父，可见路翎内心父爱的缺失。对军人的好感，对父爱的渴望，让原本就崇尚“原始的强力”的路翎，对具有英雄主义气概的军人形象偏爱有加。这既是一种心理补偿，也是一种自我表达。加之承袭了中华民族自古就崇尚英

① 刘挺生：《思索着雄大理想的旅行者：路翎传》，华东师范大学出版社 1999 年版，第 7 页。

雄主义的集体无意识，又受少年时期喜爱的古典书籍中“英雄侠义”观的影响：《七侠五义》《侠隐记》《西游记》《三国演义》《封神榜》《水浒传》《杨家将》《济公传》《大明英烈传》，① 又也许是因为像红花配绿叶的自然规律一般，说到战争，最容易让人联想到的就是军人和英雄，从而引发敏感的路翎进行深思。

可以想象，路翎困于巴蜀盆地生活八年，受到这个相对封闭的文明的挤压，原本就无法安定的他一定变得更为躁动，像一只被困盆地的野兽一般，身体受到桎梏，只能通过文学想象进行精神上的彻底释放与流浪。试图使年幼时丧失归属感的自己通过文学找到灵魂的归宿。所以，在这一时期，英雄主义与抗日军人成为了路翎的两大关注点。余音时期是一个非常特殊的阶段，所有的作家都面对着转折与变化，路翎选择了尝试用新鲜的艺术手法对这一波动进行反映，所以在这一时期的短篇小说中出现了黑色幽默的小故事。但路翎的调笑始终“受累”于他沉郁凝重的审美品格，所以他的黑色幽默并不能像《第二十二条军规》中的疯狂闹剧般彻底，而体现出既荒诞又笑中带泪的特点，并留着巴蜀调笑对其的深刻影响。本章拟从分析路翎特殊的英雄主义观的核心和外化入手，探讨抗日军人不能与和平兼容的悲剧性，以及追求英雄主义的流浪汉形象的本质，试图厘清英雄主义情结对路翎余音阶段的抗战小说带来了怎样的影响，发掘并展开最能体现路翎余音阶段抗战小说特色的黑色幽默和荒诞特点。

一、焦虑与暴力的英雄主义

阅读路翎的作品是一个探索心灵史诗的旅程，这几乎是评论家和读者公认的事实。路翎热衷并擅长这种特殊的现实主义手法——心灵的现实主义。所以，试图了解路翎笔下英雄主义的核心，那就必须仔细端详那些英雄主义载体们的一颗真心，看到的却是一颗狂躁不已、焦虑不安的心灵。“恐惧乃是一种面对吾人必须面临的危险之反应，而焦虑则是对危险的不适当反应，或是对一些想象性的危险之反应。……恐惧与焦虑都是对危险的适当反应，但是在恐惧的情况下，危险乃是一种可见的、客观存在的情

① 参见朱珩青《路翎》，中国华侨出版社 1997 年版，第 15—16 页。

况；而焦虑不安的情况下，其危险则是潜藏的与主观的。”① 卡伦·霍尼对焦虑的阐释是来自对神经症病人病症的概括，也许关于病态化的焦虑的理论并不适用于路翎笔下的人物心灵，但是从这个理论中可以提取这样一个线索：即焦虑的基础是恐惧。纵然从理论角度来讲，神经症病人的焦虑与普通人的焦虑是存在着根本的区别的，但是在实践中，二者之间其实并没有那么清晰的界限，有时只是程度和频率的不同而已。那么，想要探明究竟是什么引发了路翎笔下军人们的焦虑，就必须首先搞清楚他们在恐惧着什么，也即是说他们不得不面对的是怎样的危险？

死亡，就是他们所不得不面对和恐惧的。这是一个永恒的主题。从初具意识的原始人类到现代人类，死亡终究像是一种最不愿意去实践又不得不履行的任务，徘徊在人类左右。战争的爆发则会加速人类，尤其是军人，去完成这项“任务”。所以，促使英雄们形成焦虑的根本原因是来自死亡的威胁。② 但是军人在战场上和人们在普通生活中的本能都是希望生存下去的，前者有时更为强烈。那么，这就需要军人们用强大的意志和勇气去控制甚至消除对死亡的恐惧——直面死亡，生成一种“向死而生”的英雄主义气概。如同鲁迅所言，真的猛士，敢于直面惨淡的人生，敢于正视淋漓的鲜血。所以，路翎笔下英雄主义的核心就是一个个被套上惧怕死亡又要战胜死亡的焦虑的枷锁，跳着沉重的舞步的灵魂。

上尉徐道明（《财主底儿女们（下）》）负责指挥一艘装载着要塞器材撤退的船只，他是那种风度翩翩，注重享受，却又自我约束的强硬派作风的军人。他的思想一直在“人生虚无”与“功利打算”之间来回，感叹青春白白牺牲的同时又绝不轻易伤害作为军人的伟大尊严。他一直演讲着他的矛盾，却不太明白最大的焦虑其实是一种来自死亡的威胁，直到他在芜湖的岸边和敌人面对面的火并之后，这种最根本的焦虑浮出水面，让他同蒋纯祖们做出了这样一番告白：

虽然对人生会灰心，对人事灰心，对职务灰心，但是我总是在等待着；在我的心里有一种东西，就是它使我没有堕落，这种东西，是

① ［美］卡伦·霍妮著，叶颂寿译：《焦虑的现代人》，上海译文出版社2013年版，第30—31页。

② 参见朱莉《浅谈海明威的英雄主义情节》，《当代外国文学》2000年第4期。

随时在等待一个命令！而直到今天，我是在芜湖的时候抱着一种感情，我是在后来替我底国家羞耻！我是痛恨啊！同志，为什么？谁的罪过？无数的人，不是都希望，都要生活吗？但是我心里却特别软弱，你们不知道的！我极严重地想，假使我在那个时候牺牲了，是应该的吗？我是军人，是应该的，为什么要儿女情长呢？我这样想——人生底一切都是偶然，但人群底一切都是必然！于是我得到了我底命令了！①

他谈到了刹那间对死亡的恐惧，就连军人的使命也无法控制由心而生的害怕。但下一秒钟，“慷慨赴国难”的军人气概又占据了上风，为了自己的“软弱”和“儿女情长”而羞愧。他检讨自己从前执拗于因没能得到应有的显赫而沉溺于“灰色”，始终徘徊在不至堕落的底线上，进行着消极的反抗。根本原因就是没有真正地面对死亡，没有认真思考过生存的意义。现在他终于得到属于自己的命令——敢于直接面对毁灭又绝不轻看生命！这就是一种英雄主义式的领悟。如此，徐道明就将一直走一条英雄主义的心灵焦虑的路。

与徐道明不同，朱谷良并无正规军的编制，却参与过许多战事，拥有着非他人可比的英雄经历。“一·二八”战争爆发后，他曾经是义勇军的组织者之一，腹部受伤后从惨绝人寰的前线回来。不久家庭毁灭，唯一剩下的儿子在战争爆发后的一年死在猪鬃厂的废毛堆里。随后他又参加了“八·一三”的战事，与朋友们在共同逃亡的过程中失去联系，独自一人来到了南京。此时的南京正值光华门争夺战的白热化阶段，他不幸目睹了最为惨痛和可怖的局面。他看见了血的河流与尸体的山丘；看见为了求生，歇斯底里的疯狂举动；看见蔑视一切的女人将自己的婴儿从轮船掷入海中，自己随后也投海……朱谷良对于死亡和偷生有着太彻底的体验，而正是拥有了这种本真的体验，朱谷良才显得比旁人对死亡的恐惧以及克服对死亡的恐惧有着更深刻的认识。为了生存，朱谷良冻结原本渴望爱的内心，变得特殊的冷酷，学会编织阴谋，过上尖锐的生活，用轻蔑来掩饰失去爱时内心撕裂的痛苦。所以，他的心灵饱受煎熬。他以自己血腥的经历

① 路翎：《财主底女儿们》（下册），希望社 1948 年版，第 691 页。

来否定过多空想的徐道明，又为徐道明对人生的告白而感动，却进一步深思徐道明的人生感情的功利目的，引来蒋纯祖的畏惧和妒恨。他想以冷漠来对抗世事，以维系自我的生命。却又时时闪现着英雄主义的勇敢侠义情怀。例如与宪兵调换制服，不怕日本人的搜捕；利用假宪兵的身份救助一个无辜的家庭于危难之中，不怕对方的报复；放弃本可以复仇于流氓兵石华贵，消除威胁自身可能性的机会，打死了那个奸淫妇女的低级军官。过于强烈的对死亡的恐惧的意识，像是一个强盗，将朱谷良绑架，迫使朱服膺于他的淫威。可能连朱谷良自己也不清楚，其实在这个过程中，自己已逐渐成为真正的猛士。并且也找到了唯一能摆脱恐惧死亡的途径，就是真正的死亡。弥留之际就是他焦虑的泄洪之时：

朱谷良底眼睛模糊了，觉得有一个辉煌的、温柔的东西在轻轻地战栗着而迫近来，落在他底脸孔上。于是他感到这个辉煌而温柔的东西柔软而沉重地覆压着他。他觉得有更多的眼泪需要流出来。他觉得他要为那个不懂得这种辉煌的温柔的世界——那个充满欺凌与残暴的世界——啼哭。在他底灰白的脸上，最高的静穆和最大的苦闷相斗争；那种静穆的光彩，比苦闷更可怕，时而出现在他底眼睛里，时而出现在他底嘴边。

朱谷良从生之焦虑中解脱，以死亡成全了他的个人英雄主义。

《蜗牛在荆棘上》中黄述泰的焦虑就显得不那么复杂，他和许多农民一样，是逼迫着拉了壮丁的，内心埋下了仇恨。当他听到秀姑通奸的谣言告假回到乡场时，他已经崇拜并学到了英雄主义为保持孤独和完整而必须毁灭一切，牺牲一切的态度。这时的黄述泰内心并没有受煎熬，更多的是绝对复仇的豪爽和畅快。可当吴小烟出面澄清误会后，黄述泰随即陷入了焦虑。不愿意表达出对秀姑的真实感情，是因战争的死亡对他构成了很大的压力，他被这种恐惧引导着走向悲观，预见可能的牺牲，害怕辜负了秀姑的青春。但他又被英雄主义的信仰所牢牢吸引着，相信自己可以战胜恐惧："他们准我的假回来，我是讲信义的，我有前途！"① 在秀姑大胆示爱

① 路翎：《蜗牛在荆棘上》，上海新新出版社1946年版，第59页。

后，黄述泰反抗恐惧，让秀姑一直等着他回来。

当对死亡的恐惧与对毁灭的勇气错综盘杂在一起时，往往会促使焦虑深化，变得更为敏感多疑，夸大或内化外在威胁。这种时候，往往会选择一种“自救”的方法，即通过能量转化的途径，释放内心过强的压力。所以，英雄主义就外化变异为原始的蛮狠暴力。其实从神话时代开始，崇力就是英雄崇拜的一个重要方面，而路翎也十分崇尚“原始的强力”。《财主底儿女们（下）》几乎是现代知名长篇小说中，直接描写我国军人相互射杀场景（非战场）最多的作品。短短的两个章节中，就有 7 次之多：奸淫妇女的低级军官枪杀裹着破军被的士兵；朱谷良枪杀低级官员；丁兴旺被团长枪杀；李光荣为丁兴旺报仇被枪杀；朱谷良枪杀团长；后被石华贵枪杀；邱根固、刘继成和张述清为朱谷良报仇用手榴弹炸死了石华贵。他们对英雄主义的实践，几乎都是在感到极大的死亡胁迫时选择剥夺他人性命来保全自己，这是将内心对死亡的恐惧的深度焦虑，外化为暴力的最极端表现形式。在这个游离于法治社会的荒原上，十几匹野狼以最残酷的方式互相掠夺着彼此的生命，如同非洲草原上动物间的无声厮杀。触目惊心的同时，也让人体味到一种末路英雄的苍劲与凄美。

二、抗战军人的悲哀与本质

“生活是严酷的。对那些不安于平庸的人来说，生活就是一场无休止的搏斗，而且往往是无荣誉无幸福可言的、在孤独中默默进行的一场可悲的搏斗。”[①] 路翎笔下的军人们都是“不安于平庸的人”。他们都拥有一颗追逐英雄梦的心，都希望可以在这个世界上或者这场战争中成就功名。有的人被世间许多偶然和必然羁绊，终将辜负了他们的满腔抱负，使他们“白了少年头，空悲切”。有的人则被卷入了英雄主义的黑洞，踽踽独行，找不到出口。

特立独行的朱谷良，一直走在革命的风口浪尖，不断地抛弃平庸，是习惯了各种孤胆英雄的行为的。他具有军人气质和经历，却连一个军人的头衔都没有获得。为了追逐英雄主义的理想，是“较之带着理想，宁是带着毁灭”上路的，他所处的环境险恶，长期生活在黑暗中，以致无法想象

① ［法］罗曼·罗兰著，张冠尧、艾珉译：《名人传·卷首语》，人民文学出版社 2012 年版。

光明的生活该何如，因为英雄是不适合光明与和平的："朱谷良不能想象他会满意于一切平常的经营，虽然这条道路底终结正是这个，正如一个凶悍的老兵不能想象自己会满意于回家种田的生活，虽然战争底目的正是这个。"[①] 这不经让人思考：那些自命属于战争模式、战场人生的英雄们是否难有出路？朱谷良作为英雄的悲剧性就是，他所选择的路，从一开始就注定了永远得不到胜利。

而王青顺（《悲愤的生涯》）正是那个"凶悍的老兵"。凭着二十年的军龄当上了班长，但他怎么也开心不起来。因为他已经三年没有作战了。由于原属的队伍被改编解散，他就被安排在了一个他所极端轻视的新兵补训处。"他一天一天觉得心里有更深的疲劳，好久以来，他对于他身边的任何事情都不大关心——他怀着一种绝望的心情，暗暗地觉得自己是已经衰老了。"[②] 若换做没有多少英雄主义情结的沙汀来写一个老兵的故事，大凡会是老兵自身的愚昧和军队的黑暗让他感到绝望和衰老吧，若果有机会的话，老兵一定会逃离这个"地狱"。可是在路翎火热的思维中，就像鱼儿离不开水，人类离不开空气，一个真正的军人是不能离开战争的，是需要不断地作战来给予他营养。而若想成为一个真正的英雄，一般性的作战是行不通的，只有秉承着"向死而生""舍生取义"的执念在战场上抛头颅、洒热血才可能完成。但我们可怜的王青顺，他却连看见敌人的机会都没有。他似乎觉得很委屈，二十年前的他，"总抱着一个悲凉的雄心，轻视家乡的人们，并希望能够在宽阔的天地中，如这个世界上的人们所说的，成立功名。如果在那些机遇里能够及早地回头的话，那么他在现在这样的凄惨的晚上当能在和平如梦的灯下，住在亲人底身边了。他悲痛他在年轻的时候曾经那样地欺凌、轻视着那爱着他的，忠厚的女人。在这个荒凉的世界上——如今他是已经在那宽阔的天地中奋飞过了，他就是这样轻率地丧失了那仅有的一点点爱情"。[③] 可是他又为自己鸣不平，以嘲讽的口吻唱起了《铁血歌》和《满江红》。留下了一个"了却君王天下事，赢得生前身后名。可怜白发生"的怅然若失的背影。

汪卓伦（《财主底儿女们》）从和平中走来，那时的他还不是一个英

① 路翎：《财主底儿女们》，希望社1948年版，第675页。

② 路翎：《求爱》，上海海燕书店1946年版，第34页。

③ 同上，第37页。

雄，也不曾做过英雄梦，他是难得的冷静而谦逊的军人。他相继失去了蒋淑华，离开了儿子，那是他最宝贵的一切，他变得迷惘。后来，他被任命为一艘陈旧的江防舰的代理舰长，这意味着汪卓伦凭借自己的实力得到了一张英雄殿堂的门票，但他不想赴约，并不是因为贪生怕死，是因为“究竟由谁负担中国底将来，汪卓伦不能找到。假如能够得到较好的境遇，汪卓伦将为这个题目献身，而重新得到生命底寄托。但现在，他是只能寄托于等待在他底前面的那一个悲凉的战役了”。[①] 最后一场战役，是汪卓伦指挥的舰载高射炮、高射机关枪与敌人轰炸机的较量。他一如既往地表现出十分的勇敢、沉着和清醒，但让他震惊和感动的是舰员们前赴后继地继承着倒下的战友，始终坚守着那个炮口与敌机对抗。这一刹那，汪卓伦不再冷静，他不再觉得中国没有能够负担将来的人，他看到了由许多个一刹那组成的英雄组图，他哭着喊出了：“只有中国能够打这样的仗，好啊!”这正是汪卓伦参加的最后一场战役。他是凌晨去世的，临走前没有一个人在他的身边，他没有得到应得的荣誉，也没有人知道那一刻的他是否幸福。像所有伟大的英雄一样，他本就不平庸，命运又将他置于不义，他在困顿中挣扎，看见刹那的曙光，然后默默、孤独地死去。

再看《英雄与美人》，虽然是以幽默笔调书写的一个求爱不成反狼狈而逃的故事，但其所表达的却是一个很严肃的主题，即战争结束后还处于战争模式的军人是很难快速调整的。他们仍旧沉浸在战争带给他的英雄主义快感当中，依旧习惯于军人的强权与蛮狠，远离法治的社会秩序，认为凡事是“命令”式的关系。越是自我英雄主义意识的膨胀，越发体现出生活的无能与心灵的空虚，看似只是在爱情上的小受挫，却是邓平这种战争英雄主义“遗孤”在和平年代饱尝失败的开端。

这是一个多么悲惨的悖论，只要有战争就会有英雄，英雄用生命来换取和平，和平却容不下英雄。比起战争与和平，英雄更像是昙花一现的烟火，正因为转瞬即逝，才显得耀眼夺目，令人咋舌艳羡。英雄原本就是战争与和平的牺牲品，这就是英雄的悲歌。

毫无疑问，“流浪汉”形象系列是路翎对中国现代文坛最有特点的贡献之一。路翎创造的流浪汉大体来说有以下两大特点：首先是兼具肉体的

① 路翎：《财主底儿女们》，希望社1948年版，第815页。

漂泊与心灵的漂泊的双重内涵；其次是具备“主体性”“精神奴役创伤”和“原始强力”的精神特征和品格。在研究军人形象时，这两大特点伴随着英雄主义，不时地闪现眼前。索性就此分析，一探究竟，是否军人形象的本质是追求英雄主义的流浪汉形象呢？

肉体漂泊，顾名思义，是指地缘空间上有迹可循的流浪。由于这是在特殊的战争年代，军人的行踪是非常不确定的，它是随着战事而急剧改变的。所以，肉体的漂泊是这一时期军人们的普遍现象，不胜枚举。例如徐道明先被调到昆山，又被调到江阴，后到福山，现在奉命转移到马当，已经在长江里颠簸了半个月了；朱谷良则是从上海出发，历经南京，再到芜湖的；汪卓伦从南京出走后，经历了江阴、南京、汉口、安庆等地，最后在马当牺牲。因了军人特殊的调度制度，使得这一条件并不能很好地证明军人形象的本质是流浪汉灵魂。但至少可以明确一点，二者在肉体的流浪上有着共通性。

心灵漂泊是指不以肉体所属的故乡为灵魂的归宿，精神上的四处流浪。《蜗牛在荆棘上》里的黄述泰彻底地了解着故乡的黑暗和混沌，他认为自己在故乡是饱受侮辱的，连起码的男人的尊严都很难获得，许多友人也因为受到了冤屈而选择背井离乡，所以在被乡绅们和镇长陷害去当了兵时，黄述泰是坦然接受了。黄述泰表现出的是一种自我要求的姿态和无力回天后的放弃，所以他选择了逃避和自我放逐。黄述泰感受到了极大的伤心，那个丑行遍布的故乡不属于他，当然他也不属于容不下他的故乡。经历了多年动乱，黄述泰认为一个男人的事业应该是在广阔天空中的，是能够凭借自己的年轻创出一番实绩来的，“他将在异乡获得他在故乡决不能获得的壮烈的生涯。这种壮烈的生涯，漂泊者底凄凉而英勇的歌，在他是成了无上的光明”。[①] 于是，从离开那天起就不再将她作为自己的精神港湾了。从此他以漂泊者自居，以对英雄主义的追求作为支持精神漂泊的永动力。可惜英雄主义是一个怪圈，他以勇猛和凄美吸引着你，又要求你独自面对孤独和毁灭。他蛊惑黄述泰仇恨故乡的一切，包括疾视秀姑，让他打着军人的旗号授权自己可以剥夺他人的生命，以显示自己作为漂泊者的强力。但这一切更像是“狐假虎威”。黄述泰是尴尬的，因为在他内心深处

① 路翎：《蜗牛在荆棘上》，上海新新出版社1946年版，第14页。

他始终不愿承认，其实无论是污浊的故乡还是想象中的英雄主义，都不是他灵魂的安放之处，他的心灵依旧无依无靠，踽踽独行。所以，在秀姑用温存和真心打动她以后，黄述泰表现出了希望以爱情（小家庭）作为归宿的愿望，因为只有秀姑才让他感觉到了作为一个基本的人的被需要感和存在感。但黄述泰始终不愿意放弃对英雄梦的追逐，而恰恰是这一点让他彻底沦为真正的漂泊者。

为什么会这么说？看看军人王青顺就知道了！二十年前他抛弃故乡，轻视、欺凌家人。虽然也爱着他的女人，但他和黄述泰一样，希望并且相信能在广阔的天地之间一展拳脚。其实男儿志在四方无可厚非，但他们的悲剧之处就在于被头脑中英雄主义所制造的“功成名就”所引诱，以一个抽象且过于宏大的标准来衡量自己，自己追寻的辛苦的同时也难找到同行的伙伴，只能以梦撑梦。而当他们回头后悔时，发现当年也许可以成为归顺自己心灵的妻子、亲人早已物是人非。一旦开始追求生命中的英雄主义，就像上了一条单行道，原本是多少有点不真的漂泊者，发现自己不能原路返回时，就只有沿着漂泊者这条可哀的道路一直走下去了。之所以说它可哀，是因为真正意义上的英雄主义和精神的漂泊者都是没有尽头的，一旦停下就是归于平庸，这是比起死亡来得更可怕的。那么，王青顺现在的故事难道不是黄述泰二十年后的故事吗？答案一目了然。

再看看徐道明，他是鄙视沉浸在莺歌燕舞中的大上海的，从而抛弃了上海的一切奢华浮靡去从军。一开始希望献身于战争，后来发现与他所设想的英雄的显赫是不匹配的。他的心灵在矛盾中不知何去何从。朱谷良的漂泊一开始是被动的，他被迫失去了肉体的家园，又被迫失去了亲人，他的精神支柱。为了生存，他主动扮演了不择手段的流浪汉，导致他一直以英雄主义的阴暗面来作为自己精神的掩蔽处，却又经常显得格格不入。因为真正属于他的心灵的归宿，早在肉身消灭后就被他无情地隐藏了。即使在他自身肉体即将灭亡之际将她们释放，但因了他已经“享受”了英雄主义，所以他的心灵是没有资格全面回归的。

这一时期路翎的军事题材小说中的一个最大特点：军队的生活并不是军人们的心灵归属，战争所制造出来的英雄主义梦幻才是他们灵魂之所向。但英雄主义只是一种自我的心理体验和信念追求，它没有物化的实体可以依凭，也没有具体的标准可以参照，只有宏大而抽象的整体感觉。他存在于每一个人的意识和想象当中，不分高低。一旦迷恋上英雄主义，就像靠不了岸的船，一辈子徜徉在浩瀚威武的海洋中。眼看远方，心怀天地，与自然做搏斗。但必须承受着终极的孤独和永无止境的漂泊。

第二个是“主体性”“精神奴役创伤”和“原始强力”的精神特征和品格。“主体性”是指一种强调自我控制的，不羁的，不受约束的精神品质。从以上的论述中不难看出不论是汪卓伦、徐道明，还是朱谷良、石华贵，乃至黄述泰与王青顺都是具备这种品质的。“精神奴役创伤”和“原始强力”是来自七月派的两个重要文学观念，前者是指黑暗而绵长的封建主义制度和思想统治对人们的精神形成创伤并使其留下懦弱的奴性。后者“那是一种尚未经过民主主义启蒙和无产阶级革命精神洗礼的，却存在于群众之中的带原始状态和自发性质的反抗精神”。[①] 石华贵（《财主底儿女们（下）》）是一个粗矮的兵，他随意地奸淫妇女，欺软怕硬又恃强凌弱，阴谋狡猾又心狠手辣，是“中国所养育出来的最好的流氓之一”。他是吉林人，是张大帅的手下，石华贵特别服从于他，虽然曾经经历几乎被张大帅枪毙的遭遇，“虽然在当时，那种和失恋相似的感情，是使他很痛苦的，但到了后来，他便把这看成一种光荣，而感到无比的亲切了”。[②] 可以说他对张大帅是有一种超越上下级的亲人情结，可以解释为他对张大帅的英雄气魄（包括下令枪毙他）五体投地，但最根本的还是他对领袖的一种奴性的依赖。但另一方面，石华贵也是一个勇敢的外来侵略者的反抗者，虽然在淞沪战役退败以后变得消沉，开始流浪，但是内心始终有一把复仇的火焰等待着伺机燃烧。他和朱谷良一样，也努力反抗着死亡带来的恐惧，反抗着一切加诸心灵流浪者身上的不公，有着不言明的英雄主义意识。川籍散兵李荣光，他矮小猥琐，从形象上就是那种被“精神奴役创伤”所侵蚀的窝囊军人，他谨小慎微地跟随着蒋纯祖他们流浪，在与另一个小团体火并时，爆发出了他的强力。黄述泰的“精神奴役创伤”表现在，由于千百年来，农民们习惯在遭受到压迫和不公时忍气吞声，变得非常懦弱和顺从。在拉壮丁的阴谋降临时，虽有自愿的成分，但他始终还是一声不吭的，忍辱负重地默默离开。当他找到了军队和英雄主义的支持后，他爆发

① 杨义：《路翎——灵魂奥秘的探索者》，《文学评论》1983 年第 5 期。

② 路翎：《财主底儿女们》，希望社 1948 年版，第 732 页。

出了“原始的强力”，变得敢怒敢言，咆哮地控诉了乡绅和乡长的斑斑劣迹。

由此可见，他们都是披着军人外衣的追求着英雄主义的精神流浪汉。而且，路翎笔下的知识分子与农民都带有这种倾向。所以可以说，追求着英雄主义的精神流浪汉形象是路翎人物创作的灵魂。不仅如此，路翎自己对于这种具有英雄主义和流浪汉精神的人格有一种强烈向往，甚至隐隐自居。

三、路翎式的黑色幽默

抗战爆发时，路翎虽然年纪轻轻，却少年老成，对战争引起的巨大社会动荡反应敏锐，感触深刻。“我在流浪四川去的途中，感到很深的悲哀。……伟大的时代与渺小的黑暗的角落并存，伟大的时代向深刻之处发展。……我的忧郁也使我对新事物进行探索。”[①] 时代与创作者自身的气质催生出了路翎沉郁凝重的创作风格，贯穿了整个抗战、内战时期。但作者同样还进行过其他的尝试，就是以黑色幽默的手法书写大后方的小故事，暗示了人们在战争阴影下精神的萎靡不堪，以及战争本身的荒诞性。

路翎的黑色幽默不同于老舍从骨子里生发的诙谐与自嘲，也不像沙汀的与自己审美品格完美融合的严酷尖锐的讽刺，更不像徐訏精湛的洋化调笑，路翎式的黑色幽默是他沉郁凝重的风格中偶然绽出的一朵奇葩，是昙花一现的艺术尝试，所营造出来的是一种有节制的简洁，一种突兀的荒诞感。所以，这一艺术手法的运用，主要散见于抗战胜利前后的短篇小说创作当中。《秋夜》以黑色幽默的笔法描写了县政府雇员张伯尧的“惊魂”一夜。原本打算发愤读书的他被耗子惊扰，暂停对“梦想四部曲”的憧憬，开始与耗子作战。张伯尧在“酣畅忘我”的人鼠大战之后，马上就开始害怕成群的老鼠前来报复。尝试了用诸多方法分散注意力失败后，他假意将表哥叫醒展示他的“战绩”，实则是为自己壮胆，让人忍俊不禁。《翻译家》讲述了“盟友咖啡店”老板周善真给美国大兵胡乱翻译的喜剧故事。周善真是一个从大学毕业的知识分子，逃难来到这个小城，靠经营一家旧书店艰苦过活。自从美国大兵入驻这个小城以后，周善真就凭借自己

① 路翎：《路翎小说选·自序》，四川文艺出版社1986年版，第1页。

的学问当起了翻译，并用咖啡店代替了旧书店，煊赫了起来。高潮部分始于醉酒的美国大兵成斯一时兴起，邀请周善真充当翻译，以小城居民为听众进行的临时的、“伟大”的演讲。周善真却因为害怕耽误了大兵们去他咖啡馆用晚餐而失掉这笔生意，所以进行了胡乱的互译。他将成斯对中国文化、政府、人民和抗战同盟所表达的认同与赞美，不断地翻译成驱赶围观群众的话语，甚至威胁，又转而告诉成斯“这些人很愚蠢，听不懂你底话”[①]。他将“要不得”说成“顶好”，又诱导一头雾水的围观群众一齐摇手说“顶好顶好”欢送大兵。用自以为是的行为导演了一场由文化差异引起的闹剧，让人好气又好笑。《英雄与美人》围绕一个青年知识军人的荒唐求爱行为展开。告假回家的青年知识军人邓平在车上邂逅了“快乐”，被胜利和军人身份冲昏头脑的他展开了恋爱的臆想，将自己突发的爱情遐想移情到对方身上，预判可以得到同等的回应。当“快乐”冷淡下车后，邓平决定将幻想付诸行动，这场精神求爱记也迎来了狼狈、喜剧的结尾，伴随着“快乐”的大哭大叫，邓平被吓得落荒而逃。《求爱》讲了另一个求爱被拒的尴尬故事。体育老师胡吉文爱恋着音乐老师林凤山，为向林老师示爱，他以体罚学生来显示自己的威风。本想以此和林凤山套近乎，却没想到这种既幼稚又哗众取宠的行为招来了林老师的讥讽与反感，让他在短短几秒钟之内就尝到了告白和失恋的滋味。最后，胡吉文拖着胖大的身体在林老师的窗前打着气闷的篮球，愚蠢可笑，也甚为可怜。

他们表面上的滑稽愚蠢、荒唐疯狂，其实是在战争摧残下萎靡不堪的灵魂的外化与折射。无论是张伯尧、邓平还是胡吉文都是失去亲人之爱的年轻人。他们在战争的无边苦海中踽踽独行，既要背负男人的社会责任，单纯脆弱和渴望被爱的心又希求爱情的填充。可惜他们或是长期待在四川盆地这个封闭压抑的环境中，或是被动地卷入战争之中，与正常社会脱节，备受社会失常与精神孤独的戕害，自我想象与现实发生严重错位，丧失了正常的人际交往能力，内心变得萎靡扭曲，时时闪现出癫狂偏执的气质。邓平在幻想遇冷后，随即产生了极端的想法：“别人都是这样成功的，而且她是很骚的！我跟她下去！……不怕，反正我身边有钱，我今天不去带她开房间就不是人！……不管！哪个干涉我我请他吃枪！而且如果她不

① 路翎：《求爱》，上海海燕书店1946年版，第106页。

爱我，我就用枪打死她再打死我自己！”[①] 展现出了一种嗜血战争留给他的无端的蛮狠与残暴。可在向“快乐”示爱的时候，邓平却又瞬间变成了一个乞讨者，“而我是一个军人，也许明天会死了，我求你可怜我！我又年轻，我从没有自由，受过那么多的苦”！[②] 表面上，这种反差会形成一种喜剧的冲突，但这并不能博君一笑，反而造成一种荒诞的错愕感，唏嘘于邓平的外强中干与灵魂的变形。人们在面对心爱之人时常常以展示自己的特殊才能作为示爱的方式，胡吉文毫不犹豫地选择了他最暴虐的一面——体罚学生——作为其魅力的展示。最可悲的是，他永远不会明白这一看似理所当然的行动是多么的黑暗罪恶。这个看似傻傻不明恋爱法则的胖男生所掩盖的是一个难以填平的灵魂深渊。周善真虽然不缺失爱，却被金钱所奴役，利用自己的温良的天性和面目进行自我麻醉。在翻译的过程中，他像是唯一的知情者，控制着局面，讽刺美国大兵，嘲笑蔑视愚蠢的中国看客，殊不知自己其实也是被幽默讽刺的对象。整个翻译的风波描绘出了一幅荒诞的社会场景：中美虽然缔结为同盟，大后方的美国兵们终日享乐酗酒，与本国的寄生虫毫无差别。所以当他们伪善地滥用大美国主义来证明自己的价值和高人一等的地位时，周善真报以不屑。作为知识分子的周善真一方面利益为大，另一方面没有知识分子的担当，完全放弃无知的百姓，独善其身。这种自以为是的小聪明其实是可笑又可耻的。而百姓那种喜爱围观“稀奇”又愚钝的状态也是滑稽可悲的。在这个后方小镇里处处都是屏障，处处充斥着文化、智能、阶级的差异，无法沟通理解。呈现既是整体又处处脱节的荒诞局面。这里就形成了一个这样的格局：先讲述一个幽默的故事，再进行更深一层次的讽刺，最后以错愕、苦笑结尾。路翎毕竟是属于忧郁沉重的，他的黑色幽默不会仅仅停留在表面的调侃与讪笑，而是会旨归于荒诞世界的痛心领悟。

我们不禁要问路翎为什么会有这样的尝试呢？作品发表的时间段是在抗战胜利前后。在即将冲破牢笼重返家乡之际，不难猜测路翎当时的心情。他用轻松的笔法尝试传递出他内心按捺的喜悦，却发现欢乐只是短暂且浮面的，抗战的胜利绝不等同于政治、社会和人民的胜利，他那敏感的

① 路翎：《求爱》，上海海燕书店1946年版，第114页。

② 同上，第115页。

灵魂感受到了甜蜜中浓烈的苦涩。所以用黑色幽默的笔法写出了直指残酷荒诞的小故事，并且之后又完全遁入沉郁凝重之中。路翎被围困在四川八年，对川地的感情是复杂的。因为了解他的藏污纳垢而讥讽批判他，又不知不觉地接纳、融入了这个盆地文明。所以在作品中，常常出现对川地的揶揄。例如《秋夜》中张伯尧抱怨：“四川的老鼠真大胆——像人一样坏！”[①]《张刘氏敬香记》中也借主妇之口对四川进行了调侃：“‘你在四川就看不见这样大的菩萨！这样做得金晃晃的，肥头大耳的菩萨！’她笑眯眯地指着菩萨说，虽然她底眼圈还在发红，‘你在四川也看不到这些有德行的和尚！真是，我六七年没有听见南京底和尚念经了，打个比配，听到了心里头就像喝了鸡汤一样！’”[②] 在胜利之夜宣称：“南京风景多好啊！哪个蹲这个四川！这些四川耗子嘛，看他还凶不凶，告诉你，跟我磕头我下江人都不来了！”[③] 却在作品中布满了川地文化的深刻影响。其中川人的调笑必是其一。“巴蜀式的调笑风格：它并不一定追求什么样的社会意味或政治趋向，更喜欢在日常生活中寻找笑料，在人际关系间自由穿梭……有的讽刺并不着意堆砌对象丰富的笑料，它们往往只是切取某一个细小的片断，甚至点到即止，把更多的空间留给生活的逻辑，让读者去填充。”[④] 路翎的黑色幽默故事主人公单一，故事情节简单紧凑，都是以横断面进行结构。题材也都是来自最普通的四川抗战生活，且人物语言多是巴蜀方言，自带幽默趣味，活脱脱一出出巴蜀日常闹剧。

路翎是天才的、可爱的，又是天生具有悲剧性的。他像是一个编剧，又像是一个演员，在他自己创造的文学王国里扮演着灵魂的主演，始终无法脱离。

路翎并非川籍作家，却在四川成就了自己最辉煌的文学时刻。原本就崇尚“原始的强力”的路翎，对具有英雄主义气概的雄性形象偏爱有加，加之八年的盆地生活，让原本就躁动不安的心，在受到落后、封闭气氛挤压后变得更加希望挣脱藩篱，冲出桎梏，到处流浪。但可惜肉体上的路翎是世俗的，无法超然物外。为此，他只能通过文学想象进行精神上的彻底

---

① 路翎：《求爱》，上海海燕书店1946年版，第120页。

② 路翎：《张刘氏敬香记》，《希望》1946年第二集之四。

③ 路翎：《求爱》，上海海燕书店1946年版，第196页。

④ 李怡：《现代四川文学的巴蜀文化阐释》，湖南教育出版社1997年版，第215、220页。

释放与流浪。试图使年幼时丧失归属感的自己通过文学找到灵魂的归宿。所以，在余音时期，英雄主义成为困兽路翎所努力追求的。路翎式英雄主义的核心，是狂躁不已、焦虑不安。造成焦虑狂躁的原因是战争所带来的死亡威胁，军人英雄们最终通过直面死亡，来完成对自我的超越。但是在这一过程中，内心的焦虑往往会外化成肢体的暴力，以此缓冲焦虑带来的巨大压强，而英雄的悲剧性体现在战争创造军人英雄，军人英雄为了和平而战，但和平却容不下他们，军人英雄像烟火转瞬即逝，但他们内心却始终放不下这一份悲壮凄美的追求。最终我们发现，路翎笔下的军人英雄形象，既兼具身体和灵魂的孤独漂泊，又具备“精神奴役创伤”和“原始强力”的精神特征。也即是说，路翎所向往的军人英雄形象之本质是英雄主义的流浪汉形象。余音时期正是抗战与内战的转换时期，这一时代转折对路翎的影响显现于其黑色幽默艺术手法的尝试，但是路翎并不止步于单纯的幽默闹剧的展示，还将矛头指向了荒诞无序的社会万象，进行了更深一层面的讽刺，体现了他甜中带苦的幽默手法，叹息着那一个个困兽的灵魂。

第五节　别具一格的抗战间谍小说

间谍小说一直在军事题材小说中扮演着重要的角色，在四川抗战小说中也不例外。较早出现的“锄奸”小说中的“汉奸”其实就是“间谍”，只不过作为反面形象出现在作品中而已。将我方人员作为正面形象的间谍出现且较有影响的如张恨水的《热血之花》、陈铨的《花瓶》、仇章的《遭遇了支那间谍网》（1943）、荆有麟的《间谍夫人》等。战争时，由于一些军事与写作上的原因，这类小说写得较为仓促，也较少，抗战胜利后，间谍小说大量涌现，显出成色来。仇章的《香港间谍战》（上海铁风出版社，1948 年 10 月）和徐訏的《风萧萧》（上海怀正文化社，1946 年 10 月）就是代表。《香港间谍战》接续了《第五号特派员》（1943）等的内容，将故事放置在孤岛香港沦陷的整个过程中。第五号特派员在得力助手的帮助下，与英国上司巧妙周旋，与日本间谍人员斗智斗勇，成功指挥印加联军出击与撤退，香港政府投降后又带领部分高级将领突出重围。作者集中精力，对香港保卫战的整个作战过程进行了详细的描述，辅以沙场下的谍报战争，赋予了整部小说很强的即视感，像是目睹了香港陷落的整个过程一般。相较于《香港间谍战》强硬的军旅风格，《风萧萧》则充分体现了“海派”的特点。故事发生在稍早的1939年太平洋战争前。哲学研究者徐因救助美国军医史蒂芬而与其成为挚友，通过史蒂芬，徐又结识了百乐门舞女白苹和著名交际花梅瀛子，徐认为她们既美丽又神秘。太平洋战争爆发后，史蒂芬身份暴露入狱，史蒂芬太太告知徐真相，即她和梅瀛子都是美国间谍，并成功邀请他加入组织。一直怀疑是敌方间谍的白苹，在经历了“枪杀”徐之后，终于澄清了自己是重庆间谍的真实身份，三人遂联手。白苹在不久之后的情报窃取行动中不幸牺牲。梅瀛子为白苹报仇，毒死宫间美子后销声匿迹。徐也不得不离开深爱他的海伦前往内地，完成属于他自己的事业。在徐訏笔下，浪漫的爱情传奇与惊险的间谍暗战完美融合，共同谱写了一出“风萧萧兮易水寒，壮士一去兮不复返”的战争悲剧。

《香港间谍战》基调迅猛激昂、遒劲有力，追求呈现翔实具体又不失宏大的战略布局与战争场面，《风萧萧》富有节奏，张弛之间增加浪漫与悬疑的稠度，侧重挖掘间谍们曲折的心理角斗；在处理人物与历史的关系上，《香港间谍战》有强烈的英雄史观，对男权在战争中的推崇在《香港间谍战》里留下了很重的痕迹；而《风萧萧》则更倾向于人民群众创造历史的虔诚观念，着力展现了女间谍代表的现代女性们的美貌与智慧并重。

一、相同的目标，不同的世界

仇章是右翼军旅作家，强劲的硬汉风格和高涨的爱国热情渗透在作品的各个方面。首先就是小说的基调。虽然《香港间谍战》的结尾是全城陷落，高级将领出逃，但失败的结果掩盖不了小说自始至终饱含着的高昂气势和乐观姿态。主要是通过作者屡屡设定“以强治强”的情节，以及男主角主观零失误和几乎完美无缺点传达出来的。“以强治强”是指每一轮全新的军事动作开始时，作者总是先描绘日本方面的指挥者与作战部署是如何高明又高度保密，转而再写我方第五号特派员对整个局势的精确预判和把握。所以即便是香港终究从孤岛变作沦陷区，也并非是我方间谍的失误和后方军队的不济造成的，责任全在无心应战的英军（代表是贪生怕死的

“醉酒鬼”，英国远东情报部主任麦克杜格）和无视谏言的加军（参孙将军）身上。即是说，如果没有英国方面从中作梗，我方的整体作战一定会是势如破竹、高奏凯歌的。从中我们不难看出，作者通过简单化处理战争过程的复杂性，忽略导致战争失败的错综因素，作为带有记录历史性质的小说来看难免片面和稚气。稍加分析发现，第一，仇章作为军人，为自己的战友与军队摇旗呐喊，振奋军威是无可厚非的。第二，中国长期饱受日本的侵略，如今已发展到极致，对日本帝国主义的愤恨自然到达了顶峰。恰恰“太平洋战争将中日冲突和日美战斗融为一体，使中国成为反轴心国大同盟中的一名老资格成员。自 1931 年以来，中国人第一次能感到他们真正是全球性联盟的一部分”。[①] 对敌人的仇和有了盟军作后台的喜，相互冲撞所爆发出来的能量，转化到艺术创作上就变成了“厚此薄彼”的逻辑。第三，是历史遗留问题。作为保家卫国之人，仇章对英国殖民者固然是排斥的，更何况正是英国高层的疲软导致了香港的沦陷，所以“宗主国”形象在小说中被讽刺和丑化。当然，也不能无视彼时敌强我弱所带来的现实自卑感，难怪乎仇章会选择“灭他人威风，张我军士气”的艺术手法，目的就在于希望运用文学的虚构性来满足迅速强大我民族自尊心和自信心的期望。

《香港间谍战》像是一个血气方刚的青年战士，《风萧萧》则像是潇洒但又不失沉稳的成年参谋，又像一曲战地蓝调爵士乐，看似自由随意的节奏，确是未雨绸缪的精心安排。小说由一封派对邀请函带来的疑问（史蒂芬身份可疑）开始，开门见山地掷下悬疑的包袱，提醒读者即将展开的是一场阴影中的对抗——间谍战。但徐訏并不急于解答这一谜题，他暂且搁置下这条带有小火星的引线，在接下来的 1—17 章中转而向我们展示上海滩的灯红酒绿、纸醉金迷，营造出一种暧昧诡谲的氛围。配合着氤氲之气，“脸庞生得非常明朗，大眼长睫，丰满的两颊，薄唇白齿，一笑如百合初放”[②] 的白苹，“具有与东方人所有的美丽”的梅瀛子，“声音轻妙低微，面部的表情浅淡温文”的史蒂芬太太和天真烂漫的海伦逐一现身。前 17 章的故事，乍看就是现代都市男女的浪漫情爱纠葛，但在情爱帐幔之下

① ［美］费正清、费维恺编：《剑桥中华民国史（1912—1949 年）》（下卷），中国社会科学出版社 2007 年版，第 527 页。

② 徐訏：《风萧萧》，人民文学出版社 2008 年版，第 8 页。

却隐约可见数条涌动的暗流：史蒂芬先生一开始为什么会受伤？一向同我交好的他怎么会凭空冒出个太太来？白苹和梅瀛子为什么表面要好，暗中较劲？二人难道有其他身份？……直到18章白苹被刺，整个故事才真正进入正面描写间谍战的阶段。通过几处关键情节，既推动故事发展，又交代之前伏笔埋下的问题：白苹第一次遇袭，让大家怀疑她是日本间谍；太平洋战争爆发，史蒂芬被投入监狱，让"我"知道了史蒂芬夫妇、梅瀛子的真实身份，并加入美国间谍组织；白苹枪击"我"的误会，让大家成为了盟友……《风萧萧》的结构是欲扬先抑，浪漫不羁的表象后酝酿着深邃的忧郁和悲壮。"我"是一位哲学研究者，也是一个独身主义者，原本以为只是陷入了多角恋的旋涡，却不知早已成为间谍战中的棋子，意味着这是一场无人能躲避开来的战争。为了赢取这场灰色的角力，史蒂芬夫妇不得不隐去姓名，假扮夫妇，还客死他乡。白苹、梅瀛子不得不以声色犬马的生活为掩护，从容地行走在钢丝、刀尖上。最后一个中计惨死，一个销声匿迹。而处在边缘的"我"本可以选择安逸的爱情，但"我"意识到去内地工作是属于战争和民族的，而海伦的事业是属于和平世界的，"我"决定去选择暂时的工作，等到暂时的工作完成之后，再去考虑爱情。标志着"我"从一个事不关己的学者蜕变成了对民族战争抱有匹夫之责的间谍人员。徐訏是易水送别的高渐离，看着一个个远去的渺小又伟大的踽踽独行的荆轲们，击筑而歌"风萧萧兮易水寒，壮士一去兮不复返"，这是怎样的慷慨悲歌呢？但他们又是如此平凡，散落各处，难怪徐訏说："书中所表现的其实只是你我一样灵魂在不同环境挣扎奋斗——为理想、为梦、为信仰、为爱，以及为大我与小我的自由与生存而已。"①

二、间谍、英雄主义和战争中的男女观

间谍，对于现如今的大众来说一定不会陌生。书摊上充斥着大量的"解密"系列和"抗战剧热"让许多普通人有了了解这一神秘职业的机会。可又因了这一灰色职业的秘密性，让我们不禁对时下五彩缤纷的"真实演绎"打一个问号：间谍究竟是怎样的一群人？看一下魏斐德笔下戴笠的形象："一个非凡的秘密警察，一个阴影般的险恶幽灵，他的生活体现了20

① 徐訏：《徐訏文集》（第十卷），上海三联书店2008年版，第133页。

世纪中国所具有的、在封建式的多变个性与难以逾越的职业纪律之间的平衡。曾经既是个有自觉意识的游侠又具有现代组织才干的戴笠，想通过树立起一种适于统治充满共和政治阴谋的拜占庭式世界的个人英雄主义，创造出一个新的自我。”①

历史著作毕竟不同于文学创作，因了民族战争立场和虚构性质的缘故，无论是《香港间谍战》还是《风萧萧》，在创作我方间谍人员时，着力表现的多是秘密警察的非凡性，而对日方特务的刻画就趋近于“阴影般的险恶幽灵”。同时，由于间谍战的特殊性——十分看重特工的个人能力，加之“从中国古今战争小说看，几乎没有一部作品不塑造英雄形象”，②《香》和《风》当然也不能例外。前者不仅热衷于创作近乎完美的个体英雄形象，相对传统地强调男权在战争中的作用，更具有强烈的带有英雄史观倾向的英雄情结；后者更人性化地看待特工英雄们的超凡面，表现出了抗日战争中的现代女性观，更倾向于唯物主义的史观。

《香港间谍战》中的第五号特派员近乎是完美的。着眼大处，他胸怀天下，为这个民族的兴旺和国家的版图而忧心。作者常常给他安排关于政治的演说，涉及爱国主义、殖民地问题、民族性和对战争的态度。他具有超人的军事眼光和战略思想，指挥作战如同五星上将。例如协助印加联军克服粉岭，带领五百华军成功突围上水，以及指挥印加联军三得三失界限街。连敌方都忍不住“赞扬”起来：“一点不错，像今天的进攻，即使动用更大的力量，甚至一千骑兵，十万部队，也是同样吃亏，敌人虽然只有一千五百名，但为了指挥得当，化险为安，这点在司令的责任上，应该检讨检讨，不要硬说情报不大靠得住，便不虚心！”③ 作为顶级特工的他，监视侦查、收集情报、自救逃生、爆破射击等样样精通。例如在丽池餐厅挫败山矶樱子和犹太叛徒的暗杀计划，获得山矶樱子在维多利亚港的神怪潜艇的重要情报，近在咫尺的第二次暗杀也惊险躲过：

这个给第五号特派员注意着的人，跟他俩相遇后还未到十码，立即转身拔枪向第五号特派员射击，第五号特派员果然应声倒地，似乎

① ［美］魏斐德著，梁禾译：《间谍王：戴笠与中国特工·前言》，江苏人民出版社2012年版。

② 陈颖：《中国战争小说史论》，上海三联书店2008年版，第136页。

③ 仇章：《香港间谍战（远东情报部）》，铁风出版社1949年版，第208页。

中弹负伤，站在另一方向的十三号，看着那个刺客还准备再向第五号特派员射击的刹那间，她却镇静地回给那个刺客一枪，弹中头部，当场倒地毙命！

十三号在惊慌而伤感中跑上前去看看第五号特派员，发觉他微笑地仰睡着，一声不响，十三号觉得很奇怪，这情形简直不敢叫人去忖测的。

“大哥你负伤了吗？”十三号在流着泪说。

“那里？我们都是百胜将军，打不死的。”

第五号特派员跟着站起身来，转到那个行刺自己的刺客尸旁，把他衣袋里的日记册等有线索的证件取出，证明这个刺客是日本特务机关的间谍。

“刚才的遇险，早在我意料中，我们今后更应小心应变。”①

作为男人，他既具有大男子主义气概又温柔多情，以至不仅我方的第十号情报员热烈地暗恋他，最终为掩护他牺牲，就连对方特务稻田芳子、山矶樱子和南造云子（已经死亡）也深爱着他，稻田芳子因了他与山矶樱子反目而至丧命，山矶樱子因爱生恨，更加凶猛地追杀他。

毫不夸张地说，第五号特派员掌握的所有关键情报的并非是其深入虎穴、千方百计得来的，而都是山矶樱子和稻田芳子因为倾慕于他而主动提供的。例如山矶樱子提醒五号当晚撤离粉岭，三天内离开九龙；在界限街战役中，反败为胜的一个重要条件就是来自稻田芳子的“红白兰卡片”；又如原本要去青山解救被困的劳孙司令的第五号特派员，中途被山矶樱子拦住告知日军计划，五号立即调整战略，直接从九龙撤退。虽然这没有让香港避免沦陷，但泄露出来的都是日方确确实实的高级军事机密，而机密就是间谍战的生死节点。所以，这种感情用事的幼稚行为，发生在经受过特殊训练，具有国际级水准的间谍身上的可能性是微乎其微的。反言之，作者以夸张浪漫的笔法让十分专业的著名日方间谍为第五号特派员放弃理性和国家的使命，显然是为强调后者集所有优点于一身的无法抵挡的魅力。究其原因，除了之前分析过的军人的自信自强，浓烈的爱国情绪，民

---

① 仇章：《香港间谍战（远东情报部）》，铁风出版社1949年版，第259页。

族自卑心理的折射等外，这就是作者的一场英雄梦的终极体现。可以说，依小说的逻辑，如若《香港间谍战》不以“香港间谍战实录”为限定，第五号特派员的结局绝不止步于突围，而定能成就一番改变历史的辉煌事业。第五号特派员的形象有些类似于好莱坞式的英雄，所有危险在他面前都可以化险为夷。可惜，英雄情结所隐约折射出的英雄史观（在天才第五号特派员的带领下创造全新的抗战历史）恰恰与作者希望做记录历史的人的初衷（历史事实）相悖。所以，在不能违背历史事实的基本前提下，作者只能通过放大第五号特派员的能力与魄力来完成抗战中的英雄梦。

《香港间谍战》中的女性间谍们，无论是战略天才（山矶樱子）、神枪手（第十三号特派员），还是智慧女神（稻田芳子），为了爱第五号特派员，要么失去自我乃至生命，要么心灵扭曲乃至丧心病狂，显然都对第五号特派员有依赖性，形成了依附关系。这既是英雄梦的一方展露，又是一种传统男权观的表现：虽然现代女性在战争中被解放，被成长，获得与男性不相上下的技能，甚至显露高于男性的智慧与勇气，但是战争仍旧属于男性——战争更适合男性体现自身能力与价值，战争中的多数席位依旧为男性所占——女性从根本上表现出从属地位。

《风萧萧》对间谍、英雄主义和男女性在战争中的意义的不同理解，成就了另外一番景象。第一，不崇尚完美无缺的个人英雄主义，中意传奇中带有人情味的特工形象。第二，觉察到并思索了由间谍这份职业的特殊性所强加在特工身上的悲剧性。第三，正视并褒扬了现代女性在战争中的伟大意义。第四，倾向于小人物也能改变历史的观念。

小说中的间谍可以被分为三个层次，第一档次是重庆间谍白苹、美国间谍梅瀛子和日本间谍宫间美子。她们共同的特点是集智慧、美貌与勇气于一身，业务水平极高，同为三方的王牌特工；第二档次是美国军医史蒂芬、史蒂芬太太以及菲利普医师。他们扮演着幕后的参谋或是间谍链关节上的润滑油；第三档次就是“我”徐先生，从机缘巧合中被动地闯入间谍的世界，到“仓促”地加入了美国间谍组织，最后主动地选择民族事业。作为整部小说的线索，也是连接两个既平行又交叉的世界的节点。另外还有一类就是谍战世界之外的普通人，海伦、慈珊、慈珊的母亲，以及唯一的异数——地下党三叔。其中第一档次的白苹、梅瀛子属于故事中特工形象的重点塑造对象，且看是怎样实现传奇中带有人情味的？

白、梅两人的传奇性主要体现在美貌气质和职业素养上。白苹和梅瀛子的美貌都是惊世骇俗的，前者的最大特点是“如百合初放”——柔软细腻，洁白如玉，别致娟秀。在文中反复出现，象征着天真烂漫和雅致纯洁的气质。配合着各种耀眼的衣饰，随时随地都衬托出白苹清新脱俗又娇俏动人的魅力，散发着夺人眼球的魔力。梅瀛子的美更胜一筹，是中西结合的最高典范。“她有东方的眼珠和西方的睫毛，有东方的嘴与西方的下颌，挺直的鼻子但并不粗高。柔和的面颊，秀美的眉毛，开朗的额角，上面配着乌黑柔腻的头发；用各种不同的笑容与语调同左右的人谈话。”[1] 白苹的美讨喜有亲和力，而梅瀛子的更勾魂摄魄，让男人们忍不住地想要偷看她。这恰恰成为她们工作中最有力的武器。利用爱美之心、贪婪之欲，白苹被封百乐门第一舞女，梅瀛子被打造成社交女王。目的在于以美貌为诱饵，穿梭在日本军人、政客之间，获取情报。

职业素养上两人也都是一流的，具有传奇性。白苹是来自重庆的间谍，在小说中始终是以独行侠的姿态出现，没有助手，唯一“辅佐”她的是毫不知情女佣阿美。她的行动自然老练，谨慎机敏。例如与日本人的成功周旋；与史蒂芬夫妇、梅瀛子的适度相处；对“我”的好心提醒。同时又会把握时机，转危为安。例如通过刺杀“我”化解了误会；机智地解救海伦并报复山尾少佐。白苹表面上扮演着专门逢迎日本人的汉奸舞女，所以在陪同日本人的时候被爱国人士所刺杀，幸而保住性命，继续“明知山有虎，偏往虎山行”的工作。显然，她耐住的寂寞，守住的孤独，顶住的误解，扛住的焦虑，咽下的秘密，之苦之多非常人能够想象。她不仅要靠着天生丽质，也要将自己训练成十分矫健的女军人，为的就是完成这个传奇般的职业使命。梅瀛子有强大的后台军事网络支持着她，情报准确，任务清晰。相较于白苹，梅瀛子则出落得更为成熟老辣。在台面上永远是聚光灯的焦点，私下沉着冷静，城府甚深，比白苹更善于控制感情，理智行事。例如与白苹谈判，力阻白苹掉落宫间美子的陷阱，带领“我”逃离搜索。同时梅瀛子信仰坚定，“知人善用”，有时甚至会为了达到目的而不择手段，比白苹更为冷血。例如利用“我”和海伦。最能体现梅瀛子传奇色彩的是，在与国际上享有“盛名”的日特宫间美子的较量中，两人一直势

---

① 徐訏：《风萧萧》，人民文学出版社2008年版，第26页。

均力敌，最后成功将其毒死，为抗战的胜利扫除了一个重要的障碍。原本是应该名留青史，但由于身份的特殊性质，只能销声匿迹，成为一个伟大而隐秘的传说。“我”的传奇性则体现成为间谍到意志发生改变的这个过程。“我”在无意中闯入他们的世界，又在无意识中通过了他们的考察，当“我”有意识地去工作后发现自己能够胜任，最后还改变了对现实的认识与人生的信念。

笔者所谓的人情味是指人类本性中“真善美”面的感性的自然的流露。在高压的战争状态下，间谍们为了应对不是生就是死的生存状态，必须将自己训练成能与极端残酷相对抗的战争机器。为了成就最终的伟大，间谍必须学会放弃普通人的逻辑和情感。因为很有可能一个“人情味”的流露，会使一个计划失败，甚至使一个生命消逝。白苹就因了她无法隐藏的天真和乐观，以及性子里幼稚的坚持己见而落入了宫间美子的圈套，被枪杀。白苹死后，一向视牺牲为成就抗战胜利的必要“命运”的梅瀛子也流露出了难得的人情味——同情与悲伤：

> ……我看见梅瀛子的眼泪还挂在颊上。慈珊与她母亲在我们的两边望着我们，似乎想劝慰又不敢劝慰。我开始振作自己，用手帕揩我的眼睛。但不知怎么，梅瀛子竟靠在船舷上，闭着眼睛，颦着眉，有眼泪潸然从她茸长睫毛中流下，她没有一丝表情，也没有一丝声音。[①]

毕竟梅瀛子是职业的，她将悲伤迅速注入复仇计划，凭借以牙还牙的方式为自己的悲愤找到了一个泄洪口。而“我”的人情味一方面体现在人性冷漠面的消退：太平洋战争爆发前的“我”一直沉浸在哲学和“主义”中，看似高屋建瓴，实则孤独冷漠。之后，在不知不觉中与身边从事秘密工作的人们建立起了感情的纽带，体味到了人性的冷热、爱恨，拥有怜悯之心。另一方面体现为民族意识的觉醒，不再拘泥于小爱之中，愿意继续摸索实现大爱的途径。

我们不难看出，徐訏对女性在战争中角色和地位的理解要比仇章来得更深刻。仇章让他笔下的女性跨出家门走进战争，却没能跨出男人的怀

① 徐訏：《风萧萧》，人民文学出版社2008年版，第376页。

抱，形成完整独立的人格。即是说在形式上得到了解放，但本质中没有放松对男尊女卑的认可，男权主义传统在黄土地上根深蒂固的影响力可见一斑。纯粹从先天的生理和心理上来看，男人更能适应战争的比例确实要比女人高，男人在战争中能够胜任的工作也较女性为多，这都是不争的事实。但这并不代表女性就是从属于男性，或是从属于战争的。不论是白苹还是梅瀛子或是史蒂芬太太，甚至是慈珊（潜在的女战士）。她们都是自愿选择加入这场危险的战争的，史蒂芬太太牺牲了正常的婚姻生活和史蒂芬假扮夫妇，是信仰正义高于男女之间伦理道德的高尚表现。在史蒂芬牺牲之后，她仍以遗孀的身份将这份工作继续下去，说明了她对这份工作的自觉与坚持。白苹在牺牲之前，其实已经预感到了情形并不如她想象的乐观，但她仍大义凛然地说："梅瀛子，我很感谢你的好意，但是我所要执行的是我所属的决议，假如你认为这判断与你的距离过远，我希望你不要去。"[①] 这般飞蛾扑火的精神并不根植于鲁莽和意气用事，而是出于对自己背后的团体，对自己一开始选择的道路的坚定遵从。这是一个战士用生命来成就勇气和尊严的行为。恰恰是这点与荆轲的命运何其相似，顺从太子丹的命令，在准备工作不充分的情况下匆忙行刺。虽然最终失败，但是荆轲这种明知不可为而为之、重义轻利的悲剧英雄形象，一直被后人铭记和传颂。这就是白苹这个角色的象征意义之所在。而梅瀛子自始至终都是一个狠角色，不被任何人左右，甚至是自己的感性面、女性面。因为她笃信抗战终将取得胜利，为此牺牲一切都在所不惜。例如她在谈论利用海伦时曾说过：

"她的哥哥不是有音乐的天赋么？在前线。你不是有你的天赋？在工作。世界上有多少天才，有多少英雄，有多少将来的哲学家，艺术家，科学家在前线流血，在战壕里死，在伤兵医院里呻吟；这是为什么？为胜利，为自由，为爱……"她清晰而坚强，严肃而沉静地说。[②]

---

① 徐訏：《风萧萧》，人民文学出版社2008年版，第367页。

② 同上，第194页。

毫无疑问，她们确实做到了在心理上与男人平等，也做到了用自己的能力改变战争的进程，甚至用自己的故事来叙写历史。她们都是真正意义上现代女性，她们做到了对自我的解放。

可惜再伟大的事业总有它背光的一面，间谍这一认知混乱的职业，像极了美杜莎，想看却又不能看，一旦想要做好就要学会扭曲自己。白苹对浪漫爱情的向往，对纯真友谊的珍惜；梅瀛子表面上可以是每一个人的缪斯，但内心却必须竭力消解女人味，炼成金刚石。她们的成功和独立建立在很好地运用了女性化的外表与男性化的内心。说明肉体上的男女原本就只是一种生物上的必要界定，而不能真正指代人物的心理，现实情况多数是“双性人”，内在具有男性气质和女性气质的不同比例的混合。

相同的战争让两个审美趣味完全不同的作家走进了同一个世界，在这个隐秘而伟大的王国里，仇章和徐訏运用自己的艺术技能，创造出驰骋于这个王国的超人，他们的意识形态或许完全不同，他们也可男可女，但他们为着一个共同的目的：爱国抗日。他们就会永远生老病死于此，变成凡人们的传奇。

间谍战的神秘性决定了没有人会知道她的真实面目，所以作家的创作就是介于浪漫想象与现实揣摩之间。仇章身为军旅作家，对间谍的世界充斥着个人英雄主义的臆断与想象，《香港间谍战》基调迅猛激昂、遒劲有力，宣扬浓烈的爱国主义情怀，小说内容上虽然讲述太平洋战争爆发后，香港的失陷，但整体气势高昂和姿态乐观。究其原因既有军人的自强，又有对全球反法西斯阵营的自信，对宗主国的反对和对民族自卑心理的填充。整体上追求呈现翔实具体又不失宏大的战略布局与战争场面。《风萧萧》的风格与之迥然不同，徐訏潇洒地游走在浪漫与现实之间，利用他过人的艺术手法设置悬疑，增强情节性，侧重挖掘间谍们曲折的心理角斗。《香港间谍战》在涉及人与历史之关系时，强调了个人（第五号特派员）改变和书写历史的英雄史观倾向，并且对男性在战争中至上权力形成了推崇；而《风萧萧》则更倾向于人民群众创造历史的虔诚观念，即一个个小人物的历史组成时代的历史。徐訏同时也相信一个小人物能在偶然中变成历史进程的助推器。同时，相较于《香港间谍战》对雄性魄力的展示，《风萧萧》则为现代女性摇旗呐喊，展现了女间谍代表的现代女性们的美貌与智慧并重，既有勇气又有为国殉难之精神。同时也为这些走在金字塔尖的女性们，为事业压抑自己本性的悲剧而感到难过与惋惜。

三、小结

1945—1949年四川抗战小说实绩显著。就代表作家的成就来看，巴金这一时期的抗战小说始终围绕着人道主义精神进行博爱与人性的探讨，达到了文学创作的新高度。沙汀与艾芜虽都以现实主义为创作原则，但沙汀依旧延续30年乡土文学的风范，将其辛辣讽刺、冷峻雕刻的手法进行提炼与升华，做到几乎不露痕迹地与之思想融为一体，对川地普遍的逃兵与抗属问题进行分析，并表达出了自己对内战的心声。艾芜以巴蜀的视野打量四川抗战小说，注入对其他地域抗战故事的书写当中，同样显出特色。较之前面的老前辈，路翎算是这一时期才成长起来的生力军。他鲜明的个人风格独树一帜，不但自己有着非常浓烈的英雄主义情结，还深刻影响到了他笔下的军人形象，尝试了对黑色幽默手法的独特把握，也别具一格。仇章与徐訏相比，就其艺术性而言，徐訏要更胜一筹，但仇章的小说却具有鼓舞人心以及记录历史的价值。这一切都使得抗战胜利后的四川抗战小说成绩斐然，傲然时代。

当然，在看到成绩的同时，我们也不得不说，这一时期的四川抗战小说缺乏对战争的反思，缺乏对人性更深度的考辨。究其原因，与作家对战争观与历史观的理解有关。由于我们长期以来以战争的正义性作为支持战争的理由，便忽略了战争带给人类的重大灾难。其实，就抗日战争而言，中国与日本都是受害国，其人民与国家都遭受了巨大的灾难，而我们却始终以“受害者”的姿态面对抗日战争，被“正义与邪恶”的二元对立思维模式所钳制，在表现战争的文学中，自我定位始终停滞在“受害者”层面，探讨的问题囿于战争所带来的巨大创伤，喜欢表现“受害者”如何进行反抗，失败或是成功，在其中寻求悲伤与怜悯，同情与颂扬，却无法跳出“受害者”的圆圈，以双方都是受害者的身份观照战争，因此，对人性更深度的考辨也就薄弱了许多。其实，反战的小说早期与中期都有，如布德的《第三百零三个》、谢挺宇的《去国》等都写到了战争同样给日本人民也造成了灾难，对人性造成了戕害，而此时或许由于我们取得了胜利就奢谈战争的灾难性，这不能不说是令人遗憾的。战争永远是一把双刃剑，只有在战争观、历史观、创作观等观点上有质的升华与飞跃，抗战文学才能实现真正的超越。

结语：四川抗战小说的历史意义与现实启示

艰苦卓绝的抗日战争终于以中国人民的胜利而结束了，其历史意义正如《全国人大常委会关于确定中国人民抗日战争胜利纪念日的决定》所指出的那样："中国人民抗日战争，是中国人民抵抗日本帝国主义侵略的正义战争，是世界反法西斯战争的重要组成部分，是近代以来中国反抗外敌入侵第一次取得完全胜利的民族解放战争。中国人民抗日战争的胜利，成为中华民族由衰败走向振兴的重大转折点，为实现民族独立和人民解放、建立新中国奠定了重要基础，为世界各国人民夺取反法西斯战争的胜利、争取世界和平的伟大事业作出了巨大贡献。"① 在这场伟大的民族解放战争中，四川小说家与全国作家一起自觉地担当起为民族求解放、为国家赢尊严、为人民争自由的重任，特别是国民政府迁都重庆后，大量作家汇聚四川，将这种民族凝聚力与爱国主义精神发扬到极致，一大批星光灿烂的作家与名载史册的作品铸成抗战历史图景中一道壮丽斑斓的风景线，它如新文学史上一座伟大的丰碑永远矗立，也如中国文学史上耀眼夺目的瑰宝恒久流传。

伟大的抗日战争激发了中国人民强烈的民族自强感，激活了一切有良知的中国作家投笔从戎，抗敌御侮的爱国热情。巴金、老舍、沙汀、艾芜、张恨水、姚雪垠、陈铨、陈瘦竹、吴组缃、严文井、田涛、李辉英、刘盛亚、仇章、徐訏、路翎等，一大批才华横溢的作家自觉地聚集在抗日的大旗下，从四面八方向四川这一抗战中心地聚集，为中华民族的独立与尊严奉献着他们的热血与才华。无论南下还是西迁，他们都与民族的命运相联结，与国家的前途相维系，无论在哪里，响彻于他们耳边的都是"牺

① 《全国人大常委会关于确定中国人民抗日战争胜利纪念日的决定》，《人民日报》2014 年 2 月 28 日。

牲已到最后关头”“地无分南北，年无分老幼，皆有守土抗战之责”的时代呼唤；是“假如我们不去打仗，敌人用刺刀，杀死了我们，还要用手指着我们骨头说：‘看，这是奴隶！’”的振聋发聩的卫国强音。因此，抗战的鼓点自敲开就没有停止，抗敌的呐喊自张开就直穿云海，他们无须特别的操练，只需将喉咙轻轻张开就是一首首嘹亮雄壮的抗敌战歌，一支支刺向敌人心脏的钢刀利箭。《火》《寒夜》《火葬》《四世同堂》《在其香居茶馆里》《淘金记》《困兽记》《还乡记》《山野》《故乡》《热血之花》《八十一梦》《巷战之夜》《太平花》《潜山血》《前线的安徽，安徽的前线》《大江东去》《虎贲万岁》《敌国的狂兵》《春暖花开的时候》《狂飙》《春雷》《鸭嘴涝》《一个人的烦恼》《地层》《潮》《松花江上》《复恋的花果》《雾都》《夜雾》《香港间谍战》《风萧萧》《财主底儿女们》等，就是他们抗战小说的艺术结晶。这其中，巴金的《寒夜》、沙汀的《在其香居茶馆里》《淘金记》、艾芜的《山野》、张恨水的《八十一梦》、老舍的《四世同堂》等，不仅是抗战小说中堪称经典的佳作，也是作家一生创作中精心锻造的精品。无论在中国新文学史，还是四川抗战小说史，甚至中国抗战小说史中，都是一颗颗璀璨的明珠。这些作品或书写前方将士可歌可泣的英雄事迹，或表现中国民众的觉醒与反抗，或揭露日寇屠杀中国人民的血腥暴行，或嗟叹大后方偏僻小镇乡绅梦想发国难财相互欺诈的黑暗现实，或反映逃兵、军属生活的现实困境，或揭示大后方抗战的积弊与腐败奢靡的“另类”生活，或探寻流亡青年苦闷彷徨的心路历程，或写小人物在战争环境下精神上的悲剧性，或刻画盆地困兽的灵魂挣扎，将四川抗战时期的社会现实，真实、形象、客观、生动地展现在读者面前，如同一幅阅尽中国抗战历史而又独具四川抗战特色的文学全景图，镶嵌在中国抗战文学的历史版图中。也就是在四川，在抗战大后方，他们的小说创作走向成熟，走向巅峰，他们的名字也因之永远镌刻在四川抗战小说史中——镌刻在不断走向未来的中国文学史中。

伟大的抗日战争弘扬了中国作家的现实主义精神，高扬了中国作家崇高的使命与责任感。聚焦抗战，聚焦民族，聚焦国运，聚焦人生，是时代的主潮，也是抗战作家感时愤世、忧国忧民传统的继承与发扬。国难当头，大敌当前，救亡图存，唯有努力反映现实，写出抗战环境下真实的生活，真实的人生，真实的故事，真实的理想，才是时代的需要，才是作家以笔作刀枪的神圣的义务与职责。虽然这种现实主义带有强烈的功利性，但这是时代的需要，抗战文学就应该："尽量鼓起民众抗战情绪，唤起民族意识，鼓吹民族气节，描叙抗战实况，博得国际同情。""鼓励士气民气，坚强抗战精神。""文艺工作者不但当描写现实，说明现实，必须要推动现实。所以在抗战中必须描写抗战，说明抗战，更必须在争取抗战的胜利的基础上，以最锋利的笔唤醒，鼓励，训练全国人民向敌人作坚强的反攻。"① 因此，"差不多论""抗战无关论"等遭到鄙视与批判就不足为奇了。文学的功利性得以强化，文学的服务性得以提升，文学的时代性得以增强，文学的民族性得以光大。这也是由战时文化特性所决定的。随着抗战的持久，人们逐渐冷静下来，从最初的注重文学的宣传功能，到逐渐重视文学的服务功能与审美功能，再到强调文学的审美功能，现实主义在渐变中走向深化。对此，胡风曾这样表述道："当战争转入了艰苦的阶段的时候，当各种社会层尖锐地经历着民族力量底组成正在急激变动的时候，当战争底要求强力地把内部的改造课题提到了迫切的工作日程上面的时候，在文艺创作上，也就现出了向前进展的迹象。到了这时候，作家底战斗意志已经从跳跃的兴奋的状态转变为深入到生活现实里面的、肉搏的执着的状态，被战争所掀起或揭露的生活形象，已经由引起作家感到惊异的性质转变为要求作家通过强的思想力去深刻分析的性质，而政治课题（当然是战争底发展的内容所要求的正确的政治课题），对于作家已经由兴奋地接受的抽象的观念转变为深入并认识现实生活性格的引导了。作家底精神状态底发展也就适应了战争内容底更进一步的要求。从这里产生了在这两年左右的期间里面的创作上的向前进展的趋势：一方面，作为演绎政治概念的大众化作品底代替，更多地看到了通过大众底新鲜的感觉或真实的情绪去反映生活现实的、短小活泼的文艺形式，另一方面，更多地出现了像长篇小说，含有历史意义的大事件底长篇报告，多幕剧，大的抒情持和叙事诗等构成性的创作努力。"② 的确，这一点对于四川抗战小说创作特别是长篇小说创作而言，表现得尤为明显。抗战初期，由于体裁的因素，长篇小说显然慢半拍起动，与轰轰烈烈的诗歌、戏剧及报告文学相比，沉寂

① 郭沫若、老舍等：《抗战以来文艺的展望》，《自由中国》1938年第2期。

② 胡风：《民族战争与新文艺传统》，《胡风全集》（2），湖北人民出版社1999年版，第648页。

而孤单，以至于有人认为：“在中国这急转直下的伟大时代，我们看不到鸿篇巨著是不足怪的。”① 进入抗战中后期，长篇小说有了长足的进步，《春雷》《狂飙》《鸭嘴涝》《八十一梦》等作品开始显出长篇创作的成色，小说的主题虽然直指抗战，但艺术的驾驭力显然提升了许多。抗战后期特别是抗战胜利后，历史的积淀为长篇小说的繁荣创造了条件，以抗战为表现内容的长篇小说大量涌现，长篇小说的审美性得以全面提升，《淘金记》《寒夜》《山野》《四世同堂》等一批作品，不仅成为抗战小说的代表之作，也成为40年代中国小说创作的扛鼎之作，它们不仅是新文学长篇小说艺术成熟的重要标志，也是新文学现实主义成熟的重要标志。

伟大的抗日战争激发了作家们新的创作热情，架设了他们成功通向彼岸的新桥梁。抗战爆发前，老舍、巴金、张恨水、沙汀、艾芜、陈铨、吴组缃、姚雪垠、严文井等，可谓是知名作家，多年的创作实践使他们形成了自己独特的创作风格，《骆驼祥子》《月牙儿》《灭亡》《家》《啼笑因缘》《南行记》《天问》《一千八百担》《南南和胡子伯伯》等就是他们的创作名片。来到四川后，他们在时代的感召下，毫不犹豫地舍弃了多年形成的创作个性，毅然转向抗战题材的小说创作。沙汀就说：“抗战引起我一种冒险的打算，我以为我应该暂时放下我的专业，不再斤斤计较一定的文学形式，而及时来反映种种震撼人心的战争。我认为这是一个文艺工作者的责任，而是情绪方面更是一桩不能自己的事。”② 于是，老舍写下了宣传爱国热情的《蜕》和告诫人们若在战争中敷衍与怯懦就是自取灭亡的《火葬》，巴金奉献了鼓舞年轻人勇气、坚定其信仰的“抗战三部曲”《火》；张恨水新作《八十一梦》《魑魅魍魉》《虎贲万岁》等，既揭露了国统区黑暗、腐败的现实，也歌颂了前方将士英勇杀敌的事迹，使他成为“鸳鸯蝴蝶派”中最具现代品格的小说家；艾芜将他的视野转向活跃在敌后游击战的“山野”；陈铨将他的哲学思想上从叔本华转向尼采，《狂飙》遂成为“战国策派”理论的形象图解；吴组缃不再描写皖南农村宗法社会的崩溃图景与人性的复杂性，而是以唤醒家乡人民觉醒以抗战为已任，长篇小说《鸭嘴涝》应运而生；还有姚雪垠，他响应“大众化”的文艺方

① 《抗战以来文艺的展望》中北鸥的发言，《自由中国》1938年第2期。

② 沙汀：《这三年来我的创作活动》，《抗战文艺》1941年第1期。

针，以新的叙述方式写出了召唤青年们更勇敢地投身民族革命的洪流的《春暖花开的时候》；转向更大的是严文井，他一改童话小说家的面孔，以长篇小说的样式发掘了战时青年人苦闷的心灵，如此等等。这些作品虽然难免有转型初期的些许遗憾，却显示了这一历史阶段抗战文学的创作实绩，也为他们的新拓积累了经验。也正是从这里，他们找到了转型的新基点，踏上了不断高攀的新阶梯，成为成功到达彼岸的抗战小说家。尤其是老舍的转型与成功，更具有划时代的伟大意义。

伟大的抗日战争使作家塑造了一批栩栩如生同时又富有时代感与抗战色彩的典型形象，特别是由于四川地处内陆盆地的地缘文化与大后方文化特性，作家所刻画的觉醒者、钻营者、折翼者的形象，不仅丰富了抗战人物的艺术画廊，也成为四川抗战小说人物群像中的标志性形象。抗日战争中涌现了无数可歌可泣的英雄人物，作家也塑造了如八百勇士（《八百勇士》）、余程万（《虎贲将军》）、柳剑鸣（《第二年代》）等众多脍炙人口的英雄形象。不过，就形象的典型性而言，觉醒者、钻营者、折翼者无疑是四川抗战小说中塑造得最为成功的艺术形象。觉醒者如章三官（《鸭嘴涝》）、牛德全《牛德全与红萝卜》、魏福清（《苹果山》）、祁瑞宣（《四世同堂》）等；钻营者如邢幺吵吵（《在其香居茶馆里》）、白酱丹（《淘金记》）、罗子亮（《雾都》）、徐松一（《故乡》）等；折翼者如田畴（《困兽记》）、刘明（《一个人的烦恼》）、汪文宣（《寒夜》）、胡珈航（《潮》）、余峻廷（《故乡》）等，这三大独具特色的人物群像使四川抗战小说因之与沦陷区抗战文学、孤岛抗战文学及解放区抗战文学卓然有别。

伟大的抗日战争使四川抗战小说呈现崇高与悲壮相交、冷峻与凝重相织的时代风格。由于中日两国军力相差悬殊，加之日军装备齐整，训练有素，战斗力远在中国之上，所以，中国军队与日本军队的战斗一直打得十分惨烈，伤亡人数也居高不下，虽然在太平洋战争爆发后，得到了美英等国的军事援助，装备有所改善，但伤亡比例仍然高于日本，真可谓“一寸山河一寸血”。巴金的《火》援引《大美晚报》一个外国教士的前线见闻，将中国军人以血肉之躯阻挡敌人进攻的惨烈场景如实地再现了出来。阿垅的《南京》、张恨水的《虎贲万岁》、田涛的《子午线》等也都客观再现了战斗的惨烈场面。因此，以现实主义精神再现中国军人壮怀激烈、浴血奋战的抗战小说，自然就呈现崇高与悲壮的文学风格。又由于中国长期处于封建落后的经济体制下，国民素质低下，国民政府虽然统一了全国，但时间毕竟短暂，加之军阀混战，旧有的积袭与弊端没有得到根本的改变，一些有违于抗战建国的恶习也借机滋长起来，一些地方政府与基层官僚甚至大发国难财。这一切都使得四川这一相对安稳却积弊丛生的大后方与前方将士前仆后继、生命相守的战区形成鲜明对比，也让怀揣抗战救国、复兴中华美梦但又愤世嫉俗的青年知识分子，失望不已，痛恨不已。于是，揭露国统区大后方假抗战之名行一己之利的腐败行为，就成为抗战小说的重要一翼。《在其香居茶馆里》《防空——在“堪察加”的一角》《淘金记》《雾都》等，就是这类讽刺小说的代表。作家们敏锐的艺术穿透力，使小说的讽刺艺术少了几分热情，多了几分冷峻。同时，一些流亡知识青年离开家园，奔赴前线，就是为了抗敌卫国，但复杂的现实环境让人生阅历尚浅的年轻人时时碰壁，难已遂愿，这也令他们焦灼不已，纠结不已；另一些滞居后方的留守青年，不甘心青春虚度，意欲冲破死水般的泥潭，却因各种因素无力迈开坚实的步伐而败下阵来。凡此种种，表达青年男女壮志难酬的复杂心绪，也成为大后方抗战小说另一重要的一翼。《潮》《一个人的烦恼》《寒夜》《困兽记》等，就是这类心迹小说的代表。锐利的观察与冷静的思考，使作品的意蕴显得冷峻，显得凝重。这也是四川抗战小说颇有亮色的一抹。

总之，抗战催生与滋育了四川抗战小说史上最光辉、最灿烂、最生机勃勃、最活力四射的小说家创作群，巴金、老舍、沙汀、艾芜、张恨水、姚雪垠、陈铨、吴组缃、严文井等，一大批星光闪耀的巨星，以他们与时代同呼吸，与祖国同命运，与民族同脉搏的崇高情怀，为四川抗战文学创造了属于他们一生也属于中国抗战文学未来的辉煌。现实主义精神的高扬，使他们摒弃了空幻的、脱离四川抗战实际的创作取向，将服务于抗战，服务于人民，服务于民族的战斗的文学理想铭怀于心，自觉地转向并践行抗战文学的时代诉求，以中国作风与中国气派的创作风貌，创作出既属于四川抗战小说也属于中国抗战小说的时代精品，塑造了一批栩栩如生同时又富有时代感与四川抗战色彩的典型形象，特别是大后方觉醒者、钻营者、折翼者的形象，是四川抗战小说的独特贡献，它不仅预示了中国的未来，也预示出现代中国迈向民族觉醒与解放的道路征程漫漫，任重而道远。四川抗战文学所树立的时代性、功利性、人民性、民族性的文学风尚，所形成的崇高与悲壮相交、冷峻与凝重相织的时代风格，也将作为抗战文学的风骨与中国作家天然承传的文学品格生生不息，代代相传。虽然与世界战争小说相比，四川抗战小说的主题还显得较为功利，对战争的反思与人性深度的刻画还不那么透彻，风格也较为单纯，与世界战争小说比肩并立还有很长的一段路要走，但就特定的历史阶段而言，四川抗战小说为时代，为历史交出了一份厚重的答卷，是我们怀念不已、享受不尽的宝贵遗产，其光辉的艺术成就同时也昭示世人：文学永远是时代的晴雨表，与时代同脉，与祖国共呼吸，与民族同命运，植根于生活，表达民族的心声、人民的意志、人性的特点是文学永远的诉求，也是文学具有永恒生命力的动力源泉。

这就是四川抗战小说的历史意义与现实启示。

参考文献

一、报刊

《北京文艺》
《博览群书》
《大公报》（上海、重庆）
《当代评论》
《当代外国文学》
《东方杂志》
《读书月报》
《光明》
《国民公报》
《华西晚报》
《救亡日报》
《军事与政治》
《抗战文艺》
《抗战文艺研究》
《理论与现实》
《民族文学》
《名作欣赏》
《清华学报》
《人民日报》
《斯文》
《天津文学史料》
《文化先锋》

《文史杂志》

《文学》

《文学评论》

《文学月报》

《文艺工作》

《文艺月刊》

《文艺阵地》

《现代读物》

《现实文学》

《新华日报》

《新民报》（重庆）

《新蜀报》

《新文学史料》

《学习生活》

《粤海风》

《战国策》

《长春》

《中国现代文学研究丛刊》

《中苏文化杂志》

《中央周刊》

《自由中国》

二、论著

［法］罗曼·罗兰著，张冠尧、艾珉译：《名人传·卷首语》，人民文学出版社 2012 年版。

［美］费正清、费维恺编：《剑桥中华民国史（1912—1949 年）》，中国社会科学出版社 2007 年版。

［美］卡伦·霍妮著，叶颂寿译：《焦虑的现代人》，上海译文出版社 2013 年版。

［美］魏斐德著，梁禾译：《间谍王：戴笠与中国特工·前言》，江苏人民出版社 2012 年版。

鲍霁编：《萧乾研究资料》，北京十月文艺出版社 1988 年版。

北京图书馆编：《民国时期总书目（1911—1949）文学理论·世界文学·中国文学》（上下），北京图书馆 1992 年版。

北京图书馆书目编辑组编：《中国现代作家著译书目》，书目文献出版社 1982 年版。

北京图书馆书目编辑组编：《中国现代作家著译书目·续编》，书目文献出版社 1986 年版。

陈鸣树主编：《二十世纪中国文学大典》（1930—1965），上海教育出版社 1994 年版。

陈思广：《审美之维：中国现代经典长篇小说接受史论》，四川大学 2012 年版。

陈思广：《中国现代长篇小说编年》，四川大学出版社 2008 年版。

陈思广：《中国现代长篇小说史话》，武汉出版社 2014 年版。

陈思和、李辉：《巴金研究论稿》，复旦大学出版社 2009 年版。

陈颖：《中国战争小说史论》，上海三联书店 2008 年版。

杜秀华编：《中国当代文学研究资料·碧野研究专集》，长江文艺出版社 1985 年版。

段从学：《“文协”与抗战时期文艺运动》，北京大学出版社 2012 版。

范烟桥：《民国旧派小说史略》，魏绍昌、吴承惠编《鸳鸯蝴蝶派研究资料》，上海文艺出版社 1984 年版。

符家钦编著：《张恨水故事》，山西教育出版社 1998 年版。

傅光明、孙伟华编：《萧乾研究专集》，华艺出版社 1992 年版。

关纪新：《老舍评传》，重庆出版社 1998 年版。

黄俊英编：《小说研究史料选》，四川教育出版社 1988 年版。

黄曼君、马光裕编：《沙汀研究资料》，中国社会科学出版社 1986 年版。

黄曼君、马光裕编：《沙汀研究资料》，知识产权出版社 2009 年版。

贾植芳、俞元桂主编：《中国现代文学总书目》，福建教育出版社 1993 年版。

贾植芳等编：《中国当代文学研究资料·巴金专集》，江苏人民文学出版社 1981 年版。

孔海立：《忧郁的东北人：端木蕻良》，上海书店2005年版。

孔庆东：《超越雅俗——抗战时期的通俗小说》，重庆出版社2008年版。

李存光编：《巴金研究资料》（上中下），海峡文艺出版社1985年版。

李怡、肖伟胜主编：《中国现代文学的巴蜀视野》，巴蜀书社2006年版。

李怡：《现代四川文学的巴蜀文化阐释》，湖南教育出版社1997年版。

廖全京、文天行、王大明编：《作家战地访问团史料选编》，四川省社会科学院出版社1984年版。

林默涵总主编：《中国抗日战争时期大后方文学书系》（1—20），重庆出版社1989年版。

刘挺生：《思索着雄大理想的旅行者：路翎传》，华东师范大学出版社1999年版。

马蹄疾编：《李辉英研究资料》，春风文艺出版社1988年版。

毛文、黄莉如编：《艾芜研究专集》，四川文艺出版社1986年版。

潘光武编：《阳翰笙研究资料》，中国戏剧出版社1992年版。

四川省社会科学院文学研究所抗战文艺研究室编：《抗战文艺报刊篇目汇编》（续一），四川省社会科学院出版社1986年版。

苏光文：《大后方文学论稿》，西南师范大学出版社1994年版。

唐沅等编：《中国现代文学期刊目录汇编》（上下），天津人民出版社1988年版。

王大明、文天行、廖全京编：《抗战文艺报刊篇目汇编》，四川省社会科学院出版社1984年版。

王晓明：《沙汀艾芜的小说世界》，上海文艺出版社1997年版。

王瑶等《中国新文学大系》（1937—1949），上海文艺出版社1990年版。

文天行、王大明、廖全京编：《中华全国文艺界抗敌协会史料选编》，四川省社会科学院出版社1983年版。

文天行、吴野主编：《大后方文学史》，四川教育出版社1993年版。

文天行：《国统区抗战文学运动史稿》，四川教育出版社1988年版。

文天行：《国统区抗战文艺大事记》，四川省社会科学院出版社1985

年版。

文天行：《火热的小说世界》，四川教育出版社1992年版。

文天行：《中国抗战文学概览》，四川大学出版社1996年版。

吴怀斌、曾广灿编：《老舍研究资料》（上下），北京十月文艺出版社1985年版。

吴俊等编：《中国现代文学期刊目录新编》（上中下），上海人民出版社2010年版。

吴野：《战火中的文学沉思》，四川教育出版社1990年版。

夏志清著，刘绍铭等译：《中国现代小说史》，香港中文大学出版社2001年版。

谢冕、李矗主编：《中国文学之最》，中国广播电视出版社2009年版。

杨义：《中国现代小说史》（第1—3卷），人民文学出版社1988年版。

姚北桦等编：《姚雪垠研究专集》，黄河文艺出版社1985年版。

於可训、叶立文：《中国文学编年史》（现代卷），湖南人民出版社2006年版。

张大明、陈学超、李葆琰：《中国现代文学思潮史》（上下），北京十月文艺出版社1995年版。

张恨水：《写作生涯回忆》，北岳文艺出版社1993年版。

张怀等编：《路翎研究资料》，北京十月文艺出版社1993年版。

张彦主编：《四川抗战史》，四川人民出版社2014年版。

张占国、魏守忠编：《张恨水研究资料》，知识产权出版社2009年版。

赵孝萱：《世情小说传统的继承与转化：张恨水小说新论》，台湾学生书局2002年版。

周扬等：《中国新文学大系》（1927—1937），上海文艺出版社1987年版。

周勇主编：《西南抗战史》，重庆出版社2013年版。

朱栋霖：《中国现代文学史1917—2000》（上），北京大学出版社2007年版。

朱珩青：《路翎》，中国华侨出版社1997年版。

朱周斌：《怀疑中的接受：张恨水小说中的现代日常生活》，广西师范大学出版社 2010 年版。

朱自清：《新诗杂话》，作家书屋 1947 年版。

卓如、鲁湘元主编：《二十世纪中国文学编年》（1932—1949），河北教育出版社 2013 年版。

附录：四川抗战小说创作年表（1932—1949）

1932 年

5 月

沈起予的短篇小说《火线外》刊于《微音月刊》第 2 卷第 1 期。

10 月 30 日

沙汀的《法律外的航线》（短篇小说集）由上海辛垦书店出版，收录短篇小说《撤退》《汉奸》《我“做广告的”表兄的信》等。

11 月 15 日

沙汀的短篇小说《码头上》刊于《文学月报》第 1 卷第 4 号。

同年

王余杞的长篇小说《狂澜》（即《急湍》的初名）第 1—3 节发表于《现代社会》第 2 卷第 1 期。后中断。

1933 年

1 月 10 日

沈起予的短篇小说《火线内》刊于《新中华》第 1 卷第 3 期。

1 月 15 日

阳翰笙的《义勇军》（长篇小说）由上海湖风书局出版。

7 月

艾芜的短篇小说《咆哮的许家屯》刊于《文学》第 1 卷第 1 期。

9 月 1 日

林箐（阳翰笙）的短篇小说《死线上》刊于《东方杂志》第 30 卷第

17号。

10月

王余杞的《朋友与敌人》（短篇小说集）由天津现代社会月刊社出版，收录短篇《欢呼声中的低泣》《一个日本朋友》等。

10月1日

沙汀的短篇小说《有才叔》刊于《现代》第3卷第6期。

11月1日

沙汀的短篇小说《上等兵》刊于《现代》第4卷第1期。

同年

含沙的长篇小说《中国人》连载于天津《国闻周报》。

1934年

11月1日

沙汀的短篇小说《老太婆》刊于《现代》第6卷第1期。

1935年

3月

艾芜的《南国之夜》（短篇小说集）由上海良友图书公司出版，收录短篇小说《咆哮的许家屯》等。

4月

沈起予的《火线内》（短篇小说集）由上海良友图书公司出版，收录短篇小说《火线内》《火线外》等。

1936年

5月1日

沈起予的短篇小说《最初一课》刊于《文学丛报》第2期。

6月5日

王余杞的短篇小说《兄弟》刊于《东方文艺》第1卷第3期。

6月8日

张恨水的长篇小说《中原豪侠传》刊于重庆《万象》周刊。

7月10日

艾芜的短篇小说《不作汉奸的李二狗》刊于《光明》第1卷第3期。

7月

王余杞（笔名隅棨）的长篇小说《急湍》由上海联合出版社出版。

9月10日

沙汀的短篇小说《毒针》刊于《光明》第1卷第7期。

10月

王余杞的《将军》（短篇小说集）由上海联合出版社出版，收录短篇小说《兄弟》等。

1937年

2月

沙汀的《航线》（短篇小说集）由上海文化生活出版社出版（文学丛刊），收录短篇小说《航线》《汉奸》《我“做广告的”表兄的信》《撤退》《码头上》《恐怖》等。

9月19日

靳以的短篇小说《失去爹妈的根子》刊于《烽火》第3期，《呐喊》第5期。

10月16日

艾芜的短篇小说《一伤兵》刊于《救亡日报》，后收入《黄昏》，改篇名为《医院中》。桂林文献出版社1942年版。

11月2日

艾芜的短篇小说《八百勇士》刊于《救亡日报》。

12月5日

沙汀的短篇小说《出征》刊于《战旗》第1期。

12 月

金满成的短篇小说《中日关系的另一角》收录于重庆春云社 1937 年出版的《1937 年春云短篇小说选集》。

1938 年

1 月

夏忠道的长篇小说《民族仇恨（上集）》由重庆民族文化社出版。

2 月 8—14 日

沙汀的《前夜》（集体创作长篇小说《华北的烽火》第一部）刊于《救亡日报》(广州版)。

2 月 15—20 日

艾芜的《演习》（集体创作长篇小说《华北的烽火》第一部）刊于《救亡日报》(广州版)。

2 月 21—27 日

周文的《怒火》（集体创作长篇小说《华北的烽火》第一部）刊于《救亡日报》(广州版)。

3 月 15 日

含沙的长篇小说《抗战（生命线下第一部)》由上海金汤书店出版。

3 月 16 日、23 日

老舍的短篇小说《一块猪肝》刊于《民意》第 14、15 期。

4 月 27 日

张恨水的长篇小说《冲锋》刊于重庆《时事新报》，至 8 月 22 日结束。1942 年 12 月由重庆《新民报》改名为《巷战之夜》出版（新民报文艺丛书)。

5 月 4 日

老舍的短篇小说《人同此心》刊于《抗战文艺》第 1 卷第 1 期。

5 月

靳以的《我们的血》（烽火小丛书第二种）由文化生活出版社出版，内收短篇小说《失去爹妈的根子》等。

6 月 16 日

沙汀的短篇小说《防空——在“堪察加”的一角》刊于《文艺阵地》（半月刊）第 1 卷第 5 号，后收于《小城风波》，1944 年 4 月重庆东方书社出版。

6 月 20—30 日

含沙的短篇小说《自由行动的周师长》刊于《战时学生》（成都）第 4—6 期。

7 月 7 日

沙雁的短篇小说《要塞退出的时候》刊于《民意周刊》第 32 期。

8 月 23—24 日

布德的短篇小说《第三百零三个》刊于《大公报 · 战线》。

9 月 30 日

谊社选编的《第一年》（文学创作集）由上海谊社出版部出版，收录短篇小说《八百勇士》（艾芜）等。

10 月

王平陵的《东方的坦伦堡》（短篇小说集）由重庆艺文研究会出版（抗战文艺丛书），收录短篇：《委任状》《国贼的母亲》《血祭》《母与子》《荒野的号哭》等。

沙雁的《要塞退出的时候》（短篇小说集）由重庆独立出版社出版（抗战文艺丛书），收录短篇：《塞上血》《要塞退出的时候》《追》《河寨》《青纱帐》《白袖圈》《征人的哀怨》等。

11 月 1 日

沙汀的短篇小说《堪察加小景》刊于《文艺突击》（半月刊）第 1 卷第 2 期。

11 月 5 日

端木蕻良的短篇小说《螺蛳谷》刊于《抗战文艺》第 2 卷第 9 期。

12 月 26 日

肖蔓若的短篇小说《大时代的小纪事》刊于《东方杂志》第 35 卷第 24 期。

同年

王平陵的《最后的敬礼》刊于《弹花》第 1 期。

1939 年

1 月 1 日

张恨水的短篇小说《证明文件》刊于《文艺月刊》第 2 卷第 9—10 期。

1 月 16 日

萧蔓若的短篇小说《牺牲精神》刊于《文艺阵地》第 2 卷第 7 期。

1 月 20 日

张恨水的长篇小说《潜山血》刊于 1939 年 1 月 20 日香港《立报·花果山》（未载完）。

3 月 1 日

周文的中篇小说《救亡者》刊于《文艺阵地》第 2 卷第 10 期，1940 年 7 月由商务印书馆出版。

3 月 16 日

沙汀的短篇小说《联保主任的消遣》刊于《文艺战线》月刊第 1 卷第 2 号；初收于《小城风波》，后改名《消遣》，收录于 1959 年 1 月人民文学出版社版《沙汀选集》。

3 月

老舍等著《抗战文艺选》（短篇小说合集）由重庆独立出版社出版（战时综合丛书）。收录短篇小说：老舍《一块猪肝》、萧乾《刘粹刚之死》、陈白尘《慰劳》等。

4 月

刘白羽等著《蓝河上》（短篇小说集）由重庆文化生活出版社出版（文学小丛刊），收录短篇小说《蓝河上》等。

林箐（阳翰笙合著）的中篇小说《火线上》由昆明火线出版社出版（抗战文艺新刊）。

5 月

萧乾的《灰烬》（短篇小说集）由重庆文化生活出版社出版（文学小丛刊），收录短篇小说：《灰烬》《黑与白》《三个检查员》《刘粹刚之死》等。

8 月

艾芜的《逃荒》（短篇小说集）由上海文化生活出版社出版（文学小丛刊），收录短篇小说：《逃荒》《两代人》等。

老舍的《火车集》（短篇小说集）由上海杂志公司出版（每月文库），收录短篇小说：《杀狗》《东西》《我这一辈子》《浴奴》《一块猪肝》《人同此心》《一封家信》等。

杨朔的《帕米尔高原的流脉》（长篇小说）由重庆生活书店出版。

9 月

齐同的《新生代》（第一部）（长篇小说）由重庆生活书店出版。

10 月 21 日—11 月 30 日

张恨水的《敌国的疯兵》刊于重庆《新民报》。

10 月

艾芜的《萌芽》（短篇小说集）由重庆烽火社出版（烽火小丛书），收录短篇小说：《遥远的后方》《萌芽》《反抗》《两个伤兵》《八百勇士》等。

11 月

刘白羽等著的《血的故事》（短篇小说集）由上海新光出版社出版，收录短篇小说：靳以《血的故事》、沙汀《防空——在“勘察加”的一角》等。

12 月 1 日

张恨水的长篇小说《八十一梦》刊于重庆《新民报·最后关头》至1941 年 4 月 25 日结束，1943 年由重庆新民报社出版。

12 月

端木蕻良的《风陵渡》（短篇小说集）由重庆上海杂志公司出版（每月文库），收录短篇小说：《轭下》《青弟》《风陵渡》《螺蛳谷》《火腿》《嘴唇》《泡沫》等。

1940 年

1 月 1 日

张恨水的长篇小说《负贩列传》刊于上海《旅行》杂志第 14 卷第 1 号至 1942 年 8 月 1 日第 16 卷第 8 号；1947 年 1 月由重庆《新民报社》改名为《丹凤街》出版。

1 月

布德的《第三百零三个》（短篇小说集）由重庆上海杂志公司出版（每月文库），收录短篇小说：《第三百零三个》《海水的厌恶》《四层包围圈内的墨点》《母反舌鸟》《寂寞的哨兵》《曹芳华》《手的故事》《谁是罗亭》《第十一及第一》《政训员》等。

白桃等编的《新女英雄》（短篇小说集）由重庆生活书店出版，收录短篇小说：《不做汉奸的小孩》《胡老头组织自卫队》《新女英雄》《民众杀敌的故事》《二十六个》《八百壮士》《大战东林寺》《千万民众帮助政府打东洋》《蒲二杀敌记》《抵抗大军的死机关枪手》等。

老舍等著的《大时代的小故事》（短篇小说集）由重庆复旦大学文摘出版社出版（文摘文艺丛书），收录短篇：台静农的《电报》、端木蕻良的《生活指数表》、舒群的《夜景》、萧红的《朦胧的期待》《逃难》、陈白尘的《紫波女士》、端木蕻良的《找房子》《火腿》等。

2 月 3 日

阿垅的长篇小说《南京》，获中华全国文艺界抗敌协会征文奖，当时因故未出版。1987 年人民文学出版社以《南京血祭》名为出版。

3 月 1 日

姚雪垠的长篇小说《春暖花开的时候》始刊于重庆《读书月报》第 2 卷第 1 期，至 1941 年 2 月 1 日第 2 卷 11 期（未完）。

4 月 15 日

碧野的短篇小说《灯笼哨》刊于《文学月报》第 1 卷第 4 期。

4 月

白朗的长篇小说《老夫妻》由重庆中国文化服务社出版（作家战地服

务团丛书）。

李辉英的《夜袭》（短篇小说集）由重庆中国文化服务社出版（作家战地访问团丛书），收录短篇小说：《夜袭》《小号兵》《归来》《上庄村》《良民》《李老头》《赘瘤》《王小全》《张老太太》等。

5月25日

沙雁的短篇小说《沉默的胜利者》刊于《黄河》第1卷第4期。

5月

王影质的《煤矿》（短篇小说集）由四川成都生活书店出版，收录短篇小说：《监狱》《煤矿》《太仓之粟》《故乡》《到前线去》《媚浪河在怒吼》《苦行雪山》《野渡》等。

端木蕻良的《江南风景》（中篇小说集）由重庆大时代书局出版（文艺丛书），收录中篇小说：《江南风景》等。

6月27日

端木蕻良的中篇小说《新都花絮》刊于香港《大公报》副刊《文艺》第869期。9月由上海知识出版社出版。

6月

陶雄的《0404号机》（短篇小说集）由香港海燕书店出版（七月文丛），收录短篇小说：《0404号机》《未亡人语》《夜曲》《总站之夜》《某城防空纪事》等。

7月

周文的《救亡者》（中篇小说）由商务印书馆出版（大时代文艺丛书）。

8月5日

艾芜的短篇小说《尚德忠》刊于《中学生战时半月刊》第28期。

8月

罗烽的《横渡》（短篇小说集）由重庆商务印书馆出版（大时代文艺丛书），收录短篇小说：《五分钟》《重逢》《左医生之死》《三百零七个和一个》《荒村》《累犯》《娄德嘉兄弟》《横渡》《万大华》《一条军裤》等。

9月

端木蕻良的长篇小说《新都花絮》由上海新知出版社出版。

11 月

斯因、休琴等的《中尉夫人》由成都西部文艺社出版（西部文艺丛书）。

12 月 1 日

沙汀的短篇小说《在其香居茶馆里》刊于《抗战文艺》第 6 卷第 4 期；1944 年初收于《小城风波》；1952 年 12 月收于作家出版社出版单行本。

12 月

巴金的长篇小说《火》（第一部）由上海开明书店出版。

罗烽的《粮食》（短篇小说集）由重庆中国文化服务社出版（作家战地访问团丛书），收录短篇小说：《粮食》《遇崇汉》《专员夫人》《荣誉药箱》《临危的时候》等。

文若的《割弃》（短篇小说集）由重庆生活书店出版，收录短篇小说：《割弃》《小市民》等。

1941 年

1 月 1 日

吴组缃的长篇小说《鸭嘴涝》刊于《抗战文艺》第 7 卷第 1 期。

欧阳山的短篇小说《流血纪念章》刊于《抗战文艺》第 7 卷第 1 期。

1 月 7—9 日、12—13 日

周而复的短篇小说《雪地》刊于重庆《新华日报》。

1 月 10 日

沙汀的短篇小说《老烟的故事》、草明的短篇小说《遗失的笑》、孔厥的短篇小说《收枪》刊于《文艺阵地》第 6 卷第 1 期。

1 月

黄尧的中篇小说《一个中国兵》由重庆民间出版社出版。

萧红的长篇小说《马伯乐》由重庆大时代书局出版（文艺丛书）。

欧阳山等的《一缸银币》（短篇小说集）由生活书店出版（文艺丛刊），内收短篇：《一缸银币》（欧阳山）、《儿戏》（卞之琳）、《锄头》（艾芜）、《小夫妻》（宋之的）、《朝》（李广田）、《目标》（罗向达）等。

2 月 10 日

严文井的长篇小说《刘明的苦闷》刊于《文艺阵地》第 6 卷第 2 期；1944 年以《一个人的烦恼》为名由重庆建国书店出版。

2 月

赵清阁的《凤》（小说散文集）由重庆华中图书公司出版，内收短篇：《舅父》《杏花楼上》等。

3 月 15 日

沙汀的短篇小说《和合乡的第一场电影》、艾芜的短篇小说《逃难中》刊于《文艺杂志》第 1 卷第 3 期。

3 月 20 日

艾芜的短篇小说《信》、梅林的短篇小说《三对夫妇》刊于《抗战文艺》第 7 卷第 2、3 期合刊。

沙汀的短篇小说《磁力》刊于《抗战文艺》第 7 卷第 2、3 期合刊；初收录于 1942 年 9 月 1 日桂林三户图书社出版《磁力》。

3 月

王平陵的《夜奔》（短篇小说集）由长沙商务印书馆出版（大时代文艺丛书），内收短篇：《下月十五号》《暗礁》《火葬》《夜奔》《新贵人》《登场》《凤凰墩》《黄昏星》等。

4 月

文德铭的《家与国》（短篇小说集）由重庆指南编辑社出版，内收短篇：《家与国》《希望》《双重汉奸》等。

5 月 2 日

张恨水长篇小说《牛马走》（又名"魍魉世界"）刊于重庆《新民报》副刊《最后关头》至 1945 年 11 月 3 日；1957 年 2 月上海文化书局出版。

5 月

宋之的等的《小夫妻》（短篇小说集）由香港群社出版，内收短篇：《小夫妻》（宋之的）、《恐怖的笑》（田涛）、《通过》（沙汀）、《纪念章》（欧阳山）、《缝纫机》（刘白羽）、《爱与仇》（布德）、《在岚县》（沙汀）等。

欧阳山等的《长子》（短篇小说集）由上海华新图书公司出版，内收短篇：《遇崇汉——一个宣抚员自述》（罗烽）、《长子》（欧阳山）、《总的破坏》（刘白羽）、《痈》（黑丁）、《夜景》（舒群）、《受难者》（艾芜）、《追悼》（草明）、《在碣马》（沙汀）、《旷野的呼喊》（萧红）、《风陵渡》（端木蕻良）、《新生》（张天翼）等。

6月1日

刘白羽的短篇小说《歌声·响彻山谷》刊于《文学月报》第3卷第1期。

6月10日

刘白羽的短篇小说《枪》刊于《文艺阵地》第6卷第3期。

6月

卿秉渊的《旧仇新憾》（短篇小说集）由成都国魂书店出版，内收短篇：《序言（1940年4月4日）》《雪窟炼狱》《爱的放大》《抵抗》《死即权利》《干父之蛊》《山河遗憾》等。

沙汀创作《艺术干事》，收入短篇小说集《小城风波》。

姚雪垠的中篇小说《戎马恋》刊于《中原副刊》第3—6期；1942年3月重庆大东书局出版。

7月7日

郭沫若的短篇小说《金刚坡下》刊于重庆《新华日报》。

7月12日

刘白羽的短篇小说《同志》刊于重庆《新华日报》。

7月

陶雄的《伥》（短篇小说集）由福建永安改进出版社出版（现代文艺丛刊），内收短篇：《伥》《张二姑娘》《大华魂》《守秘密的人》《玫瑰书笺》。

靳以的《遥远的城》（短篇小说集）由重庆烽火社出版（烽火文丛），内收短篇：《序》《血的故事》《遥远的城》《离散》《被煎熬的心》《扑向了祖国》《路》等。

8月10日

艾芜的短篇小说《梦》刊于《文化杂志》之《文艺》栏目第1卷第1号。

9月1日

艾芜的长篇小说《山野》刊于《自由中国》第1卷第3—6期，至

1942 年 5 月 1 日第 2 卷第 1、2 期合刊。1948 年 11 月由上海文化生活出版社出版。

9 月 23 日、25 日

刘白羽的短篇小说《激昂的琴弦》刊于重庆《新华日报》。

10 月

欧阳山等的《流血纪念章》（短篇小说集）由重庆华中图书公司出版（弹花文艺丛书），内收短篇：《三水两农夫》《好邻居》《扬旗手》《第二家庭》《课外锦标》《英烈传》《香港菠萝》《世代冤仇》《湘潭一商人》《爸爸打仗去了》《流血纪念章》。

高庆辰的中篇小说《中华儿女》由成都铁风出版社出版。

11 月 1 日

张恨水长篇小说《偶像》刊于重庆《新民报晚刊》至 1943 年 3 月 28 日；1944 年重庆、南京《新民报社》出版。

11 月 10 日

沈起予的短篇小说《五婆的悲喜》、碧野的短篇小说《三次遗嘱》刊于《抗战文艺》第 7 卷第 4、5 期合刊。

11 月 10 日

姚雪垠的中篇小说《牛德全与红萝卜》刊于《抗战文艺》第 7 卷第 4、5 期合刊，1942 年 10 月由重庆文座出版社出版（创作丛书）。

11 月 15 日

沙汀的短篇小说《艺术干事》刊于《文化杂志》之《文艺》栏目第 1 卷第 4 号。

11 月

陈瘦竹的长篇小说《春雷》由重庆华中图书公司出版。

12 月 10 日

碧野的短篇小说《乌兰不浪的夜祭》刊于《文学月报》第 3 卷第 2、3 期合刊。

1942 年

1 月 15 日

沙汀的短篇小说《模范县长》刊于《文艺杂志》月刊第 1 卷第 1 期；初收于 1942 年 9 月 1 日桂林三户图书社出版《磁力》。

1 月

巴金的《火》（第二部）（一名：冯文淑）（长篇小说）由重庆开明书店出版。

艾芜的《荒地》（短篇小说集）由桂林文化供应社出版（文学创作丛刊），内收短篇：第一辑《梦》《信》《某城纪事》，第二辑《意外》《山村》《荒地》，第三辑《外套》《乡下的宴会》《友谊》，第四辑《母亲》《散兵》《父亲》《锄头》等。

白平阶的《驿运》（短篇小说集）由重庆文化生活出版社出版（文学丛刊），内收短篇：《驿运》《跨过横断山脉》《金坛子》《风箱》《神女》等。

骆宾基的长篇小说《吴非有》由重庆文化供应社出版（文学创作丛刊）。

2 月 2 日

严文井的短篇小说《硬汉》刊于重庆《新华日报》。

4 月 10 日

柳青的短篇小说《地雷》、萧蔓若的短篇小说《老刘的文章》刊于《文艺阵地》第 6 卷第 4 期。

4 月

巴金的《还魂草》（短篇小说集）由重庆文化生活出版社出版（文季丛书），内收短篇：《摩娜·里莎》《还魂草》《某夫妇》等。

张天翼等的《小说五年（一）》（短篇小说集）由重庆建国书店出版，内收短篇：《华威先生》（张天翼）、《差半车麦秸》（姚雪垠）、《刘粹刚之死》（萧乾）、《一封家信》（老舍）、《新生》（张天翼）、《萧连长》（吴奚如）、《风陵渡》（端木蕻良）、《在其香居茶馆里》（沙汀）、《纺车复活的时候》（艾芜）等。

5 月 1 日

姚雪垠的短篇小说《孩子的故事》刊于《大地文丛》创刊号，曾易名《新芽》，收入短篇集《差半车麦秸》。

5 月

艾芜的《黄昏》（短篇小说集）由桂林文献出版社出版（文艺生活丛书），内收短篇：《突围后》《轭下》《黄昏》《亭》《疏散中》《猎》《挟阉》《河边》《爱》《收容所内》《马路上》《医院中》。

陈瘦竹的《水沫集》（短篇小说集）由重庆华中图书公司出版，内收短篇：《入伍前》《三人行》《湖上恩仇记》《鸡鸭》《庭训》等。

6 月 1 日

陈翔鹤的短篇小说《刀环梦》刊于《笔阵》新 3 期。

6 月 15 日

梅林的短篇小说《疯狂》、SY 的《小母亲》（中篇小说）刊于《抗战文艺》第 8 卷第 1、2 期合刊。

6 月 25 日

田涛的短篇小说《血泊中》刊于《文化杂志》第 2 卷第 4 号，后收入短篇小说集《恐怖的笑》。

6 月

巴金的《巴金短篇小说集》（第三集）（短篇小说集）由桂林开明书店出版，内收短篇：第一编《人》，第二编《发的故事》《雨》《窗下》，第四编《摩娜·里莎》《还魂草》《某夫妇》等。

沙汀作《艺术干事》（短篇小说），收录于 1942 年 9 月 1 日桂林三户图书社出版《磁力》。

白平阶、萧红等的《山下》（小说散文集）由文风书店出版，内收小说：《山下》（萧红）、《过路人》（萧乾）、《官舱里》（茅盾）、《在梧州》（巴金）、《池畔》（丽尼）、《邻居》（萧军）、《狱》（罗烽）、《悲哀》（李辉英）、《吞蛇儿》（端木蕻良）等。

7 月

王平陵的《送礼》（短篇小说集）由重庆商务印书馆出版（大时代文艺丛书），内收短篇：《大地震》《荣归》《阴谋》《情人》《送礼》《泌阳之捷》《二兄弟》《国贼的母亲》《打盹》《重压》《救国会议》等。

梅林的《乔英》（短篇小说集）由桂林文献出版社出版（文艺生活丛书），内收短篇：《乔英》《李麻脸》《敬老会》《小狮子》《何慎之》《劳阿猛》《厌恶》《失业者》《旅行家》《瘤》《未死者》等。

8月1日

田涛的短篇小说《海船上》（长篇小说《潮》部分章节）刊于《文风》第4期。

8月6日

丁玲的短篇小说《十八个》刊于重庆《新华日报》。

8月

SY的长篇小说《夜雾》由重庆群益出版社出版。

碧野的《远行集》（短篇小说集）由重庆烽火社出版（烽火文丛），内收短篇：《儿童队员之死》《媚娘河畔》《黄河的奔流》《灯笼哨》。

9月1日

沙汀的《磁力》（短篇小说集）由桂林三户图书社出版，内收短篇：《老烟的故事》《磁力》《艺术干事》《模范县长》等。

9月15日

沙汀的短篇小说《三斗小麦》刊于《文艺生活》月刊第2卷第6期；初收于1944年4月重庆东方书社出版《小城风波》。

9月30日、10月31日

沙汀的《烧箕背》（《淘金记》的一部分）刊于《文艺阵地》月刊第7卷第2、3期。

9月

靳以的《前夕》（4册）由重庆文化生活出版社出版（现代长篇小说丛书）。

田涛的《西归》（短篇小说集）由桂林今日文艺社出版（今日文艺丛书），内收短篇：《骚动》《西归》《铜号》《猪》《呜咽的汉江》《平原》《火线上的艺术家》。

周而复等的《洪流》由中国出版社出版（抗战小说精选），内收小说：《登记》（周而复）、《湖上恩仇记》（陈瘦竹）、《黄牛》（陈骏）等。

10月15日

艾芜的短篇小说《穿破衣服的人》刊于《文学创作》第1卷第2期。

10 月

沙汀等的《小说五年（二）》由重庆建国书店出版，内收小说：《联保主任的消遣》（沙汀）、《某一天》（茅盾）、《某夫妇》（巴金）、《陈老奶》（鲁彦）、《五婆的悲喜》（沈起予）、《秋收》（艾芜）、《吹号手》（司马文森）、《牛全德与红萝卜》（节录，姚雪垠）、《人们》（靳以）。

沙坪的《莫里哀与步兵少校》（中篇小说）由成都普益图书公司出版。

陈铨的《狂飙》由重庆正中书局出版（建国文艺丛书）。

陈翔鹤的《鹰爪李三及其他》（短篇小说集）由桂林丝文出版社出版，内收短篇：《古老的故事》《鹰爪李三》《傅校长》《一个绅士的长成》。

碧野的《三次遗嘱》由桂林文学编译社出版，内收小说：《三次遗嘱》《前路》《乌兰不浪的夜祭》。田涛的长篇小说《潮》（第一部）由重庆建国书店出版。

11 月 25 日

万迪鹤的短篇小说《自由射手之歌》刊于《抗战文艺》8 卷第 1、2 期合刊。

11 月

布德的中篇小说《赫哲喀拉族》由福建永安改进出版社出版（现代文艺丛刊）。

沙雁的《后防集》（短篇小说集）由重庆建国书店出版，内收短篇：《围歼之夜》《哨兵李占鳌桥》《硝皮厂》《夜斗》《山城之触》《盐的列车》《抽》《媳妇的运命》《螺山村》《剖》《〇三八五黑皮车》。

徐盈等著、李辉英编的《抗战文艺丛选（一）》（短篇小说集，上下册）由重庆中国文化服务社重庆分社出版，内收短篇：上册《新的一代》（徐盈）、《差半车麦秸》（姚雪垠）、《春天的原野》（艾芜）、《长子》（欧阳山）、《归来》（李辉英）、《防空——在“勘察加”的一角》（沙汀）、《总的破坏》（刘白羽）；下册《血泪》（碧野）、《人同此心》（老舍）、《路》（靳以）、《海的彼岸》（舒群）、《螺蛳谷》（端木蕻良）、《山下》（萧红）、《慰劳》（陈白尘）、《横渡》（罗烽）、《诚实的小俘虏》（草明）、《荒村之火》（王平陵）。

吴组缃的短篇小说《铁闷子》刊于《中国青年》第 7 卷 4、5 期合刊。

12 月 15 日

茅盾的短篇小说《过封锁线》刊于《文艺杂志》第 2 卷第 1 期。

12 月

张天翼等的《黑货》（短篇小说集）由洛阳中州文艺社出版，内收短篇：《华威先生》（张天翼）、《差半车麦秸》（姚雪垠）、《纺车复活的时候》（艾芜）、《黑货》（徐盈）、《磁力》（沙汀）、《洪照》（欧阳山）、《乌兰不浪的夜祭》（碧野）、《军渡》（黑丁）、《野性的复燃》（田涛）、《兵》（魏伯）、《三对夫》（梅林）、《血的微笑》（青苗）、《退化了的葡萄牙女人》（马耳）。

熊佛西的长篇小说《铁苗》由桂林文人出版社出版（文人出版社丛书）。

沙坪的中篇小说《爱与憎（一名：胜利的哀歌）》由成都路明书店出版（路明文艺丛刊）。

欧阳山的长篇小说《战果》由桂林学艺出版社出版。

1943 年

1 月 10 日

艾芜的短篇小说《穿破衣服的人和他的亲戚》刊于《文化杂志》之《文艺》栏第 3 卷第 3 号。

1 月 15 日

巴金的短篇小说《猪与鸡》刊于《抗战文艺》第 8 卷第 3 期，后收入文化生活出版社 1943 年 4 月版《小人小事》。

1 月

张天翼的《速写三篇》（短篇小说集）由重庆文化生活出版社出版（文季丛书），内收短篇：《谭九先生的工作》《华威先生》《新生》。

碧野的中篇小说《远方》由重庆建国书店出版，内收中篇：《将军的梦》等。

2 月 15 日

沙汀《北斗镇》（《淘金记》的一部分）刊于《文学创作》月刊第 1

卷第5期。

萧蔓若的短篇小说《到前方去》刊于《文艺生活》第3卷第4期。

田涛的短篇小说《灾魂》刊于《文学创作》第1卷第5期。

2月

徐盈等著，徐霞村、葛斯永、杨祥生合编的《小说五年（三）》由重庆建国书店出版，内收小说：《向西部》（徐盈）、《乌兰不浪的夜祭》（碧野）、《支那傻子》（荒煤）、《扯旗树》（欧阳山）、《海的彼岸》（舒群）、《遇崇汉》（罗烽）、《歌声·响彻山谷》（刘白羽）、《石老幺》（李辉英）、《生活的意义》（骆宾基）、《王嫂》（沈从文）、《月光下》（郭沫若）、《炼冶》（王西彦）等。

姚雪垠的中篇小说《重逢》刊于《文艺先锋》第2卷第2、3、4期，后重庆东方书社7月出版，为“东方文艺丛书”之五。

3月10日

艾芜的短篇小说《日本轰炸缅甸的时候》刊于《青年文艺》（桂林版）第1卷第4期。

3月15日

魏伯的短篇小说《我们跟下原弥熊师团》刊于《天下文章》创刊特大号。

3月15日

艾芜的长篇小说《故乡》开始刊于《文艺杂志》第2卷第3期，直到第2卷第6期。

3月

吴组缃的长篇小说《鸭嘴涝》由重庆文艺奖助金管理委员会出版部出版（抗战文艺丛书），1946年4月改名《山洪》，由上海星群出版公司再版。

路翎的中篇小说《饥饿的郭素娥》由桂林南天出版社出版（七月新丛）。

4月15日

老舍的短篇小说《不成问题的问题》、雷加的短篇小说《一支三八式》刊于《天下文章》第1卷第2期。

4 月

崔万秋的长篇小说《第二年代》由重庆文座出版社出版。

5 月 15 日

沙汀的《圈套》（《淘金记》的一部分）刊于《文艺生活》月刊第 3 卷第 5 期。

姚雪垠的短篇小说《风雨时代的插曲》、冶秋的短篇小说《青城山上》、老舍的短篇小说《小木头人》刊于《抗战文艺》第 8 卷第 4 期。

5 月

沙汀的长篇小说《淘金记》由重庆文化生活出版社出版（现代长篇小说丛书）。

艾芜的《爱》（短篇小说集）由桂林大地图书公司出版（大地文丛）；内收短篇：《突围后》《轭下》《黄昏》《亭》《疏散中》《猎》《挟龟》《河边》《爱》《收容所内》《马路上》《医院中》《意大利的飞机师》《伙铺》《旅途上》《凉亭》《车夫》《渔夫》《悭吝人》《幼年时候的逃难》等。

艾芜的《冬夜》（短篇小说集）由桂林三户图书社出版，收《老好人》《逃难中》等。

梁国冠的长篇小说《南海之滨》由重庆南方印书馆出版。

沙汀等的《夫与妻（原名：十人小说集）》由重庆文聿出版社出版，收短篇小说：《公道》（沙汀）、《睡》（梅林）、《麦季》（碧野）、《等丈夫下办公回来》（列躬射）、《小骗子》（牧野）等。

6 月

茅盾的短篇小说《偷渡》刊于《天下文章》第 1 卷第 3 期；郭沫若等的《小说精华》由文化书店出版，内收小说：《在梧州（巴金）》；刘白羽的《太阳》（短篇小说集）由重庆当今出版社出版（当今文艺丛书），内收短篇：《太阳》《子弹》《破坏》《一个和一群》；沈起予的《人性的恢复》由重庆文艺奖助金管理委员会出版部出版（抗战文艺丛书）。

7 月 1 日

田涛的长篇小说《鬼迷沟：地层之一部》刊于《文学创作》第 2 卷第 3 期。

7 月 7 日

陈铨的短篇小说《花瓶》刊于《民族文学》第 1 卷第 1 期。

7 月 15 日

周而复的《模范班长》刊于《文艺生活》第 3 卷第 6 期。

7 月

姚雪垠的中篇小说《重逢》由重庆东方书社出版（东方文艺丛书）。

茅盾的短篇小说《委屈》刊于《文学创作》第 2 卷第 3 期。

沙汀的短篇小说《公道》选入重庆文津出版社版《十人小说集》；收录于《小城风波》。

8 月

高植的《后方集》（短篇小说集）由重庆正中书局出版（现代文艺丛书），内收短篇：《避空袭》《倚闾》《进城》《江头》《仇》《花裕荣的新年》。

鲍雨的长篇小说《活跃在敌人后方》由重庆正中书局出版（现代文艺丛书）。

9 月 1 日

丰村的中篇小说《望八里家》刊于《天下文章》第 1 卷第 5 期。

10 月 20 日

时翼的短篇小说《仇恨》刊于《文学修养》第 2 卷第 1 期。

10 月

老舍等的《短篇佳作集（第一分集）》由桂林良友复兴图书印刷公司出版，内收短篇：《楚霸王自杀》（郭沫若作，郑伯奇选）、《荣归》（艾芜作，老舍选）。

11 月

茅盾的短篇小说《报施》刊于文艺阵地社出版的“文阵新辑之一”《去国》，后收入重庆建国书店 1945 年出版的《委屈》。

同月

谢挺宇的短篇小说《去国》、马加的短篇小说《过梁》刊于文艺阵地社出版的“文阵新辑之一”《去国》。

同月

姚雪垠的长篇小说《新苗（第一部《崇高的爱》）（一名：新生颂）》由重庆现代出版社出版。

12 月 1 日

老舍的短篇小说《一筒炮台烟》刊于《文风杂志》创刊号。

12 月 15 日

田涛的长篇小说《地层：长篇“地层”之一部》刊于《时与潮文艺》第 2 卷第 4 期。

12 月

王蓝的《美子的画像（一名：一颗永恒的星）》由重庆红蓝出版社出版（红蓝文艺创作丛书），内收小说：《父亲》《战马和枪》《美子的画像》。

王萍草的长篇小说《淮河的故事》由重庆国民图书出版社出版（文艺丛书）。

张恨水的长篇小说《丹凤街（一名：负贩列传）》由重庆教育书店出版。

张恨水的长篇小说《大江东去》由重庆新民报社出版（南京新民报社文艺丛书）。

穗青的中篇小说《脱缰的马》由重庆自强出版社出版（新绿丛辑）。

碧野的长篇小说《肥沃的土地》由桂林三户图书社出版。

1944 年

1 月 1 日

茅盾的短篇小说《小圈圈里的人物》刊于《当代文艺》创刊号。

2 月 1 日

姚雪垠的中篇小说《夏光明》（《崇高的爱之一》）、徐盈的短篇小说《十年》、罗荪的短篇小说《寂寞》、列躬射的短篇小说《七七后花园》刊于《抗战文艺》第 9 卷第 1、2 期合刊。

姚雪垠的《春夜》（《春暖花开的时候》第 1 卷第 2 分册的第十章）刊于《当代文艺》第 1 卷第 2 期。

田涛的《希望》（短篇小说）刊于《当代文艺》第 1 卷第 2 期。

2 月 15 日

碧野的短篇小说《爱的追求》刊于《时与潮文艺》第 2 卷第 6 期。

2 月

王余杞的长篇小说《海河汩汩流》由重庆建中出版社出版（建中文艺丛书）。

白尔的长篇小说《奔赴祖国》由重庆长白庐出版。

王蓝的《鬼城记》（短篇小说集）由重庆红蓝出版社出版，内收短篇：《哈的一声笑出来》《北宁客车上》《特务科长》《三重奴隶》《筷子的故事》《白俄·卜莱萌斯基》《军用犬事件》《鬼城记跋》。

3 月 1 日

靳以的短篇小说《众生》刊于《当代文艺》第 1 卷第 3 期。

3 月

沙汀的《封锁线前后》（《奇异的旅程》部分章节）刊于《文艺阵地》文阵新辑之三。

郁茹的《歧路》（《遥远的爱》部分章节）刊于《文艺阵地》文阵新辑之三。

老舍的《贫血集》（短篇小说集）由重庆文聿出版社出版，内收：《恋》《小木头人》《不成问题的问题》《八太爷》《一筒炮台烟》。

刘益之的《银色的迷彩》（短篇小说集）由成都中国空军出版社出版（空军文艺丛书），内收：《空军魂》《银色的迷彩》《夜》《脑袋》《跛站长》《徐君》《白雪天》《书王天祥君事》《黄正裕》。

刘白羽的《金英》（短篇小说集）由重庆东方书社出版（东方文艺丛书），内收：《黄河上》《小骑兵》《喜子》《金英》《枪》《窒》《在艰辛里生长》。

文德铭的中篇小说《满城风雨（一名：法律圈外）》由重庆指南编辑社出版。

陈瘦竹的中篇小说《声价》由重庆国民图书出版社出版。

周彦的长篇小说《我们是戏剧的铁军》由重庆新生图书文具公司出版（现代长篇小说丛刊）。

龚雄的长篇小说《银空三骑士》由成都中国的空军出版社出版（空军文艺丛书）。

4 月 1 日

沙汀的《疑虑》（《奇异的旅程》部分章节）刊于《青年文艺》第

1 期。

艾芜的《一天的活动》（《故乡》部分章节）刊于《青年文艺》第 1 期，至 9 月 1 日《青年文艺》第 2 期。

4 月

沙汀的《小城风波》（短篇小说集）由重庆东方书社出版，内收：《防空——在勘察加的一角》《联保主任的消遣》《在其香居茶馆里》《公道》《三斗小麦》《没有演出的戏》《小城风波》。

陆印泉的《四月的紫堇花》（短篇小说集）由重庆商务印书馆出版，内收：《暴风雨》《女战士》《某日之晨》《内地风的女子》《记忆的破灭》《紫琳》《沉默》《女看护》《四月的紫堇花》。

郁茹的中篇小说《遥远的爱》由重庆自强出版社出版（新绿丛辑）。

鲁莽的长篇小说《腐草》由成都中国文化服务社四川分社出版。

端木蕻良的长篇小说《大江》由桂林良友复兴图书印刷公司出版（良友文学丛书）。

5 月 15 日

茅盾的短篇小说《过年》刊于《文学创作》第 3 卷第 1 期。

5 月

沙汀的中篇小说《奇异的旅程》由重庆当今出版社出版（当今文艺丛书）。

6 月

万迪鹤的《复仇的心》（短篇小说集）由重庆国民图书出版社出版（文艺丛书），内收：《射手之歌》《战地夜景》《阵前》《路》《复仇的心》《夹谷》《自裁》《邻居》《岛国一细民》《井上宽太郎》《大和魂的寂寞》。

张恨水的长篇小说《偶像》由重庆新民报社出版（新民报文艺丛书）。

罗荪的《寂寞》（短篇小说集）重庆美学出版社出版，内收：《寂寞》《未发的书简》《代表》《灵魂的闪烁》。

碧野的长篇小说《风砂之恋》由重庆群益出版社出版。

7 月

吴组缃的中篇小说《海外儿女》由成都铁风出版社出版。

田涛的长篇小说《地层（一名：焰）》由重庆东方书社出版（东方文艺丛书）。

王蓝的中篇小说《相思债（一名：太行山上）》由重庆红蓝出版社出版。

8月15日

沙汀《窄路》（《困兽记》的一部分）刊于《时与潮文艺》月刊第3卷第6期。

8月

姚雪垠的中篇小说《三年间》、短篇小说《伴侣》刊于《微波》创刊号。

9月1日—11月10日

沙汀的《两家庭》（《困兽记》部分章节）刊于《青年文艺》第2—4期。

9月21—24日

邵子南的短篇小说《李勇大摆地雷阵》刊于《解放日报》。

9月

王冶秋的《青城山上》（短篇小说集）由重庆商务印书馆出版，内收短篇：《她》《青城山上》《走出尼庵》《没有演过的戏》。

姚雪垠的长篇小说《春暖花开的时候》（1—3册）由上海现代出版社出版。

姚雪垠的中篇小说《母爱》（《崇高的爱》易名再版）由现代出版社出版。

王维镐、韩罕明的《没有结局的故事》（短篇小说集）由重庆自强出版社出版（新绿丛辑），内收：《没有结局的故事》（王维镐）、《小城风月》（韩罕明）。

10月

荆有麟的长篇小说《间谍夫人》由重庆作家书屋出版。

田涛的长篇小说《潮》（第二部）由重庆建国书店出版。

徐盈的《战时边疆的故事》（短篇小说集）由重庆中华书局出版，内收：《报告》《汉夷一家》《方委员》《我的哥哥在段上》《藏家小姐》《梁金山》《三六九一公里》《东北角》。

11月

姚雪垠的长篇小说《母爱》（《新苗》第一部）由重庆现代出版社

出版。

12 月 15 日

艾芜的短篇小说《生日》刊于《时与潮文艺》第 4 卷第 4 期。

12 月

王平陵的《晚风夕阳里》（短篇小说集）由重庆国民图书出版社出版，内收：《晚风夕阳里》《休矣！十二时!》《做戏》《进城》《血祭》《陵园明月夜》。

靳以的《众神》（短篇小说集）由重庆文化生活出版社出版（文季丛书），内收：《人们》《别人的故事》《乱离》《众生》《众神》《他们十九个》。

1945 年

1 月

李辉英的长篇小说《松花江上》（第一部）由重庆建国书店出版。

2 月 15 日

沙汀的短篇小说《堪察加小景》刊于《青年文艺》月刊新 1 卷第 6 期。

2 月

田涛的短篇小说《黑玫瑰》刊于《微波》第 2 期。后收入短篇小说集《黑玫瑰》。

3 月

茅盾的《委屈》（短篇小说集）由重庆建国书店出版，内收短篇：《委屈》《报施》《船上》《小圈圈里的人物》《过年》。

沙汀的短篇小说《胜利在望年即景》刊于《华西晚报·艺坛》第 526—528 号。

4 月

茅盾的长篇小说《第一阶段的故事》由重庆亚洲图书社出版。

5 月 4 日

艾芜的中篇小说《江上行（上）》刊于《文哨》第 1 卷第 1 期。

周而复的短篇小说《警犬班长》刊于《文哨》第 1 卷第 1 期。

5 月

沙汀的长篇小说《困兽记》由重庆新地出版社出版。

6 月

沙汀的《愁雾》（《困兽记》部分章节）刊于《天下文章》月刊新 2 卷第 5、6 期合刊。

巴金的长篇小说《火》（第三部）由重庆开明书店出版。

7 月 5 日

沙汀的短篇小说《春朝》刊于《文哨》月刊第 1 卷第 5 期。

8 月 31 日

艾芜的《锻炼》（短篇小说集）由重庆华美书屋出版，内收短篇：《日本轰炸缅甸的时候》《锻炼》《火车上》。

路翎的短篇小说《两个流浪汉》刊于《希望》第 1 集第 3 期。

9 月 1 日

周而复的《第十三粒子弹》（短篇小说集）由重庆世界编译所出版，内收短篇：《春荒》《山》《雪地》《第十三粒子弹》《村选》《一个日本女性底塑像》《夜袭》《模范班长》。

9 月 10 日

周而复的短篇小说《村选》刊于《文学新报》第 2 卷第 1 期。

9 月 30 日

刘以鬯的短篇小说《地下恋》刊于《文艺先锋》第 7 卷第 3 期。

9 月

艾芜的中篇小说《江上行》由重庆新群出版社出版。

路翎的短篇小说《破灭》刊于《文艺杂志》第 1 卷第 3 期。

于逢的中篇小说《深秋》由重庆新群出版社出版。

10 月 1 日

碧野的短篇小说《死亡和诞生》、刘白羽的短篇小说《破晓（上）》、沙汀的短篇小说《替身》刊于《文哨》第 1 卷第 3 期。

10 月

艾明之的中篇小说《上海廿四小时》由重庆自强出版社出版。

11 月 15 日

周而复的短篇小说《麦秋》刊于《时与潮文艺》第 5 卷第 3 期。

11 月

鲍相雯的《林泽女神》（短篇小说集）由重庆商务印书馆出版，内收短篇:《林泽女神》《回春之曲》《缘》《爱之剧》《星子》。

11 月

路翎的长篇小说《财主的儿女们》（第一部）由上海希望社出版。

李辉英的长篇小说《松花江上》由重庆建国书店出版。

12 月 31 日

蓝天净的短篇小说《空袭插曲》刊于《文艺先锋》第 7 卷第 6 期。

12 月

骆宾基的短篇小说《一个坦白人的自述》刊于《希望》第 1 集第 1 期。

路翎的《胜利小景》（短篇小说集）刊于《希望》第 1 集第 4 期，内收短篇:《中国胜利之夜》《翻译家》《英雄与美人》《旅途》。

丰村的中篇小说《烦恼的年代》由重庆群益出版社出版。

1946 年

1 月 1 日

丰村的中篇小说《孙大少爷回来了》刊于《高原》革新第 1 卷第 2 期。

1 月 15 日

徐迟的短篇小说《一場糊涂》刊于《文章》创刊号。

SY 的中篇小说《小母亲》刊于《文艺春秋》第 2 卷第 2 期。

1 月 20 日

刘白羽的短篇小说《发亮了的土壤》刊于《文坛月报》第 1 卷第 1 期。

刘白羽的短篇小说《“我们不能这样下去呀!”》刊于《中原、文艺杂志、希望、文哨联合特刊》第 1 卷第 2 期。

1月20日始

艾芜的长篇小说《落花时节》连刊于《文坛月报》第1卷第1期。

1月

端木蕻良等的《风陵渡》（短篇小说集）由重庆建国书店出版，内收短篇：《秋收》（艾芜）、《刘粹刚之死》（萧乾）、《一封家信》（老舍）、《风陵渡》（端木蕻良）、《联保主任的消遣》（沙汀）、《五婆的悲喜》（沈起予）。

老舍的长篇小说《四世同堂》（第1部：《惶惑》）（上册）由上海良友复兴图书印刷公司出版。

姚雪垠等《纺车复活的时候》（短篇小说集）由重庆建国书店出版（沪），内收短篇：《差半车麦秸》（姚雪垠）、《新生》（张天翼）、《在其香居茶馆里》（沙汀）、《纺车复活的时候》（艾芜）、《吹号手》（司马文森）。

张天翼等《某夫妇》（短篇小说集）由重庆建国书店出版（沪），内收短篇：《华威先生》（张天翼）、《萧连长》（吴奚如）、《某一天》（茅盾）、《陈老奶》（鲁彦）、《某夫妇》（巴金）、《人们》（靳以）。

2月15日

刘白羽的短篇小说《同志》刊于《文艺春秋》第2卷第3期。

2月25日

靳以的短篇小说《晚宴》刊于《文艺复兴》第1卷第2期。

2月25日始

李广田的长篇小说《引力》连刊于《文艺复兴》第1卷第2期。

2月

老舍的《东海巴山集》（短篇小说集）由上海新丰出版公司出版，内收短篇：《火车》《兔》《杀狗》《东西》《浴奴》《一块猪肝》《人同此心》《一封家信》《恋》《小木头人》《不成问题的问题》《一筒炮台烟》。

梅林的《疯狂》（短篇小说集）由上海新丰出版公司出版，内收短篇：《疯狂》《奇遇》《地下火》等。

沙汀的《播种者》（短篇小说集）由上海华夏书店出版，内收短篇：《防空——在"堪察加"的一角》《联保主任的消遣》《在其香居茶馆里》《替身》《公道》《模范县长》《和合乡的第一场电影》《三斗小麦》《没有演出的戏》《小城风波》等。

李辉英的长篇小说《复恋的花果》由重庆建国书店出版。

3月15日

骆宾基的短篇小说《贺大杰的家宅》刊于《文讯》第6卷第1期。

3月

茅盾等的《后方集》（短篇小说集）由上海天下图书公司出版，内收短篇：《委屈》（茅盾）、《猪与鸡》（巴金）、《巡官》（沙汀）、《医生》（艾芜）、《春荒》（周而复）、《汉苗之间》（徐盈）、《冬天》（骆宾基）。

碧野的《奴隶的花果》（中篇小说集）由新丰出版公司出版，内收中篇：《大红骡子和缺犁耙》《奴隶的花果》《麦季》。

老舍的长篇小说《四世同堂》（第一部：《惶惑》）（下册）由上海良友复兴图书印刷公司出版。

姚雪垠的长篇小说《金千里》《戎马恋》由上海东方书社出版。

4月10日

沙汀的短篇小说《访问》刊于《文坛月报》第1卷第2期。

周而复的短篇小说《地道》刊于《文坛月报》第1卷第2期。

周而复的短篇小说《麦收的季节》刊于《文艺生活》光复版第4期。

4月

巴金等的《二十九人自选集》（短篇小说集）由上海新知书店出版，内收短篇：《某夫妇》（巴金）、《某城记事》（艾芜）、《“新生”》（张天翼）、《磨》（司马文森）等。

甘永柏的长篇小说《暗流》由上海文光书店出版。

靳以的中篇小说《春草》由上海文化生活出版社出版。

沙汀的短篇小说《访问》刊于《世界文艺》季刊第1卷第3期。初收于1947年上海新群出版社版《呼嚎》。

徐迟的（《狂欢之夜》（短篇小说集）由重庆新群出版社出版，内收短篇：《狂欢之夜》《一塌糊涂》《怨》《不过，好日子哪天有?》《自由竞争》《财神和观音》《精神分析》《出国》。

5月4日

路翎的短篇小说《王兴发夫妇》刊于《希望》第2卷第1期，张十方的短篇小说《石桥信之助》刊于《时与潮文艺》第5卷第5期。

5 月

凤子的长篇小说《无声的歌女》由上海正言出版社出版（正言文艺丛书）。

沙汀等的《新生篇》（短篇小说集）由上海中国文化投资公司出版，内收短篇：《范纯瑕老师》（沙汀）等。

邵荃麟《宿店》（短篇小说集）由重庆新知书店出版，收录短篇：《一个女人和一条牛》《宿店》《火铜山的一夜》《旅途小景》《歌手》《一个副站长的自白》。

萧红的《旷野的呼喊》（短篇小说集）由上海杂志公司出版，内收短篇：《朦胧的期待》《旷野的呼喊》《逃难》等。

端木蕻良的长篇小说《新都花絮》由上海知识出版社出版。

6 月 1 日

周而复的短篇小说《微笑》刊于《文艺复兴》第 1 卷第 5 期。

6 月 16 日

路翎的短篇小说《王炳全底道路》刊于《希望》第 2 集第 2 期。萧军的短篇小说《回家》刊于《希望》第 2 集第 2 期。

6 月

刘白羽的《幸福》（短篇小说集）由上海新群出版社出版（新群文艺丛书），内收短篇：《同志》等。

田涛《希望》（短篇小说集）由上海万叶书店出版（万叶文艺新辑），内收短篇：《黑玫瑰》《希望》《归来》《胞敌》等。

7 月 1 日

沙汀的短篇小说《苏大个子》刊于《文艺复兴》月刊第 1 卷第 6 期，初收于 1947 年上海新群出版社版《呼嚎》。

7 月 15 日

熊佛西的长篇小说《铁花》始刊于《文艺春秋》第 3 卷第 1 期至 11 月 15 日第 3 卷第 5 期。

8 月 1 日

骆宾基的短篇小说《可疑的人》刊于《文艺复兴》第 2 卷第 1 期。

8 月 1 日始

巴金的长篇小说《寒夜》连刊于 1946 年出版的《文艺复兴》第 2 卷第 1 期。

8 月 15 日

邵子南的短篇小说《牛老娘娘拉毛驴》刊于《萌芽》第 1 卷第 2 期。

8 月

沙汀的中篇小说《闯关》由上海新群出版社出版（后改名为《奇异的旅程》）（新群文艺丛书　以群编辑）。

9 月 1 日

靳以的短篇小说《生存》刊于《文艺复兴》第 2 卷第 2 期（9 月号）。

9 月

司马文森的短篇小说《老郭和他的女朋友》刊于《文艺生活》光复版第 8 期。

郭沫若等的《月光下》（短篇小说集）由上海建国书店出版，内收短篇：《月光下》（郭沫若）、《歌声响彻山谷》（刘白羽）、《石老么》（李辉英）、《海的彼岸》（舒群）、《遇崇汉》（罗峰）。

司马文森的《危城记》（短篇小说集）由香港文生出版社出版，内收短篇：《割弃》《我的朋友夏忠寅》《同居人》《老郭和他的女朋友》。

10 月

徐訏的长篇小说《风萧萧》（上、下册）由上海怀正文化社出版。

11 月 1 日

丰村的短篇小说《江奇峰上校》刊于《文艺复兴》第 2 卷第 4 期。

11 月

碧野的《三次遗嘱》（中篇小说集）由上海新新出版社出版（沪），内收中篇：《三次遗嘱》《前路》等。

老舍的长篇小说《四世同堂》（第二部：《偷生》）（上、下册）由上海晨光出版公司出版。

1947 年

1 月

丁易的长篇小说《过渡》由上海知识出版社出版。

2 月 1 日

草明的短篇小说《今天》刊于《东北文艺》第 1 卷第 3 期。

方敬的短篇小说《单纯的信念》刊于《文艺复兴》第 3 卷第 1 期。

3 月 1 日

艾芜的长篇小说《乡愁》始刊于 1947 年出版的《文艺复兴》第 3 卷第 1 期。

3 月 6 日—9 日

沙汀《田家乐》（《还乡记》的一部分）刊于《四川时报 · 华阳国志》第 47 期—50 期。又刊于 1947 年 5 月《文艺生活》月刊新第 14 期。

3 月

以群的《新人的故事》（短篇小说集）由上海新群出版社出版。内收短篇：《一个人底生长》《一个小兵底来历》《复活》《再生》《突进》《挣扎》《杨疯子》。

艾明之的长篇小说《雾城秋》由新群出版社出版（新群文艺丛书）。

巴金的长篇小说《寒夜》由上海晨光出版公司出版（晨光文学丛书第 5 种　赵家璧主编）。

萧蔓若的长篇小说《解冻》（文学新刊）由上海文光书局出版。

4 月 1 日

丰村的短篇小说《高家少爷回来了》刊于《文艺复兴》第 3 卷第 2 期。

臧克家的短篇小说《“凤毛麟角”》刊于《文艺复兴》第 3 卷第 2 期。

4 月 15 日

田涛的中篇小说《流亡图》刊于《文艺春秋》第 4 卷第 4 期，同月由重庆说文社出版。

4 月 20 日

臧克家的短篇小说《她俩拥抱在一起了》（短篇小说）刊于《人世间》复刊第 2 期。

4 月

艾芜的长篇小说《故乡》（上、下册）由上海自强出版社出版。

孙陵的长篇小说《大风雪》由上海万叶书店出版（万叶文艺新辑）。

赵清阁的长篇小说《艺灵魂》由上海艺海书店出版。

5 月

沙汀的《沙汀杰作选》（短篇小说集）由上海新象书店出版（巴雷选编，当代创作文库），内收短篇：《沙汀小传》《替身》《烦恼》《公道》《轮下》《巡官》《防空——在“堪察加”的一角》《酵》《在其香居茶馆里》《航线》《苦难》《和合乡的第一场电影》《人物小记》《没有演出的戏》。

田涛的《恐怖的笑》（短篇小说集）由上海东新图书杂志出版社出版。

姚雪垠的《差半车麦秸》（短篇小说集）由上海怀正文化社出版，内收短篇：《差半车麦秸》《红灯笼的故事》《新芽》《伴侣》《碉堡风波》《大选》。

6 月 15 日

臧克家的短篇小说《小马灯》刊于《文讯》第 7 卷第 1 期。短篇小说《牢骚客》刊于《文艺春秋》第 4 卷第 6 期。

6 月

臧克家的《挂红》（短篇小说集）由上海读书出版社出版。内收短篇：《挂红》《重庆热》《小马灯》《梦幻者》《小兄弟》《“凤毛麟角”》《小虫》《她俩拥抱在一起了》《牢骚客》《严正清》。

李广田的长篇小说《引力》由上海晨光出版公司出版（晨光文学丛书 25 赵家璧主编）。

7 月 1 日

刘北汜的短篇小说《黑夜的呼喊》刊于《文艺复兴》第 3 卷第 5 期。

7 月 15 日

艾芜的短篇小说《都市的忧郁》刊于《文艺春秋》第 5 卷第 1 期。

臧克家的中篇小说《文艺工作者》刊于《文艺春秋》第 5 卷第 1 期。

7 月 20 日

沙汀的短篇小说《李虾扒》刊于《人世间》月刊复刊第 5 期。

8 月 1 日

田涛的短篇小说《腊梅花开》刊于《文艺复兴》第 3 卷第 6 期。

8 月 10 日、25 日

沙汀的《开端》（《还乡记》的一部分）刊于重庆《大公晚报 · 半月文艺》第 18、19 期。

8 月 15 日

臧克家的短篇小说《荣报》刊于《文艺春秋》第 5 卷第 2 期。

碧野的中篇小说《义渡碑下》刊于《文艺春秋》第 5 卷第 2 期。

9 月 1 日始

艾芜的中篇小说《我的青年时代》连刊于《文艺复兴》第 4 卷第 1 期。

9 月 15 日

艾芜的短篇小说《石青嫂子》（短篇小说）刊于《文艺春秋》第 5 卷第 3 期。

丰村的短篇小说《好丈夫》刊于《文讯》第 7 卷第 3 期。

9 月

丰村等的《人性的恢复》（短篇小说集）由上海群力出版社出版（短篇创作丛刊　第一辑），收录短篇：《一个军官法的经历》（丰村）、《莲莲》（韦芜）、《在雾中》（刘北汜）、《人性的恢复》（姚雪垠）、《爱》等。

郭沫若的《地下的笑声》（短篇小说集）由上海海燕书店出版，内收中、短篇小说 23 篇，全书分为七辑，第七辑《地下的笑声》，内收短篇：《金刚坡下》《波》《月光下》《地下的笑声》。

老舍等《抗战前后》（上下册）（短篇小说集）由香港新流书店 1947 年 9 月出版（八十家佳作集　施方穆主编），内收短篇：《〈抗战前后〉序》（施方穆）。上册《上任》（老舍）、《且说屋里》（老舍）、《赈米》（蒋牧良）、《将军》（巴金）、《一个人的死》（巴金）、《毁灭》（郑振铎）、《失业》（杜衡）、《离群者》（靳以）、《樊家铺》（吴组缃）、《某日》（吴组缃）、《盐》（辛尔）、《光荣的战死》（胡载球）、《冬儿姑娘》（谢冰心）、《山地》（魏金枝）、《妻的一周间》（沈起予）、《难民船》（沈起予）、《劈刺》（万迪鹤）、《逃荒》（艾芜）、《八百勇士》（艾芜）、《赵先生想不通》（茅盾）、《拟“浪花”》（茅盾）、《打递解》（白尘）、《团聚》（因倪）、《长寿》（周黎）、《福罗斯基》（东平）、《无题》（施蛰存）、《樱花》（三郎）、《一个谋杀亲夫的妇人》（屈铁）、《介绍一位好官》（江季子）、《妻的新生活》（以仁）、《家》（维特）、《刘长林》（奚如）、《包身工》（夏衍）、《第七个坑》（罗峰）、《出关》（楼西）、《一九三六年春在太原》（宋之的）、《重庆到成都》（宋之的）、《生手》（华沙）、《没有祖国的孩子》（舒群）、《婴儿》（舒群）、《奔》（陈琳）、《苦难》（沙汀）、《查灾》（沙汀）、《防空——在“堪察加”的一角》（沙汀）、《一月二十三日》（丁玲）、《团聚》（丁玲）。下册《三个》（周文）、《募捐》（碧野）、《滹沱河夜战》（碧野）、《关饷》（宋越）、《满洲琐记》（戴辛万）、《暗黑的一角》（金山城）、《糠羹》（香菲）、《犯》（葛琴）、《迷茫》（芦焚）、《刘粹刚之死》（萧乾）、《生人妻》（罗淑）、《牛车上》（萧红）、《冰天》（刘白羽）、《行军中》（刘白羽）、《在某村》（刘白羽）、《长江上》（荒煤）、《长班船》（曹卤）、《最后的管束》（秀子）、《传令嘉奖》（陈荻）、《回家》（刘祖椿）、《讽喻》（严文井）、《遥远的风砂》（端木蕻良）、《鷟鹭湖的忧郁》（端木蕻良）、《江上》（萧军）、《在前方——不朽的一夜》（徐迟）、《差半车麦秸》（姚雪垠）、《梁五底烦恼》（草明）、《黑》（青子）、《逼》（屈曲夫）、《酒船》（聂绀弩）、《多居杂记》（李欣）、《福地》（李辉英）、《我怎么轰炸出云舰》（次霄）、《海塘上》（荃麟）、《清偿》（白朗）、《侍读记》（舒昂）、《小冤家》（陈骏）、《征兵委员》（徐盈）、《火并》（杨朔）、《火网里》（天虚）、《稻场上》（净泉）、《苟同志》（米田）、《卍字旗下》（SY）、《纽伦堡纪游》（SY）、《我就在这天成了残废》（沈剑文）等。

无名氏的长篇小说《海艳》（无名书初稿第 2 卷）由上海真善美图书出版公司出版（无名丛刊　第 4 种　无名书屋主编）。

10 月 1 日

靳以的短篇小说《母女》刊于《中国作家》第 1 卷第 1 期。

11 月 15 日

艾芜的短篇小说《小家庭的风波》刊于《文讯》第 7 卷第 5 期（文艺专号）。

11 月 29 日

沙汀的短篇小说《钟敖》收入短篇小说集《医生》，后上海海燕书店 1951 年 5 月出版。

12 月 7 日

沙汀的短篇小说《意外》刊于上海《大公报·星期文艺》第 61 期，初收于 1951 年 5 月上海海燕书店版《医生》。

12 月 25 日

沙汀的短篇小说《一段回忆》刊于重庆《大公晚报·半月文艺》第27期，后改名《怀旧》，刊载于1948年2月15日《文讯》月刊第8卷第2期。后改名《钟敖》，初收于1951年5月上海海燕书店版《医生》，后收1982年7月四川人民出版社版《沙汀选集》（第一卷）

12 月

臧克家的《拥抱》（短篇小说集）由上海寰星图书杂志社出版，收入《“妈妈”哭了》《文艺工作者》《荣报》等。

碧野的长篇小说《湛蓝的海》由新新出版社出版（沪）。

1948 年

2 月

丰村的《望八里家》（短篇小说集）由上海新丰出版公司出版，内收短篇：《回炉货》《爷爷》《单心眼的人》《望八里家》《北方》《区长的儿子》。

路翎的长篇小说《财主底儿女们》（第二部）由上海希望社出版。

3 月 15 日

碧野的短篇小说《墙头骑士》刊于《文艺春秋》第6卷第3期。

4 月

田涛的《灾魂》（短篇小说集）由上海文化生活出版社出版，内收短篇：《灾魂》《饥饿》。

刘盛亚的长篇小说《夜雾》由上海文化生活出版社出版。

7 月

沙汀的长篇小说《还乡记》由上海文化生活出版社出版。

8 月

沙汀的《堪察加小景》（短篇小说集）由上海文化生活出版社出版，内收短篇：《老烟的故事》《艺术干事》《巡官》《堪察加小景》《春潮》《两兄弟》。

9 月 9 日—12 月 29 日

茅盾的长篇小说《锻炼》连刊于香港《文汇报》。

10 月

李辉英的长篇小说《雾都》由上海怀正文化社出版。

仇章的长篇小说《香港间谍战》由上海铁风出版社出版。

11 月 15 日

艾芜的短篇小说《流浪人》刊于《文艺春秋》第 7 卷第 5 期。

11 月

艾芜的长篇小说《山野》由上海文化生活出版社出版。

1949 年

1 月 1 日始

艾芜的长篇小说《一个女人的悲剧》连刊于《小说》第 2 卷第 1 期。

5 月 1 日始

周而复的长篇小说《燕宿崖》连刊于《小说》第 2 卷第 5 期。

5 月

邵子南等的《地雷阵》（短篇小说选）由新华书店出版（中国人民文艺丛书　中国人民文艺丛书社编）。

无名氏的长篇小说《金色的蛇夜》（无名书初稿第 3 卷）（上、下册），由上海真善美图书出版公司出版 2 册，（无名丛刊　第 4 种　无名书屋主编）。

6 月 20 日

草明的短篇小说《无名女英雄》刊于《文艺生活》海外版第 15 期（总第 49 号）。

6 月

丰村的《北方》（短篇小说集）由上海中兴出版社出版（中兴文丛）（《望八里家》一书改名出版）。邵荃麟的短篇小说《一个副站长的自白》刊于《文艺杂志》第 1 卷第 3 期。

后 记

三年前，四川省社科院邀请我参加他们主持的“四川抗战文化重大工程”，李明泉副院长和文学所苏宁所长与我都是朋友，我自是不能推辞，于是便在启动会上接下了他们拟定的子课题“四川抗战小说史”。回来后我拟定了提纲，原想借此扩展一下自己的学术视野，不料杂务缠身，其他课题相扰，而交稿日期日渐迫近，只得调整独立完成的设想，让我的学生也参与进来，其中，刘笛还以“抗战胜利后的四川抗战小说”作为毕业论文的选题。全书第二章第二节为河北师范大学的康鑫博士所撰，第三章第一节为三峡学院刘美老师所撰，第五章第一节为西北大学冯鸽教授所撰，第四章第一节、第三节和第五章第二至第五节为刘笛所撰，其他章节均为我撰写。我的学生张博文、刘安琪、廖海杰、李静、张旭、卢亚兵、宋海婷参与了部分小节的初稿写作与资料的整理。而刘笛的文章，从构思到行文，同样凝聚了我的大量心血。全书最后由我统稿完成。由于此书稿在一定程度上也可以说是我与学生们通力合作的结果，我在统稿过程中，虽想尽力统一文风，但由于写作者文风已定，加之自己能力所限，终未能完成如愿，多少有些遗憾。

本书内容是我初次涉猎，不当之处在所难免，敬请读者批评指正。

陈思广

2015 年 7 月 20 日于文星花园